유아기 문제 행동 지도를 통한

학교폭력의 예방과 대책

유 수 옥

창지사

머리말

최근에 학교폭력이 우리나라뿐만 아니라 전 세계적으로 관심을 불러일으키고 있고, 각 나라마다 다양한 정책을 서둘러 수립하여 실시하고 있다. 이는 학교폭력이 가해학생, 피해학생, 그리고 주변학생 모두에게 사회·정서적 부적응을 일으킬 뿐만 아니라 학업 성취를 방해하고, 나아가 폭력이 사회까지 확산될 수 있기 때문이다. 학교폭력은 주로 초등학교 고학년 시기부터 발생하지만 유아기의 심각한 문제 행동은 학령기의 학교폭력과 유사한 형태이고, 유아기의 심한 문제 행동이 학령기에 이르러 학교폭력, 청소년기의 가출이나 비행, 성인기에 이르러 범죄, 투옥으로 이어지고 있음이 연구를 통해 밝혀지고 있다. 이러한 연구 결과들은 부모와 교사가 학령기의 학교폭력을 예방하기 위해 유아기부터 문제 행동을 좀 더 주의 깊게 지도해야 함을 제시해 주고 있다.

본서에서는,

첫째, 학령기의 학교폭력과 유아기의 문제 행동에 대한 이해를 돕기 위해 학교폭력의 법규, 시대에 따른 정책 변화, 연구물, 저서, 관련 사이트, 신문 보도를 체계적으로 조직하여 저술하였고 한국과 외국의 효과적인 학교폭력과 문제 행동 지도 전략의 실제를 소개하고 있다.

둘째, 학령기의 학교폭력으로 이어질 수 있는 유아기의 문제 행동 예방 및 지도 방법에 초점을 두어 저술하였다.

셋째, 학교폭력과 문제 행동을 전통적인 발생 후 처벌이 아닌 발생 전의 예방 측면에 초점을 두어 저술하였다. 또한 다양한 배경, 연령, 장애 유형의 특성에 따른 효과적인 실제적인 지도 전략에 대해 소개하고 있다.

본서는 다음 세 부분으로 구성하였다.

1부는 유아기 문제 행동과 학령기 학교폭력의 개괄적 이해편이다.

1장은 유아기의 문제 행동과 학령기 학교폭력에 대한 이해 및 유아기의 문제 행동과 학령기 학교폭력과의 관계에 대해, 2장은 1990년부터 현재까지의 우리나라 학교폭력 대책의 변천과 학교폭력의 현황, 그리고 가정이나 군대폭력과의 차이점과 유사점에 대해, 3장은 가해학생, 피해학생, 그리고 주변학생의 특성을 기술한 후 학교폭력 예방과 근절에 적합한 학교 차원의 긍정적 행동지원(SW-PBIS)을 소개하였다. 4장은 최근 공학의 발달로 인간의 정신 기능에 대한 이해가 확장됨에 따라 뇌 기반, 뇌 친화적 문제 행동과 학교폭력 예방 및 지도에 대해 소개하였고, 5장은 문제 행동과 학교폭력이 왜 발생하는가에 관한 다양한 이론적 모델과 교사에게 주는 각 이론적 모델의 유용성에 대해 저술하였다.

2부는 유아기 문제 행동에 대한 이해편이다.

6장은 서로 다른 배경의 유아들이 보이는 다양한 문제 행동의 특성을, 7장은 유아의 문제 행동 발생에 영향을 미치는 물리적 환경에 대해 저술하였다.

3부는 학령기 학교폭력 예방을 위한 유아기 문제 행동 예방과 중재편으로, 최근 가장 효과적인 예방 및 중재 방법인 피라미드 모델(Pyramid Model) 교수법을 소개하였다.

8장은 학령기 학교 차원의 긍정적 행동지원(SW-PBIS)과 유아기의 피라미드 모델(Pyramid Model) 교수법에 대해 소개하였고, 9장은 양육적이고 반응적인 긍정적 관계 형성, 10장은 높은 질의 지원적 교실 환경, 11장은 사회·정서적 교수 전략, 12장은 개별화된 긍정적 행동지원에 대해 저술하였다. 13장은 문제 행동의 예방과 중재에 적합한 교사의 자질 함양을 위해 반성적 사고와 반성적 사고 도구들을 소개하였다.

본서는 예비 유아교사들이 유아교육이나 보육 현장에서 학령기의 학교폭력으로 발전할 수 있는 유아기의 문제 행동을 바르게 예방하고, 지도할 수 있는 지식과 교수 방법을 학습하기를 바라는 마음에서 오랜 시간에 걸쳐 저술하였다. 이를 위해 미국에서 피라미드 모델(Pyramid Model) 교수법 관련 학회에도 참석하고, 피라미드 모델(Pyramid Model)을 실시하는 유치원과 학교 차원 긍정적 행동지원(SW-PBIS)을 실시하는 학교들을 여러 차례 방문하여 정보를 수집하고 실제를 관찰하여 충실도를 높이고자 하였다. 그러나 출판을 앞둔 현재 부족한 점이 많다는 생각이 든다. 미흡한 부분은 앞으로 독자들의 의견을 반영, 추후 개정을 통해 보완하고자 한다.

마지막으로 본서가 집필되도록 연구비 지원을 해 준 한국연구재단의 저술 출판 사업과 출판을 허락해 주시고 열심히 오랜 시간에 걸쳐 편집해 주신 창지사 관계자분들께 진심으로 감사를 드린다.

2018년 4월

유 수 옥

차 례

PART II - 유아기 문제 행동 이해

PART I

유아기 문제 행동과 학령기 학교폭력의 이해

Chapter 1

유아기 문제 행동과 학령기 학교폭력의 이해

1. 유아기 문제 행동의 이해
2. 학령기의 학교폭력
3. 유아기 문제 행동과 학령기 학교폭력과의 관계

1. 유아기 문제 행동의 이해

1) 문제 행동의 정의

'문제 행동이란 무엇인가'를 정의하는 것은 부모가 교사와 유아의 문제 행동을 이해하고, 예방하고, 그리고 적절한 지도를 제공하는 데 중요하다. 현재까지 문제 행동에 대해 공통적으로 수용되고 있는 단 한 가지의 정의는 없다. 가장 많이 사용되고 있는 유아 문제 행동에 대한 몇 가지 정의는 다음과 같다.

- 문제 행동이란 "교사 및 부모에게 어려움을 제공하거나 중단되기를 바라는 어떤 행동을 말한다(Strain & Hemmeter, 1999)."
- 문제 행동이란 "자신이나 다른 사람에게 해를 끼치는 행동, 물리적 환경에 손상을 가져오는 행동, 유아의 새로운 기술 습득에 방해되는 행동, 그리고 유아를 사회적으로 고립시키는 모든 행동을 말한다(Doss & Reichle, 1991)."
- 문제 행동이란 "유아의 최적의 학습이나 또래 및 성인과의 친사회적 상호작용 참여를 방해하거나 방해할 위험이 있는, 반복적으로 나타나는 패턴의 행동이나 행동의 지각이다(Smith & Fox, 2003)."

최근 긍정적 심리학의 대두로 문제 행동(problem behavior) 대신 도전적 행동(challenging behavior)이라는 용어가 많이 사용되고 있다. 그러나 아직 우리나라에서는 문제 행동이라는 용어를 도전적 행동보다 유아교육자, 연구자, 그리고 관련 문헌에서 좀 더 일반적으로 사용하고 있으므로, 본서에서도 challenging behavior를 도전적 행동 대신 문제 행동이라는 용어로 사용하고자 한다.

2) 문제 행동의 유형

연구자들과 교육자들은 가정이나 유아교실에서 발생하는 유아의 문제 행동을 몇 가지 유형으로 분류하여 문제 행동을 설명하고, 예방 및 지도에 적절하게 사용하고 있다. 이러한 유형 분류는 학자에 따라 서로 차이는 있지만 교사, 부모가 서로 유아의 문제 행동에 대하여 효율적으로 의사소통하고, 효과적인 예방 및 지도 전략을 계획하기 위해서는 다양한 문제 행동 분류에 대해 알고 있어야 할 것이다.

먼저 Achenbach와 Edelbrock(1983)는 문제 행동을 표출 방향에 따라 크게 외현적 행동과 내재적 행동으로 대별하였다. 외현적 문제 행동은 자신의 행동을 적절히 통제하지 못하여 발생하는 공격성, 과잉 운동, 거짓말, 도벽, 다른 사람을 못살게 구는 등의 행동적 문제 행동을, 내재적 문제 행동은 자신의 행동을 지나치게 억제하거나 자신을 적절히 표현하지 못하는 위축 행동 및 불안 행동으로 외로움, 우울, 두려움 등의 정서적 문제 행동을 말한다. 외현적 문제 행동은 남아가 여아보다 많이 나타나며, 학교생활 실패와 품행장애 및 청소년 비행과 상당히 높은 관계가 있는 것으로 나타났다. 내재적 문제 행동은 여아에게서 많이 나타나며, 문제를 은폐하므로 결과적으로 위축, 불안, 걱정으로 나타난다. 유아기에 나타나는 사회적으로 미성숙하고 위축된 행동인 내재적 행동은 아동기의 사회·정서 발달에도 심각한 영향을 미치며, 성인이 된 후에도 정신 건강에 좋지 않은 예후를 보이곤 한다. 이들은 사회적 기술이 부족하므로 친구가 거의 없고, 고립감을 느끼며, 환상이나 백일몽에 빠지기도 하며, 때로는 신체적 고통을 호소하기도 한다(Cullinan, Epstein, & Kaffman, 1984).

Essa(2007)는 문제 행동을 부모와 교사가 가정에서나 유아교실에서 일상적인 지도를 할 수 있는 범위를 벗어나서 지도에 어려움을 주는 행동이라고 보았다. 문제 행동을 공격적 및 반사회적 행동, 방해 행동, 파괴적 행동, 감정적 및 의존적 행동, 사회적 및 교실 활동 기피 행동, 섭식 행동, 그리고 복합적 문제 행동의 7가지로 보고, 하위 항목을 41개 행동으로 나누었다.

Miller(2003)는 관심 끌기 행동, 힘 행사하기, 파괴적 행동, 위축적 및 소극적 행동으로 나누었고, 문송이(2008)는 질적 연구를 통해 집단 활동 방해, 부적절한 기본 생활 습관, 또래 간의 갈등, 위험 상황, 암묵적 규칙 위반으로 나누었다. 이를 정리하면 〈표 1-1〉과 같다.

〈표 1-1〉 문제 행동 유형 분류

학자	문제 행동 유형	하위 행동
Achenbach와 Edelbrock (1983)	외현적 행동	충동적, 반사회적, 적의, 타인에 대한 공격적 행동, 때리기, 싸우기, 친구 놀리기, 소리 지르기, 반항하기, 울기, 기물 파괴하기, 강탈하기
	내재적 행동	사회적 위축, 불안, 미성숙, 부끄러움, 억압, 다식증이나 불면증
Essa (2007)	공격적·반사회적 행동	때리기, 물기, 물건 던지기, 욕하기, 부적절한 말 사용하기, 별명 부르기, 물건 나누어 사용하지 않기, 뇌물 주기, 훔치기, 불순응 행동
	방해 행동	집단 활동 방해하기, 교실 이탈하기, 목적 없이 뛰어다니기, 소리 지르기, 고의로 물건 떨어뜨려 소리 내기
	파괴적 행동	책 찢기, 장난감 부수기, 변기에 물건 버리기, 종이 낭비하기, 다른 유아 작업물 망가뜨리기
	감정적·의존적 행동	울기, 생떼 부리기, 자주 토라지기, 애기말 하기, 손가락 빨기, 옷에 오줌 싸기, 교사에게 매달리기, 관심 끄는 행동하기, 징징거리기, 자기 자극 행동하기
	사회적 및 교실 활동 기피 행동	활동에 참여하지 않기, 사회적 놀이에 참여하지 않기, 대집단 활동 시간에 수줍어하기, 한 가지 장난감만 가지고 놀기, 대근육 활동을 하지 않기, 역할놀이에 잘 참여하지 않기, 말 잘 하지 않기, 짧은 주의 집중 시간
	섭식 행동	편식하기, 과식하기, 지저분하게 먹기
	복합적 문제 행동	

학자	문제 행동 유형	하위 행동
Miller (2003)	관심 끌기 행동	매달리기, 일부러 서툰 척 하기, 억지 부리기
	힘 행사하기	조종하기, 앙갚음하기, 토라지기, 고집 부리기, 반항하기
	파괴적 행동	파괴성, 공격성, 경멸하기, 불신하기, 반항하기
	위축적 · 소극적 행동	주기적인 자기 자극, 사회적 상호작용 거부, 스트레스의 내면화, 어리석음과 절망감 나타내기
문송이 (2008)	집단 활동 방해	주의 산만함, 끼어들기
	부적절한 기본 생활 습관	편식, 식사 시 태도 불량, 양치질 거부, 실내에서 뛰어다니는 행동
	또래 간의 갈등	장난감에 대한 소유권 문제, 유아들이 갈등에서 폭력을 사용하는 행동
	위험 상황	위험한 행동, 전쟁놀이
	암묵적 규칙 위반	놀잇감을 다른 영역으로 옮기지 못하게 하기, 집에서 자신의 물건을 유치원으로 들고 오기

3) 유아기의 문제 행동

"인간은 사회적 동물이다."라는 말과 같이 인간은 태어나면서부터 다른 사람 및 사물과 상호작용한다. 유아는 가정에서는 부모, 형제 및 장난감과 상호작용하고, 유아교실에서 교사, 교재 및 교구, 그리고 또래와 상호작용을 한다. 일반적으로 유아는 성장함에 따라 주변의 이러한 인적 및 물리적 환경과 균형 있고 조화로운 관계를 배우고 유지해 나간다. 유아들이 인적 환경인 또래나 성인, 그리고 물리적 환경인 교재 및 교구와 적절하지 못한 상호작용이나 원만한 관계를 유지하지 못할 때 문제 행동을 보인다고 할 수 있다.

유아들은 성장하면서 공격적 행동, 불순응 행동, 규칙 어기기와 같은 문제 행동을 자주 보인다. 부모와 교사는 문제 행동을 보이지 않는 유아를 상상하기 어렵다. 특히 영아들은 화가 났을 때나 좌절했을 때 더 자주 공격적이고 충동적인 행동을 한다. 어떤 의미에서 자신의 욕구를 통제하거나 의도를 표현할 수 있는 언어 기술이 부족한 영아나 유아들의 경우 문제 행동의 발생은 발달 과정상 자연스러운 것일 수 있다. 많은 어머니들은 자기 자녀가 2세였을 때 밀치고, 잡아당기고, 발로 차고, 다른 사람을 때리고, 괴롭히는 등의 잔인한 행동을 했다고 회상하고 있다(Holden, 2000).

많은 경우 유아의 문제 행동은 연령 증가와 함께 사라지거나 바람직한 행동으로 대치된다. 특히 외현적으로 나타나는 문제 행동은 만 2세 때 정점에 이른 후, 연령이 증가함에 따라 점차 감소하는 것으로 나타났다(유수옥, 이기성, 하승민, 박수경, 2015; Campbell, 1995; Campbell, Spieker, Burchinal, & Poe, 2006). 3세경에 이르렀을 때, 다른 사람에 대한 신체적 공격 빈도가 감소하는데, 이는 언어 능력이 발달함에 따라 신체적 공격 대신 언어적 공격으로 대체된 것일 수도 있다(Dodge, Coie, & Lynam, 2006). 또한 연령이 증가함에 따라 유아는 스스로 감정을 조절할 수 있고, 점차 다른 사람의 관점에서 상황을 바라보게 됨으로써 자신의 요구를 다른 사람에게 전달하고 자신의 목적을 달성하기 위해 친사회적 전략을 배워서 사용하게 된다. 또한 스스로 만족을 지연시키는 것을 배우게 됨에 따라 점차 문제 행동 발생은 감소세를 보인다. 그리하여 초등학교에 들어갈 무렵에 대부분의 유아들은 비교적 문제 행동을 보이지 않는 경향이 있다(Broidy et al., 2003).

그러나 어떤 유아들은 지속적으로 주변의 사람들과 사물, 그리고 주변 상황에 대처하는 최선의 방법으로 문제 행동을 선택한다. 가정이나 유아교실에서 소리 지르기, 떼쓰기, 그리고 친구 때리기 등의 행동을 함으로써 주변 상황에 대처하는 것이다. 일반적으로 유아교실의 10~20%의 유아들은 교사가 다루기 힘들 정도의 심각한 문제 행동을 보이는 것으로 나타났다(Anthony, Anthiny, Morrel, & Acosta, 2005; Qi & Kaiser, 2003). 우리나라의 경우에도 유아교실의 11.24%의 유아가 일시적이 아닌 지속적인 문제 행동을 보이는 것으로 나타났다(김연하, 2007). 특히 취약한 저소득층 가정의 유아는 일반 유아보다 높은 비율의 문제 행동을 보이는 것으로 나타났다(Qi & Kaiser, 2003). 미국의 경우 저소득층 유아가 많은 헤드스타트 교실의 여아 22%와 남아 39%가 내재적 문제 및 외현적 문제가 임상적 수준에 있고(Kaiser, Cai, Hancock, & Foster, 2002), 최대 40%가 매일 한 가지 이상의 문제 행동을 보이며, 중류층 가정의 유아보다 신체적 공격성이 더 높다고 보고되고 있다(Kupersmidt, Bryant, & Willoughby, 2000). 그리고 장애 유아의 경우에는, 문제 행동 발생 가능성이 일반 유아에 비해 두세 배에 이른다. 장애 유아의 문제 행동 출현율과 유형은 장애 유형과 심각도, 의사소통 기술, 사회성 기술 및 적응 행동 기술의 결합 정도에 따라 차이가 있다.

유아들이 지속적으로 심각한 문제 행동을 나타내게 되면 점차 시간이 지남에 따라 유아 본인에게 나쁜 영향을 미친다. 문제 행동을 지속적으로 보이는 유아는 또래들에게 거부되고, 놀림을 받고, 놀이에서 제외되고, 그리고 친구 생일 파티나 친구 집에 초대받지 못하기도 한다. 이러한 또래와의 상호작용 경험 부족으로 사회·정서적 기술을 연습하고 발달시킬 기회를 갖지 못할 뿐만 아니라 고립으로 인해 우울해하기도 한다. 어떤 유아는 자신이 거절당할 것을 미리 예상하여 자신을 보호하기 위한 최선의 방어로 먼저 주먹을 휘두르기도 한다(Moffitt, 1993). 이와 같이, 문제 행동은 유아 개인의 전반적인 발달뿐만 아니라 미래 학업에도 부정적 영향을 미치며 더 나아가 유아교실의 수업 질에도 부정적 영향을 주는 요인이 된다(김연하, 2007; Arnold, McWilliams, & Arnold, 1998). 또한 유아교사의 스트레스를 유발하는 강력한 요인으로 작용하여 교사 효능감도 저하시킨다(Lambert, Hogan, & Griffin, 2007).

사실 유아기는 발달적 본성과 연령 증가에 따라 문제 행동의 지속성과 비지속성의 변화가 크게 나타나는 시기이므로 교사와 부모는 유아의 어떤 행동이 문제 행동이고 어떤 행동이 문제 행동이 아니라고 정확히 판단하는 것이 어려울 수 있다. 그러므로 유아가 문제 행동을 보일 때, 교사는 그 행동이 유아의 학습이나 사회적 상호작용을 방해하는 정도를 고려해야 한다. 즉 행동 자체가 단지 파괴적이거나 해롭거나 방해가 되기 때문에 문제가 되는 것이 아니라, 너무 자주 발생하거나(빈도) 너무 심각한지(심각도)를 살펴보아야 한다. 즉 빈도와 심각도를 함께 고려하여 판단하여야 한다.

교사가 부모와 유아에게 나타나는 문제 행동을 이해하고, 예방 및 지도를 제공하는 데 도움을 줄 수 있는 내용을 살펴보면 다음과 같다.

첫째, 시간이 지나도 어떤 특정 행동은 그 유아에게 지속적으로 나타난다(Strain et al., 1999). 대부분의 문제 행동은 그 유아의 목적을 충족시킨다고 볼 수 있다. 부적절한 행동은 '나는 피곤해요.', '지루해요.', '놀잇감 갖고 놀고 싶어요.' 혹은 '무엇을 하고 놀아야 할지 잘 모르겠어요.'와 같은 메시지를 전달하는 방법일 수 있다. 이러한 관점에서 유아의 문제 행동에 접근한다면, 실제적으로 좀 더 사전 예방적 대책을 강구할 수 있다. 문제 행동을 제거하려고 하기보다는 유아에게 똑같은 목적을 제공하는 좀 더 적절한 사회적 기술이나 의사소통 기술을 가르치는 데 초점을 두어야 할 것이다.

둘째, 유아가 보이는 문제 행동은 유아의 능력과 유아에 대한 사회적 또는 발달적 기대치와 차이가 클 경우 갈등의 형태로 표출되며 이것이 문제 행동으로 나타날 수 있다는 것을 염두에 두어야 한다(Lara-Cinisimo, Fuligni, Ritchie, Howes, & Karoly, 2008; Lin, Lawrence, & Gorrell, 2003). 유아교실에서 발생할 수 있는 갈등의 형태는 다음과 같다.

- 유아는 자신에게 너무 어려운 활동을 회피하는 과정에서 문제 행동을 보일 수 있다.
- 유아는 문제 해결에 필요한 사회적 기술이나 언어 능력이 부족할 때 위협적인 말이나 행동을 보일 수 있다.
- 유아가 심각한 문제 행동을 보이는 것은 충동 억제의 방법을 배울 기회가 부족했기 때문일 수 있다.

셋째, 동일한 유아의 행동이라도 어떤 사람은 심각한 문제 행동이라고 생각하나 어떤 사람은 그렇지 않다고 생각한다. 다음의 예에서 보는 바와 같이, 두 교사가 보이는 유아의 행동에 대한 서로 다른 지각은 교사의 과거 경험, 가치관,

양육이나 교수 실제, 교육기관의 실제에서 영향을 받을 수 있다(Strain et al., 1999).

> 한 교실의 두 교사에게 "선생님은 교실에서 어떤 종류의 유아 문제 행동을 보았습니까?"라는 질문을 하면, 두 교사의 반응은 서로 다를 수 있다. 김 교사는 "나는 우리 교실에서 문제 행동을 발견하지 못했어요. 교실에서 유아들은 가끔 물건을 움켜잡고 서로서로 밀치기도 하지만, 이러한 유아 행동은 일반적인 행동이 아닐까요? 유아들에게 친사회적 언어나 친사회적 행동을 사용하여 자기가 하고 싶거나 원하는 것을 얻는 방법에 대하여 가르칩니다." 반대로, 최 교사는 "우리 교실의 유아들 때문에 나는 자주 화가 나요. 아이들이 매일 교실에서 서로 때리고, 차고, 물고, 서로 놀잇감을 뺏고 그래요."

이와 같이 유아교실의 동일한 상황을 김 교사와 최 교사는 아주 다른 방법으로 지각하고 있음을 볼 수 있다. 교사의 지각과 인내력의 차이는 다른 교사나 부모에게 유아 행동에 대해 다르게 설명할 것이며, 결과적으로 두 교사의 교실에서의 문제 행동 지도 방법도 차이가 있을 것이다. 그러므로 유아가 보이는 특정 행동이 문제 행동인지 아닌지 교사의 관점에 따라 달라질 수 있음을 인식하고 있어야만 한다(Lowe & Felce, 1995). 문제 행동에 대한 교사의 지각 및 사고는 13장의 반성적 교사에서 자세히 설명할 것이다.

2. 학령기의 학교폭력

학교폭력은 최근 우리나라뿐만 아니라 전 세계적으로 관심을 불러일으키고 있으며 각 나라마다 이에 대한 정책을 서둘러 수립하여 실시하고 있다. 우리나라의 학교폭력은 1990년대 중반부터 사회적 문제로 부각됨에 따라 구체적으로 논의되기 시작하였다. 최근에는 학교폭력 문제를 학교 현장에서의 문제로 국한하지 않고 사회의 전체 구성원들이 함께 협력하여 해결해야 하는 사회적 문제로 인식하고 있다.

1) 학교폭력의 정의

학교폭력이란 학교(school)와 폭력(violence)이라는 두 단어의 합성어이다. 즉 학교와 관련된 폭력을 말한다. 폭력이란 사전적 의미로 인간 사이에 나타나는 공격성으로 다른 개체에 대하여 파괴적인 행동을 하거나 고통스러운 자극을 줄 목적으로 행해지는 전반적인 행동을 의미한다(Bekowiz, 1978). 미국에서는 학교에서 발생하는 폭력을 폭력이라는 말 대신 괴롭힘(buylling)이라고 부른다.

[그림 1-1] 미국 플로리다 탬파 시의 B.C Washington Elementary School 벽에 붙어 있는 학교폭력 방지 포스터

학교폭력 연구의 선구자라고 할 수 있는 Olweus(1993)는 학교폭력을 "여러 학생이 한 학생을 지속적으로 장기간 언어적 공격이나 위협, 위해를 가하는 행위, 혹은 실제적으로 위협은 없더라도 피해학생의 의지와 관계없이 불편함을 일으키는 행위가 지속적으로 유지되는 것을 의미한다."고 정의하였다.

현재 우리나라의 「학교폭력예방 및 대책에 관한 법률」에서는 학교폭력의 정의를 다음과 같이 규정하고 있다.

> 학교폭력이란 '학교 내외에서 학생을 대상으로 발생한 상해, 폭행, 감금, 협박, 약취·유인, 명예훼손·모욕, 공갈, 강요·강제적인 심부름 및 성폭력, 따돌림, 사이버 따돌림, 정보통신망을 이용한 음란·폭력 정보 등에 의하여 신체·정신 또는 재산상의 피해를 수반하는 행위'이다(「학교폭력예방 및 대책에 관한 법률」 제2조 1항).

초기에는 학교폭력이란 학생과 학생 간, 그리고 학생을 대상으로 일어나는 신체적 및 언어적 폭력을 의미하였다. 즉 학생 개인과 개인, 학교와 학교, 또는 학교 내 집단 패싸움 등 신체적 가해 행위를 학교폭력으로 간주하였다. 그러나 최근 우리나라의 학교폭력의 개념은 신체적 및 언어적 폭력 외에 심리적 위협과 집단으로부터의 따돌림을 포함한 다양한 형태의 폭력을 포함하는 것으로 최근 실태를 반영하여 확장하여 정의하고 있다. 다시 말하면, 힘의 우위에 있는 개인 또는 집단들이 주위 학생들에게 언어적 위협, 놀림, 소지품 은닉, 따돌림, 집단에 의한 무시, 신체적 폭력, 성추행, 금품 갈취는 물론 기물 손괴 등의 행동을 하고, 공포 분위기를 조성함으로써 주위 학생들이 심리적인 소외감과 극도의 불안감을 겪고, 신체적인 상처와 물리적인 손해를 감수하고 있는 상태라면 학교폭력이 발생된 것으로 볼 수 있다. 비록 타인의 입장에서 볼 때 하찮은 놀림이나 대수롭지 않은 행동일지라도 그것을 당하는 사람이 그로 인해 심리적 또는 행동적 불편함을 느끼면 그것 역시 엄연한 폭력 행위가 된다. 요컨대, 학교폭력이란 교내 또는 교외에서 학생을 대상으로 발생하는 부정적인 의도를 지닌 신체적, 물리적, 심리적 공격 및 폭력 행동으로, 한 명 또는 여러 명의 학생이 힘의 불균형 상황 아래에서 자기보다 약한 상대나 집단의 암묵적인 규칙을 어긴 자를 폭행, 협박, 따돌림 등에 의하여 신체적, 정신적 또는 재산상의 피해를 수반하는 행동으로 정의할 수 있다.

2) 학교폭력의 유형

교사는 학교폭력의 유형 구분을 통해 학교폭력을 유형별로 이해함으로써 지도하는 데 도움을 받을 수 있다. Rigby(1996)는 학교폭력을 크게 신체적 유형과 심리적 유형으로 구분하였다. 신체적 유형에는 때리기, 발로 차기 등이 포함되고, 심리적 유형에는 언어적 학대, 별명 부르기, 위협적인 몸짓, 몰래 따라다니는 행동, 악의적인 전화 걸기, 반복적으로 다른 사람의 물건 감추기, 단체 활동에서 따돌리기, 악의적인 소문 퍼뜨리기 등이 포함된다. Horne 등(2003)은 학교폭력을 신체적 폭력, 언어적 폭력, 그리고 관계적 폭력의 세 가지 유형으로 구분하였는데, 이를 표로 나타내면 〈표 1-2〉와 같다.

〈표 1-2〉 학교폭력의 유형별 정의와 예

유형	정의	예
신체적 폭력	신체적으로 해를 가하거나 재산상의 손실을 가져오는 행동	때리기, 발 걸기, 치기, 찌르기, 침 뱉기, 가혹 행위, 옷·물건 망가뜨리기 등
언어적 폭력	말이나 글을 사용하여 심리적인 괴로움을 주는 행동	놀리기, 모함하기, 비난하기, 협박 메일이나 문자 보내기, 욕하기, 고함치기, 모욕하기, 위협하기(말, 쪽지, 이메일), 거짓 소문 퍼뜨리기 등
관계적 폭력 (따돌림)	친구 관계를 깨뜨리거나 사회적으로 고립시키는 행동	소외시키기, 거부하기, 무시하기, 답 안 하기, 째려보기, 비웃기, 코웃음 치기 등

우리나라에서 많이 발생하고 있는 학교폭력 유형은 신체적 폭력, 언어폭력, 금품 갈취, 강요, 따돌림, 성폭행, 사이버 및 매체폭력, 폭력 서클로 크게 구분된다. 이러한 유형의 학교폭력에 대해서 살펴보면 다음과 같다(청예단, 2012).

(1) 신체적 폭력

신체를 손, 발로 때리는 등 고통을 주는 행위(상해죄, 폭행죄에 해당), 강제로 일정한 장소로 데리고 가는 행위(약취죄에 해당), 일정한 장소에서 쉽게 나오지 못하게 하는 행위(감금죄에 해당), 상대방을 속이거나 유혹해서 일정한 장소로 데리고 가는 행위(유인죄에 해당)를 말한다. 때리기(머리, 뺨 등), 발 걸기, 치기, 도구나 흉기로 때리기, 가혹 행위, 장난을 가장한 때리기, 감금 등이 신체적 폭력에 속한다.

[그림 1-2] 학교폭력의 종류

(2) 언어폭력

여러 학생들 앞에서 상대방의 명예를 훼손하는 성격, 외모, 능력 등을 비하하는 말을 하거나 이러한 내용의 글을 인터넷, SNS(Social Networking Service: 카카오톡, 트위터, 페이스북)에 퍼뜨리는 행위를 말한다. 욕설, 비웃기, 은어로 놀리기, 겁주기·위협·협박, 별명 부르기, 신체의 일부분을 장남삼아 놀리기 등이 언어폭력에 속한다.

(3) 금품 갈취

금전을 갈취하거나 옷이나 문구류 등을 빼앗는 행위를 말한다. 상대방의 물건을 일부러 망가뜨리기, 학교 내외에서 물건이나 돈을 강제로 빌리기, 물건이나 돈을 빼앗기 등이 금품 갈취에 속한다.

(4) 강요

폭행 또는 협박으로 상대방의 권리 행사를 방해하거나 의무 없는 일을 하게 하는 행위(강요죄에 해당)를 말한다. 강제적인 심부름, 빵 셔틀, 와이파이 셔틀 등이 강요에 속한다. 여기서 빵 셔틀이란 힘센 학생들의 강요에 의해 빵을 사다 주는 등의 잔심부름을 하는 학생이나 그 행위 자체를 말한다. 이는 '빵 셔틀'이 그 명령을 거부하면 폭력적인 보복이 뒤따르기 때문에 단순히 빵을 사 오는 개념이 아닌 일종의 학교폭력이다. 와이파이 셔틀이란 학교 일진 학생들이 괴롭힘의 대상이 된 학생에게 무선 데이터 무제한 요금제에 가입하게 한 뒤 스마트폰 '핫스팟' 기능을 통해 자신들은 공짜로 인터넷을 사용하는 것을 말한다. 와이파이 셔틀이 된 학생은 자신의 의도와는 상관없이 일진들에게 무선 와이파이 인터넷을 제공해야 하고, 어떠한 이유로 와이파이가 끊기게 되면 폭행을 당하기도 한다.

(5) 따돌림

학교 내외에서 두 명 이상의 학생들이 특정인이나 특정 집단의 학생들을 대상으로 지속적이거나 반복적으로 신체적 또는 심리적 공격을 가하여 상대방이 고통을 느끼도록 하는 일체의 행위를 말한다. 싫어하는 말로 바보 취급하기, 빈정거림, 면박이나 핀잔 주기, 다른 학생들과 어울리지 못하도록 막기, 말을 따라 하며 놀리기 등이 따돌림에 속한다.

(6) 성폭력

강제적인 성행위, 신체적 접촉 행위, 수치심을 주는 행위(성폭력 범죄에 해당) 등을 말한다. 성적인 말과 행동으로 성적 굴욕감과 수치감을 느끼도록 하는 것(성희롱), 폭행과 협박을 하면서 신체적인 접촉을 하는 것(성추행), 폭행과 협박을 하여 성행위를 강제로 하는 것(성폭력), 음란 전화, 성기 노출 등이 성폭력에 속한다.

(7) 사이버 및 매체폭력

특정인에 대한 모욕적인 말이나 욕설 등을 인터넷 게시판, 채팅, 문자, 카페 등에 올리는 행위(모욕죄에 해당), 특정인에 대한 허위 내용의 글이나 사생활에 관한 사실을 인터넷이나 SNS 등으로 불특정 다수에게 공개하는 행위(명예 훼손죄에 해당), 위협·조롱·성적 수치심을 주는 글이나 그림 혹은 동영상 등을 정보통신망을 통하여 유포하는 행위(정보통신망 관련 범죄에 해당), 공포심이나 불안감을 유발하는 문자나 음향 혹은 영상 등을 휴대폰 등 정보통신망으로 반복적으로 전송하는 행위(정보통신망 관련 범죄에 해당)를 말한다. 인터넷이나 핸드폰 등으로 협박·비난·위협하기, 헛소문 퍼뜨리기, 사이버 머니나 아이템 훔치기, 악성 댓글 달기, 원치 않는 사진이나 동영상을 찍거나 유포시키기 등이 사이버 및 매체폭력에 속한다.

(8) 폭력 서클

신입생에게 서클에 가입하도록 강요하는 것, 다른 학교 일진들과 정기적으로 모이고 세력 다툼을 하는 것, XX파 이름을 붙이고 몰려다니면서 위화감을 조성하는 것 등이 이에 속한다.

3. 유아기 문제 행동과 학령기 학교폭력과의 관계

문제 행동 연구는 그동안 주로 학령기의 아동에 치중되었으며 발달 병리나 임상 영역에서 주로 다루어져 왔다. 그러나 1990년대 이르러 많은 연구자들은 유아기 문제 행동에도 점차 관심을 보이기 시작하였다. 이는 유아도 다양한 유형의 심각한 문제 행동을 보일 뿐만 아니라 유아기의 문제 행동이 학령기에 학교폭력과 연관된다는 많은 연구 결과가 발표되었기 때문이다. 또한 학교폭력은 초등학교 고학년 시기부터 주로 발생하지만 어떤 유아의 경우 학교폭력과 유사한 형태의 적대적·공격적 문제 행동의 초기 신호가 나타나기 때문이다(Alsaker & Valkanover, 2001).

유아기의 또래 공격은 단순히 또래에 대한 선호의 표시이거나 상황적, 반응적인 것이 대부분이나, 초등학교 학교폭력에서는 고의적이고 지속적인 가해 행동이 자주 발견된다. Coloroso(2003)는 학교폭력의 세 가지 성립 요건으로 ① 고의성–고의로 해를 입히는 말과 행동, ② 지속성–반복적으로 되풀이되는 행동, ③ 불공평성–힘이 센 학생이 약한 학생을, 상급생이 하급생을, 다수의 학생이 한두 명의 학생을 괴롭히는 행동을 들고 있다. 또래에게 괴롭힘을 당하는 3세 철수는 영수의 괴롭힘을 다음과 같이 이야기한다.

- 고의성 : 영수가 일부러 그랬어요.
- 지속성 : 영수가 자주 괴롭혀요.
- 불공평성 : 영수는 우리 반에서 제일 키가 크고 힘도 세요.

영수는 또래인 철수에게 고의적, 지속적으로 힘 행사하기, 거부하기, 별명 부르기, 신체적 위협과 같은 행동을 한다. 영수의 괴롭힘은 유아들 간의 단순한 일상적인 다툼을 넘어서 또래에게 계속해서 잘못된 큰 힘을 행사하고자 하는 시도라고 할 수 있다. 유아기에 발생하는 이러한 적대적 공격성을 통한 또래 괴롭힘은 Coloroso(2003)가 주장한 학령기의 학교폭력의 세 가지 성립 요건인 고의성, 지속성, 불공평성을 충족하고 있음을 볼 수 있다. 그러므로 학교폭력과 양상이 유사한 또래 간의 심각한 괴롭힘은 유치원 시기에도 발견된다고 할 수 있다(Kochenderfer & Ladd, 1996). Broidy 등(2003)은 유아들의 3~17%가 공격적이고 반사회적 행동을 지속적으로 보인다고 하였으며, 유아기부터 지속적으로 심각한 문제 행동을 보이는 유아들을 조기 발현(early onset) 또는 평생 지속형(life-course persistent)이라고 명명하였다. 또한 유아기의 심각한 비폭력적 행동(예: 무례함, 불복종)도 학령기의 심각한 공격성과 폭력성을 보이는 학교폭력과 관계가 있다고 하였다(Heaviside, Rowland, William, & Farris, 1998; Tobin, Sugai, & Covin, 1996).

다음의 〈표 1-3〉은 유아기의 심각한 위험 수준의 문제 행동이 연령이 증가하여도 감소하지 않으며, 학령기까지 지속된다는 지속성을 나타내는 국내외 연구 결과들이다.

〈표 1-3〉 유아기 문제 행동의 지속성에 관한 연구들

1. 2세 유아의 불복종 행동과 외현적 문제 행동은 4세까지 안정적으로 유지되는 것으로 나타났다(Smith et al., 2004).
2. 2세 때 공격적 행동을 많이 나타낸 유아가 2년 후에도 많은 외현적 문제 행동을 보이는 것으로 나타났다(Rubin, Burgess, Dwyer, & Hastings, 2003).
3. 2~5세 유아의 내재적 문제 행동에 대한 2년간의 추적 연구에서 높은 안정성이 나타났다(Lavigne, Arend, Rosenbaum, Binns, Kaufer-Cristoffel, & Gibbons, 1998).
4. 3~5세 남아와 여아의 외현적 및 내재적 문제 행동을 1년 동안 추적 조사하였을 때, 특히 남아의 경우 높은 지속성이 나타났다(윤현수 외, 2011).
5. K-CBCL(Korean Child Behavior Checklist)을 통해 조사하였을 때, 연령이 증가함에 따라 3~5세의 일반적인 유아의 경우에는 감소하지만 위험 수준의 문제 행동 유아의 경우에는 점차 증가함을 보였다(이경숙 외, 2004).
6. 장기 연구에서, 외현적 문제 행동 유아의 50% 정도가 학령기에도 지속성을 보이는 것으로 나타났고, 방해 행동의 경우에는 지속성이 더 높았다(Campbell, 1995).
7. 부모 보고로 평가된 2~3세 유아의 내재적 및 외현적 문제 행동은 8년 후의 정신장애 진단 및 통계 편람-IV(Diagnostic and Statistical Manual of Mental Disorders-IV: DSM-IV)의 진단 결과를 예측하였다(Mesman, Bongers, & Koot, 2001).

또한 〈표 1–4〉는 유아기의 심각하고 위험 수준의 문제 행동은 학령기의 학교폭력은 물론 청년기의 비행, 성인기의 직업이나 투옥에도 영향을 미친다는 연구 결과들이다. 더 나아가 〈표 1–5〉에서는 이들이 성장하여 학대 부모가 될 가능성이 높으며, 결과적으로 양육 기술의 부족으로 인해 자녀들이 문제 행동을 나타내는 등 대물림의 가능성이 있음을 시사하고 있는 연구 결과들이다.

〈표 1–4〉 유아기 문제 행동의 예후에 관한 연구들

1. 2세에 공격적인 유아로 판별된 영아의 88%는 5, 6세에도 임상적 수준에서 지속적으로 문제를 보였고, 성인기까지 지속되는 것으로 나타났다(Pierce, Ewing, & Campbell, 1999).
2. 유아기의 심각하고 지속적으로 발생하는 문제 행동은 이후의 사회화, 학교 적응, 학교 성공, 그리고 청년기와 성인기의 교육과 직업 적응의 문제와 관련되어 있었다(Campbell, 1995; Kazdin, 1985).
3. 유아기에 두드러지는 문제 행동은 청년기의 비행, 학교 탈락, 갱 구성원, 성인 투옥의 가장 강력한 예측 변인이다(Dodge, 1993).
4. 유아기의 심각한 문제 행동은 초등학교, 중학교 시기의 학업 능력에 영향을 미칠 뿐만 아니라 청소년기의 비행, 학교 탈락, 갱 구성원, 성인 투옥의 강력한 예측 변인으로 보고되었다(Reid, Gonzales, Nordness, Trout, & Epistein, 2004).

〈표 1–5〉 유아기 문제 행동이 성인기의 자녀 양육에 미치는 영향에 관한 연구들

1. 유아기와 초등학교 저학년 시기에 또래 괴롭힘과 같이 다른 사람 괴롭히기가 행동 양식으로 굳어진 경우 성인이 되었을 때 폭력 범죄에 연루되고, 부모가 된 후 자녀를 학대하고 고정된 일자리를 갖지 못하는 경우가 4배 이상 더 많은 것으로 나타났다(Brendtro & Long, 1995).
2. 학교폭력 아동의 결혼은 불안정하고, 남자아이들의 경우 학대 부모가 될 가능성이 높고 여자아이들은 10대 임신의 가능성이 높다. 결과적으로 이들은 양육 기술의 부족으로 자녀들이 문제 행동 아동으로 양육될 가능성을 대물림할 수 있다(Odgers et al., 2008; Serbin et al., 1998).

유아기 문제 행동은 유아의 발달 과정에서 나타나는 자연스러운 현상일 수 있다. 그러나 살펴본 바와 같이, 유아기의 심각한 문제 행동이 학령기의 학교폭력과 유사한 형태라는 연구자들의 분석과 유아기의 심각한 문제 행동이 성인기까지 장기적으로 영향을 미친다는 연구 결과들이 지속적으로 보고되고 있다. 즉 유아기의 심각한 문제 행동을 방치하거나 부적절하게 다루면 문제 행동은 만성적으로 지속되거나 고착화되어, 또래 및 성인과의 사회적 상호작용, 학교 적응과 학업, 심지어 성인기에 직업, 범죄 및 가정 문제로까지 연결될 수 있음을 나타내고 있다. 이러한 많은 연구 결과의 증가는 연구자, 교육자, 임상 심리학자들이 유아기의 문제 행동을 해결하고자 많은 노력을 하도록 이끌었다.

Mash와 Wolfe(2002)는 유아기 때부터 시작된 심각한 문제 행동은 아동기나 청소년기에 시작되는 문제보다 예후가 좋지 않고 만성화되는 경향이 있다고 주장하였다(Dodge, 1993). 다른 사람과 소유물에 대한 문제 행동이 3학년 말까지 변화하지 않는다면 이러한 행동은 만성적이라고 볼 수 있으며 계속 체크해야 하고 비용이 드는 중재를 받아야만 한다고 하였다. Walker 등(1995)은 초등학교 3학년을 마칠 때까지 반사회적인 행동을 지속하는 아동의 경우 당뇨병과 같은 만성적인 상태라고 주장하였다. 이는 반사회적 행동이 적절한 지원과 지속적인 중재를 통해 관리되어야 한다는 것을 말한다. 이러한 주장은 초등학교 3학년 이상을 담당하는 교사가 문제 행동을 보이는 아동을 포기해도 된다는 것을 의미하는 것이 아니라, 당뇨병을 관리하는 것처럼 아동의 문제 행동을 지속적으로 신경 써서 다루어야 한다는 것을 의미한다. 당뇨병이 있을 때 혈당을 지속적으로 체크하고, 식단을 조절하고, 운동을 하여야 심각한 합병증과 죽음에 이르지 않는 것처럼 학교는 이러한 만성적인 문제 행동을 보이는 학생의 문제 행동을 체계적으로 관리해야 한다는 것을 의미한다.

문제 행동은 유아 개인의 생애 전반에 걸친 삶에 영향을 줄 뿐만 아니라 국가적 비용도 증가시키는 것으로 보고되고 있다. 영국의 Knapp와 Percudani(1999)가 수행한 연구에서, 초등학교 시기인 10세 때의 품행장애(conduct disorder)를 치료하지 않을 경우 27세에는 약 7만 파운드(약 1억 3,000만 원)의 추가적인 비용이 발생한다고 주장하고 있다. 이들에 대한 보건 의료 서비스 비용보다 교육, 사회복지, 범죄 처벌에 대한 비용이 훨씬 더 많이 발생한다고 보고하고 있다. 이러한 관점에서, 유아 및 아동의 정신적 건강 증진을 위한 투자는 유아 개인뿐만 아니라 사회의 비용–효과면에서도 투자 가능성이 큰 것임을 알 수 있다.

결과적으로 유아의 문제 행동 예방과 중재를 일찍 시작하면 할수록 위험 수준 문제 행동 유아의 현재 및 미래의 학업 및 사회·정서 발달에 미치는 부정적인 영향을 최소화할 수 있을 뿐만 아니라 미래의 사회적 비용을 감소시킬 수 있는 것이다. 이러한 이유로 최근에는 문제 행동을 보이는 유아기의 예방과 지도의 필요성이 점점 더 강조되고 있으며, 이러한 예방과 지도는 학령기의 학교폭력을 근절하고 미래의 사회 적응에 크게 기여할 수 있는 효과적인 전략이라고 할 수 있다.

우리나라의 유아기 문제 행동 연구는 2007년 이후부터 급격히 2배 이상의 증가세를 보이는 것으로 나타났는데(유수옥 외, 2013), 이는 초·중등학교에서 발생하는 학교폭력의 심각성에 대처한 '1차 학교폭력 예방 및 대책 5개년 기본계획(2005~2009년)'(교육인적자원부, 2005) 수립 시기와 맥을 같이하고 있다. 이는 우리나라 사회에서 학교폭력에 대한 사회적 관심의 증가와 함께 유아기 문제 행동에 대한 관심이 증가하고 유아교실에서도 다양한 문제 행동 발생이 이전보다 증가하고 있다는 것을 반영하는 결과이다.

이러한 이유로 '2차 학교폭력 예방 및 대책 5개년 기본계획(2010~2014년)'에서는 대상을 유아기까지 하향화하여 포함하고 있고, 학교와 사회, 가정에서 경미한 폭력 행위에 대해 적극적 대처를 강조하고 있는데, 이는 유아기부터 학교폭력의 예방에 중점을 두어야 한다는 것을 보여 주고 있다(교육과학기술부, 2010). 또한 2007년 '학교폭력 근절 7대 실천 정책' 중 다섯 번째 대책에서는 더불어 살아가는 바른 인성을 함양하여 학교폭력을 근원적으로 차단한다는 입장에서 교육 전반에 걸친 '인성교육' 실천을 설정하고 있다. 이를 위해 바른 인성의 기초를 형성하는 '3~5세 누리과정'부터 고등학교까지 학생들이 인성교육을 반드시 실천할 수 있도록 정책을 추진하고 있다. 이는 유아기의 문제 행동을 판별하고 예방하고 대책을 수립함으로써 학령기의 학교폭력과 청소년기의 비행을 예방하고자 함이다.

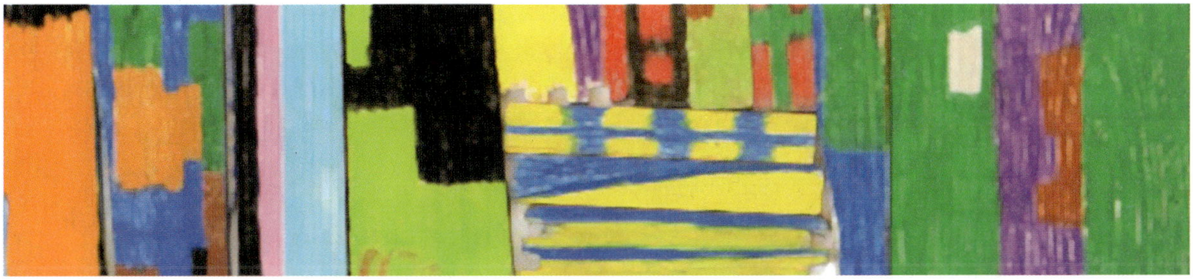

Chapter 2

학교폭력 현황과 특징

1. 학교폭력 대책의 변천
2. 학교폭력의 현황
3. 학교폭력의 특성

1. 학교폭력 대책의 변천

20세기 후반부터 전 세계적으로 학교폭력의 심각성이 알려지고 관련 연구가 수행되기 시작하였다. 1970년대부터 노르웨이의 심리학자 Olweus가 학교폭력과 관련된 연구를 처음 시작하였고(Olweus, 1993), 우리나라에서는 1995년 서울의 한 학생이 자살한 후부터 학교폭력에 관심을 가지게 되었다.

현재까지 우리나라 학교폭력에 대한 정책의 변천은 크게 3단계로 구분할 수 있다. 1, 2단계는 2012년 '학교폭력 근절 종합대책'이 발표되기 이전 정책이고, 3단계는 2012년 '학교폭력 근절 종합대책' 발표 이후의 정책이다. 즉 1단계는 1995년부터 「학교폭력예방 및 대책에 관한 법률」이 제정되기 이전인 2003년까지의 시기(1995~2003년)이며, 2단계는 2004년 「학교폭력예방 및 대책에 관한 법률」이 제정·시행된 시기부터 2012년 '학교폭력 근절 종합대책'이 시행되기 이전 시기(2004~2011년)이며, 3단계는 2012년 '학교폭력 근절 종합대책'이 시행된 이후 시기(2012년~현재까지)이다.

1) 1단계: 「학교폭력대책법」 제정 이전 시기(1995~2003년)

1990년대 초부터 우리나라에서 학교폭력 문제는 사회적 관심사로 부상하였으나 1995년 학교폭력으로 고통받던 한 고등학생의 자살을 계기로 집중적인 관심을 받게 됨에 따라 1995년 12월 국무총리 주관 아래 학교폭력대책국민협의회를 중심으로 학교폭력 대책 관련법 제정이 추진되었다. 학교에 학교폭력추방위원회와 폭력 피해 신고함이 설치되었고, 학교별 책임제 강화, 학생 선도 및 피해 상담을 강화하였다. 아울러 사회봉사 명령제와 학교 담당 검사제를 도입하였다. 그러나 1995년의 종합적이고 다양한 대책에도 불구하고 학교폭력이 감소하지 않고 오히려 집단 따돌림과 같은 새로운 형태의 학교폭력이 더욱 성행하여 사회적 문제가 되었다. 그리하여 1997년 「청소년 보호 특별법」이 제정되는 등 학교폭력에 대한 범정부, 국회, 민간단체 차원의 대책이 지속적으로 시행되어 왔다.

1990년대 학교폭력 대처 방안들을 살펴보면 다음과 같다.

첫째, 학교폭력 피해 사전 예방 대책은 가해학생의 공격성 강화 억제와 폭력 유발 가능성 예방을 위한 노력을 하였다. 이 대책은 주로 가해학생의 관점에서 가해학생을 줄이는 정책에 중점을 둔 반면, 피해학생 관점에서의 '폭력 방지 대책'은 미흡한 실정이었다고 할 수 있다(임정섭, 1996; 이장현, 우룡, 2001).

둘째, 학교폭력의 가해학생에 대한 대처 방안은 단속과 처벌 위주로 실시되었다. 청소년 문제를 선도 위주가 아닌 퇴학, 제적 등 처벌 위주로 다룸으로써, 또 다른 측면에서 폭력과 범죄의 재범 가능성이 높았다고 할 수 있다(청소년폭력예방재단, 1996).

셋째, 학교폭력 처벌 이후의 사후 관리 대책이 미흡하였다. 가해학생과 피해학생을 위한 보호·교정(치료·교육) 프로그램이 부족하였다. 선도할 의지는 있으나 선도를 할 기관이 거의 없고, 소수의 민간단체는 있지만 하드웨어와 소프트웨어를 갖춘 기관은 거의 없었다(청소년폭력재단, 1996).

이상에서 살펴본 바와 같이 1단계의 대처 방안은 주로 일시적, 단편적, 소극적, 배제적 단속과 처벌이 대부분이었다고 할 수 있다.

2) 2단계: 「학교폭력대책법」 및 기본계획 시행 시기(2004~2011년)

2000년대에 이르러 학교폭력 사건의 피해자 가족들의 많은 노력을 통하여, 2001년에 학교폭력 관련 특별법 제정을 위한 공청회가 열렸고, 2004년 1월 29일 법률 제7119호 「학교폭력예방 및 대책에 관한 법률」이 제정·공포되었다. 이 법령의 제정으로 정부가 적극적으로 학교폭력의 예방과 대책 강구에 관여하고 지원할 수 있는 근거가 마련되었다. 이러한 여세로 2005년 3월에 교육인적자원부와 행정자치부, 문화관광부, 정보통신부, 여성부, 청소년보호위원회, 대검찰청, 경찰청 등과 합동으로 '1차 학교폭력 예방 및 대책 5개년 기본계획(2005~2009년)'을 수립하여 시행하였다. 이후 2009년에는 '2차 학교폭력 예방 및 대책 5개년 기본계획(2010~2014년)'을 수립하여 시행하였다.

2005년 '1차 학교폭력 예방 및 대책 5개년 기본계획(2005~2009년)'은 5개 정책과제와 49개 세부사업([그림 2-1] 참고)을 선정하였다. 범정부 차원에서 '1차 학교폭력 5개년 기본계획'과 그에 따른 대책들을 추진하여 학교폭력 예방, 신고, 대처에 관한 기본 인프라가 구축되고 학생들의 학교폭력 피해 경험률이 다소 낮아지는 성과를 거두었다. 그러나 학교폭력의 저연령화, 집단화와 더불어 따돌림이 증가하고 다양한 유형의 강요에 의한 괴롭힘인 빵 셔틀이 새롭게 등장하는 등 다시금 적절한 대책 마련이 필요하게 되었다. 이에 따라, 정부는 '2차 학교폭력 예방 및 대책 5개년 기본계획(2010~2014년)'을 발표하고 6개 정책과제와 78개 세부사업([그림 2-1] 참고)을 계획하였다(교육과학기술부, 2010).

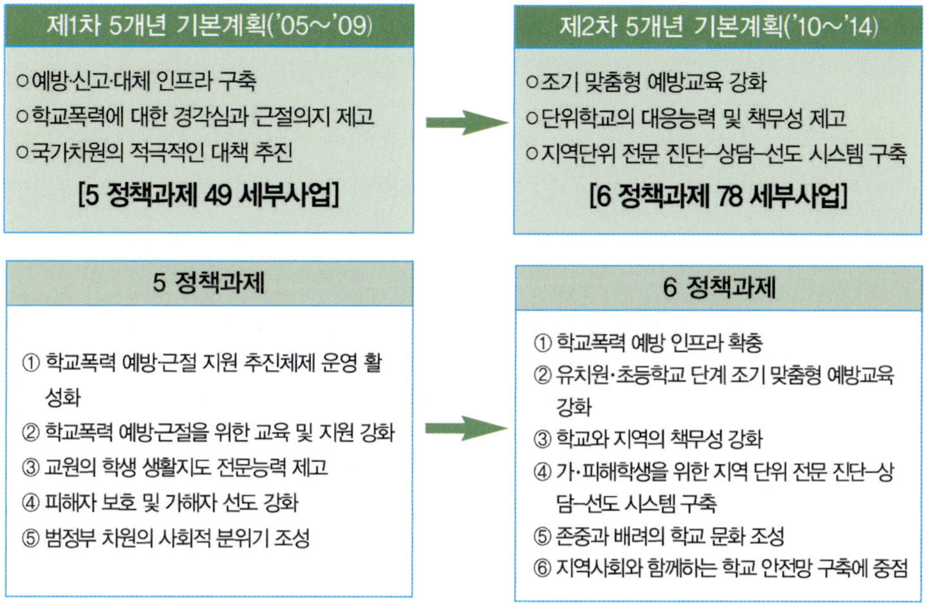

[그림 2-1] 1차·2차 학교폭력 예방 및 대책 5개년 기본계획 구조

출처: 교육과학기술부(2010). 2차 학교폭력 예방 및 대책 5개년 기본계획 보도 자료.

'2차 학교폭력 예방 및 대책 5개년 기본계획'의 6개 정책과제를 수행하기 위하여 지역교육청에 학교폭력 신고·상담센터 설치, 학교폭력 긴급전화(1588-7179) 운영, 학교 내 CCTV 설치, 배움터 지킴이 배치가 대폭 확대되었고, 학교폭력 예방교육의 실효성을 높이기 위해 유치원과 초등학교에서 조기 예방교육이 실시되고, 학교급별·단계별 맞춤형 예방교육이 도입되었다. 또한 학교폭력 예방 상담을 강화하기 위해 전 교원의 대응 역량 강화, 전문상담교사 확대 배치, Wee클래스 확대 등이 추진되었다. 2008년에는 「학교폭력대책법」을 전부 개정하여 학교폭력의 정의에 성폭력을 추가하였으며, 시·도에 학교폭력대책 지역위원회를 설치하도록 하였고, 가해학생과 보호자 동반 교육을 실시하도록 하였다.

3) 3단계: 법률 개정 및 종합대책 시행 시기(2012년~현재까지)

그러나 2011년 말부터 2012년 초까지 학교폭력에 시달리던 네 명의 중·고등학교 학생들이 연이어 자살하면서, 정부는 2012년 학교폭력 관련 기존 대책 및 제도의 한계점을 분석하여 동년 5월 1일부터 2004년에 제정된 「학교폭력예방 및 대책에 관한 법률」을 수정하고, 관계 부처 합동으로 '학교폭력 근절 종합대책'을 발표하여 시행하였다. 정부는 학교폭력을 가정폭력, 성폭력, 식품안전과 함께 4대악으로 규정짓고, 집중 대책을 수립하도록 지시하였다. '학교폭력 근절 종합대책'에는 그동안의 학교폭력 대책이 학교 현장의 근본적인 변화를 이끌어 내는 데 실패했다는 반성과 함께, 학교폭력 문제의 직접적인 당사자인 학생, 교사, 학부모가 함께 학교폭력 근절을 실천하도록 지원하는 정책 및 제도 개선과 가장 근본적인 대책인 학생들의 배려, 공감, 협동심을 키우는 실천 중심의 인성교육에 대한 정책 등이 추진되기 시작하였다.

2012년에 제정된 '학교폭력 근절 종합대책'은 2013년 7월부터 '현장중심 학교폭력 예방대책'으로 수정되었다. [그림 2-2]와 같이 '현장중심 학교폭력 예방대책'은 '행복하고 안전한 학교'라는 비전 아래 학교폭력 및 학생 위험 제로 환경 조성을 목표로 하여 5개 영역의 20개 중점과제를 선정하여 전국 모든 초·중·고교에 지속적, 체계적으로 실시하고, 또래 보호, 학교 및 청소년 취약 지역 순찰 활동 등 학교와 지역사회의 자발적이고 자율적인 예방 활동을 적극 장려하고 지원하는 것을 최우선 과제로 추진하도록 하였다.

비 전	행복하고 안전한 학교
목 표	학교폭력 및 학생 위험 제로 환경 조성
전 략	• 단위 학교의 실효성 있는 자율적 예방 활동 활성화 • 학교폭력 유형별 지역별 맞춤형 대응 강화 • 피해학생 보호는 대폭 강화하고 가해학생은 재발 방지 역점

영역(5)	중점과제(20)
1. 학교 현장의 다양한 자율적 예방 활동 지원 강화	① '어울림 프로그램' 개발 보급 등 예방교육 내실화 ② 학교의 자율적인 예방 활동 활성화 ③ 학교의 자율적인 예방 활동 적극 지원 및 유도 ④ 꿈과 끼를 살리는 교육 과정 운영 및 대안교육 활성화
2. 폭력 유형별·지역별·학교급별 맞춤형 대응 강화	⑤ 언어 문화 개선을 통한 언어폭력 예방 ⑥ 사이버폭력 신고 및 예방교육 활성화 ⑦ 차별보다는 관계 회복에 역점을 둔 집단 따돌림 해소 ⑧ 성폭력 예방 및 피해학생 치유 보호 강화 ⑨ 유관기관 협력을 통한 폭력 서클 대응 강화 ⑩ 지역별·학교급별 맞춤형 대책 수립, 추진
3. 피해학생 보호 및 가해학생 선도 강화	⑪ 학교폭력 진단 및 관리 강화 ⑫ 피해학생 보호 및 치유 지원 강화 ⑬ 가해학생 선도 및 조치 강화 ⑭ 학생 생활 지도 및 상담 여건 등 조성
4. 학교 역량 제고 및 은폐·축소에 대한 감독 강화	⑮ 학교 역량 강화 및 지원 확대 ⑯ 은폐·축소 및 부적절 대처 관리·감독 강화
5. 안전한 학교 환경 및 안전 사회적 대응 강화	⑰ 학교폭력 신고 시스템 개선 ⑱ 학교안전 인프라 확충 및 운영 내실화 ⑲ 지역사회의 예방 및 근절 활동 확산 ⑳ 학교폭력 대책 추진 체계 재정비

[그림 2-2] 현장중심 학교폭력 예방대책

출처: 교육부(2013). 현장중심 학교폭력 예방대책 보도자료.

이를 위해 학교폭력 예방교육(어울림 프로그램)을 정규 교육 과정에 반영하고, 학교폭력 실태조사 결과를 반영하여 학교폭력 유형별 맞춤형 대응을 강화하고, 피해학생이 안심하고 보호·치유받을 수 있도록 내실 있게 지원하며, 가해학생에 대해서도 선도될 때까지 교육하는 것을 주요 내용으로 하였다. 특히 '현장중심 학교폭력 예방대책(2013)'은 2012년 종합대책보다 학교폭력 예방을 위한 상담, 교육, 다양한 인성교육 활동이 현장에서 확산될 수 있도록 예방 가능성을 높일 수 있는 여건 마련에 중점을 두었다. '현장중심 학교폭력 예방대책'은 관련 지침 개정 등 완료 과제와 사이버·언어폭력 대책, 학교 전담 경찰관 운영 등 보완 과제를 정비하여 5대 영역의 16개 중점과제로 재편하였다.

정부는 2014년 3월 '현장중심 학교폭력 예방대책(2013)'의 성과를 발표하면서, "범부처 협업 아래 다각적인 정책 추진 및 전 사회적인 관심과 노력을 통해 학교폭력은 전반적으로 감소 추세에 있다."라고 하였다(교육부, 2014). 그리고 2014년 말 학교폭력 실태조사 결과, 학교폭력 피해 응답률이 1.4%로 낮아져 정책의 집행 효과가 있었다고 평가하였다. 다음 [그림 2-3]에서 현저하게 낮아진 학교폭력 피해율이 2014년부터 안정세를 보이고 있음을 확인할 수 있다.

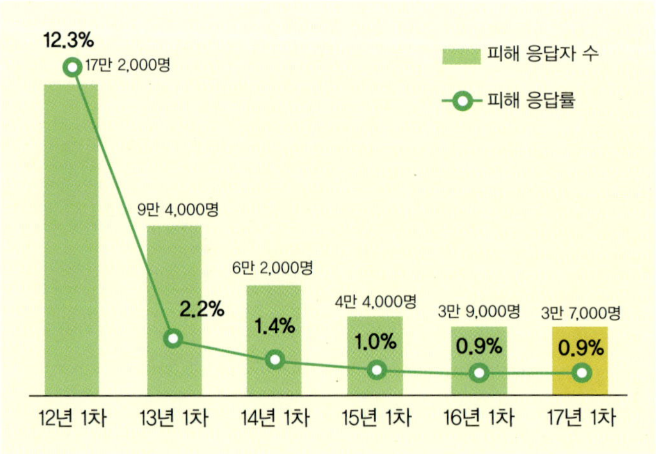

[그림 2-3] 2012~2017년 학교폭력 피해율

출처: 교육부(2017). 2017년 학교폭력 실태조사 보도자료.

그러나 학기 초와 취약 지역 학교에서는 지속적으로 학교폭력 사건이 발생하였다. 이에 정부는 학교 현장 문화를 바꾸는 근본적인 변화를 통해 학교폭력이 다시 확산되지 않도록 '3차 학교폭력 예방 및 대책 5개년 기본계획(2015~2019년)'을 계획하였다. 기존 2차 계획이 학교폭력 대책 추진 체계 정비, 예방교육 확대 및 시안 처리 체계화 등 단위 학교의 역량 강화를 통해 학교폭력 대응을 위한 기반 조성에 초점을 맞추었다면, 3차 계획은 정부를 비롯한 가정, 학교, 사회가 함께하고 현장의 근본적인 변화를 이끌어 내고 학교폭력 문제의 근원적 해소를 위한 관계 부처 협업의 정책적 노력에 중점을 두었다. 아울러 건강한 학교 문화를 조성하고 학생들 스스로 학교폭력의 위해성을 인식하여 폭력 행위를 하지 않는 행동 변화를 이끌어 낼 수 있는 방안을 보다 강화하였다.

'3차 학교폭력 예방 및 대책 5개년 기본계획'은 학교 내외의 다양한 학생 체험활동을 장려하고 CCTV를 확충하고, 학생 보호 인력 증원 등 학생 보호 및 학교 안전 인프라를 내실화함과 동시에 Wee 프로젝트를 통해 위기 학생과 학교 부적응 학생에 대한 집중 상담 및 심리치료기관 연계 서비스를 제공하여 학교폭력을 예방하는 것에 주안점을 두었다. 3차 계획은 현장중심 학교폭력 예방대책을 계승하여 '행복하고 안전한 학교 만들기'를 비전으로 '학교폭력 및 학생 위험 제로 환경 조성'이라는 목표를 설정하고 있다. 구체적 추진 방향으로는 ① 인성교육 중심 학교폭력 예방 강화, ② 학교폭력 대응 안전 인프라 확충, ③ 공정한 사안 처리 및 학교의 학교폭력 대응 역량 강화, ④ 피해학생 보호·치유 및 가해학생 선도, ⑤ 전사회적 대응 체계 구축의 5대 분야, 16개 추진과제를 제시하고 있다.

비 전	행복하고 안전한 학교
목 표	학교폭력 및 학생 위험 제로 환경 조성
전 략	• 전반적 학교 문화 개선과 함께 취약 요인 중점 관리 • 대상별 · 유형별 · 시기별 맞춤형 대응 강화 • 단위 학교의 실효성 있는 자율적 예방 활동 활성화

5대 분야		16개 추진과제	
1	인성교육 중심 학교폭력 예방 강화	1	인성 함양을 통한 학교폭력 사전 예방
		2	또래 활동을 통한 건전한 학교 문화 조성
		3	체험 중심 학교폭력 예방 활동 강화
		4	폭력 유형 및 추세에 따른 대응 강화
2	학교폭력 대응 안전 인프라 확충	5	학교폭력 위해 요인 지속적 해소
		6	학생 보호 인력 확충
		7	학교 밖 안전 관리 강화
3	공정한 사안 처리 및 학교 역량 강화	8	학교폭력 조기 감지 · 신고 체계 강화
		9	사안 처리의 공정성 확보
		10	학교의 학교폭력 대응 역량 강화
4	피해학생 보호 · 치유 및 가해학생 선도	11	피해학생 보호 및 치유 지원 내실화
		12	가해학생 맞춤형 교육 및 선도 강화
		13	관계 회복을 위한 프로그램 강화
5	전 사회적 대응 체제 구축	14	가정의 역할 및 교육 기능 강화
		15	지역사회 역할 및 책무성 강화
		16	대국민 인식 제고 및 전 사회적 대응 체계 구축

[그림 2-4] 3차 학교폭력 예방 및 대책 5개년 기본계획

출처: 교육부(2013). 현장중심 학교폭력 예방대책 보도자료.

4) 초등학생 맞춤형 학교폭력 대책

2012년 이후 학교폭력 발생이 전반적으로 하향 추세를 나타냈으나 2015년 실시된 학교폭력 실태조사에서 초등학생의 학교폭력 피해 응답률(2.0%), 가해 응답률(1.0%)은 여전히 중등학교에 비해 높은 것으로 나타났다.

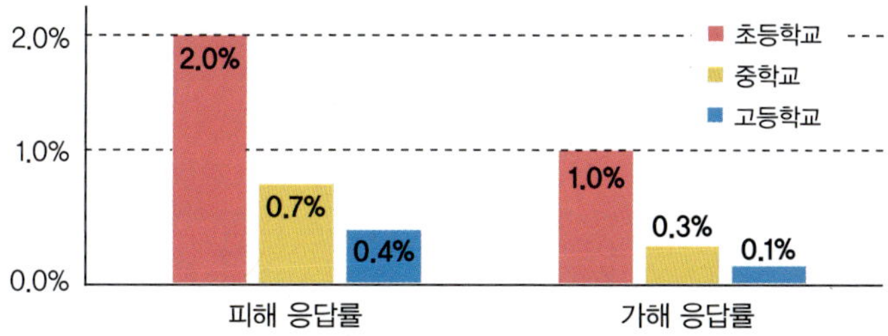

[그림 2-5] 2015년 학교급별 피해 및 가해 응답률

출처: 교육부(2015). 초등학생 맞춤형 학교폭력 대책 보도자료.

또한 아래 [그림 2-6]에서 볼 수 있듯이, 2012년부터 2017년까지의 학교급별 피해 응답률에서도 2012년을 기점으로 급격히 감소하였으나 여전히 초등학생이 중·고등학생에 비해 높은 피해율을 보였다.

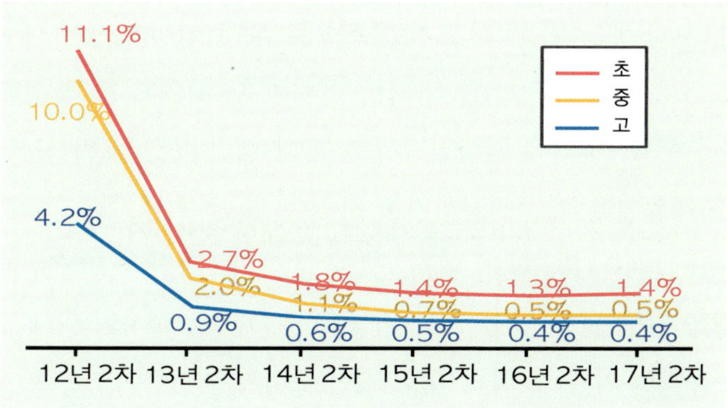

[그림 2-6] 2012~2017년 학교급별 학교폭력 피해 응답률

출처: 교육부(2017). 2017년 학교폭력 실태조사 보도자료.

이러한 이유로 '3차 학교폭력 예방 및 대책 5개년 기본계획(2015~2019년)'을 충실히 추진함과 더불어 관계 부처 합동으로, '초등학생 맞춤형 학교폭력 대책'을 수립·추진하기로 하였다. '초등학생 맞춤형 학교폭력 대책'은 초등학교 학교폭력의 원인을 정신의학적 관점, 유해 환경적 관점, 가정 요인, 학교 요인 등 4개 관점에서 분석하고, 그에 따라 스쿨 닥터 확대 등 정신의학적 지원, 스마트폰과 인터넷 중독을 예방하기 위한 유해 정보 차단 조치 강화, 초등학생에 대한 어울림 및 어깨동무학교 지원 확대 및 전문상담교사 초등학교 우선 배치 등을 포함하고 있다.

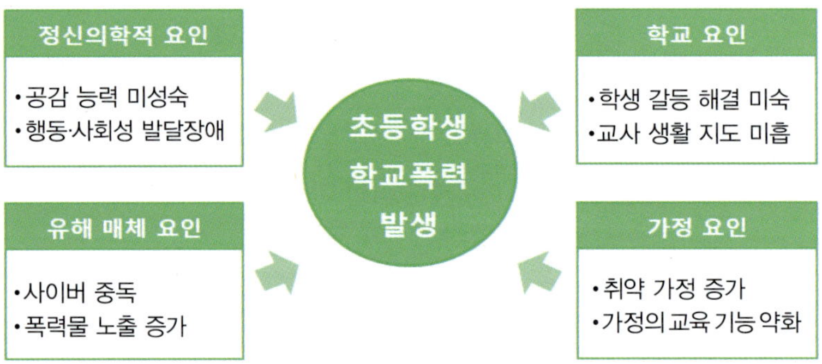

[그림 2-7] 초등학생 학교폭력 발생 원인 분석

출처: 교육부(2015). 초등학생 맞춤형 학교폭력 대책 보도자료.

이를 위해, 보건·상담 및 담임 교사 중심으로 위기 의심 학생에 대한 감지를 강화하고, 시·도교육청 단위로 스쿨 닥터를 배치하고, 고위기 학생 선별 및 지원을 강화하기 위하여 Wee센터에 임상심리사를 확대 배치하고, '고위기군 학생 심리치료 이행 표준 매뉴얼'을 개발·보급하기로 하였다. 또한 초등 위기군 학생을 대상으로 '가정형 Wee센터'를 운영하여 이혼, 방임, 학대 등 가정적 요인에 따른 학업 중단 위기 학생을 위한 돌봄, 상담, 교육 기능을 제공한다. 교사와 학생 간 긍정적 관계가 학생의 공격성 억제 및 학습 태도 개선에 미치는 영향이 크므로 교사 역량을 강화하였다(교육부, 2015). 고위기군 학생 정신의학 지원 체계는 다음과 같다.

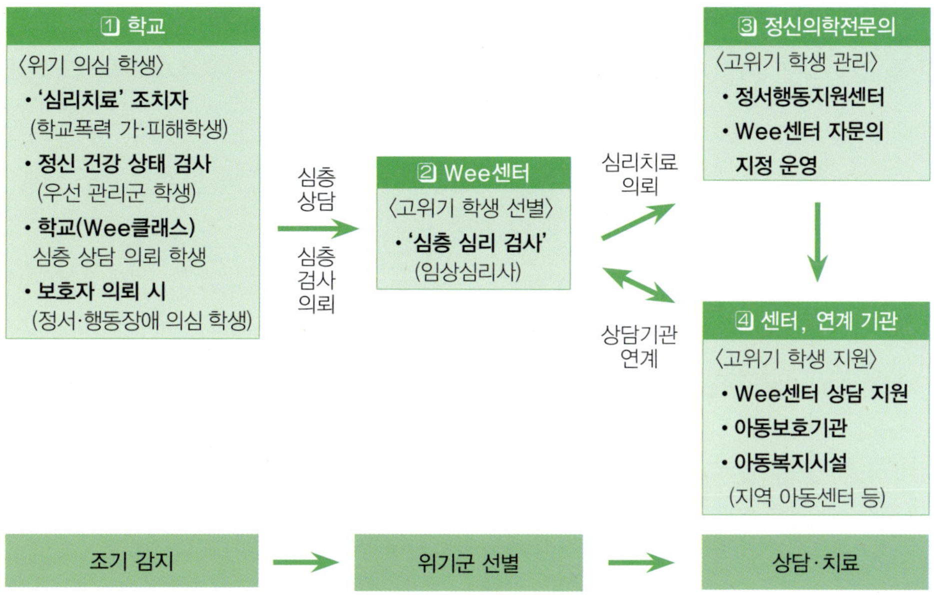

[그림 2-8] 고위기군 학생 정신의학 지원 체계

출처: 교육부(2015). 초등학생 맞춤형 학교폭력 대책 보도자료.

2. 학교폭력의 현황

우리나라의 학교폭력은 2012년을 기점으로 점차 감소하고 있는 것으로 나타났으나 학교폭력 양상이 실제 생활 공간(학교 등)에서 사이버 공간으로 확대되는 등 광범위하고 다양하며 복합적인 유형으로 진화 중이므로 교육부는 대응 방안의 하나로 정기적인 학교폭력 실태를 조사하여 보고하고 있다(교육부, 2017). 이에 따라 교육부는 전국 시·도교육감과 공동으로 교육개발원·한국교육학술정보원에 위탁하여 매년 지속적으로 학교폭력 실태를 발표하고 있다. 다음은 초등학교 4학년~고등학교 2학년까지 360만 명을 대상으로 조사한 2017년 학교폭력 실태조사 결과들이다. 교육부는 초등학생이 이해하기 어려웠던 조사 문항을 초등학생의 발달 단계 및 인식 수준을 고려하여 개발하였으며, 설문지는 초등과 중등용 문항으로 분리되어 있다(교육부, 2017). 2017년 학교폭력 실태를 살펴보면 다음과 같다.

1) 학교폭력 피해 유형

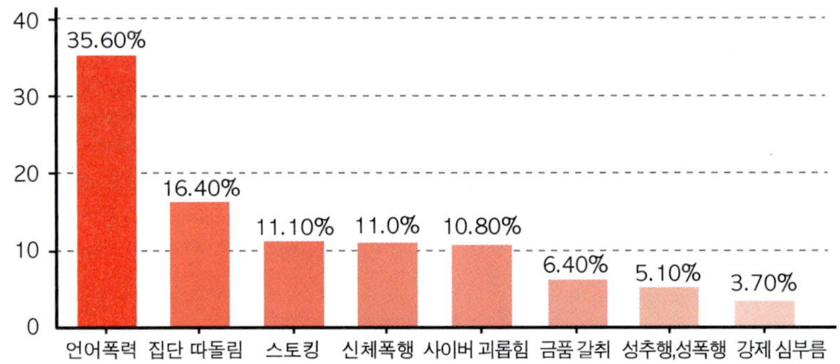

[그림 2-9] 학교폭력 피해 유형

위의 [그림 2-9]에서 보는 바와 같이, 학교폭력 피해 유형은 언어폭력(35.60%)이 가장 높고, 그 다음에 집단 따돌림(16.40%), 스토킹(11.10%), 신체폭행(11.0%) 순으로 나타났다.

2) 학교폭력 피해 장소(학교 안)

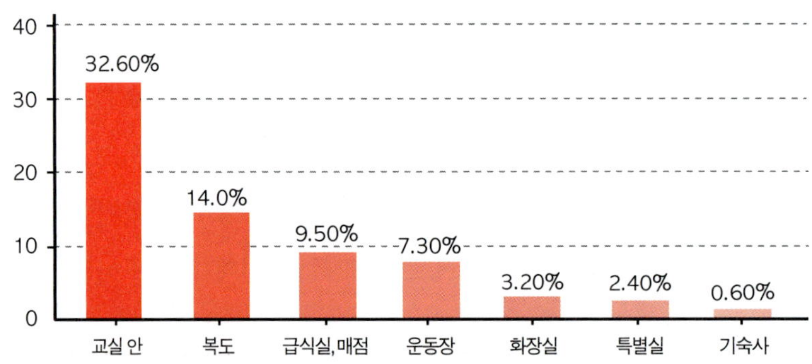

[그림 2-10] 학교폭력 피해 장소(학교 안)

3) 학교폭력 피해 시간

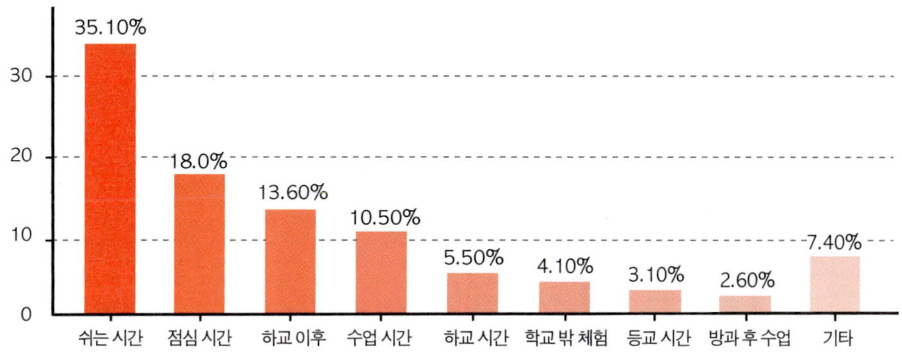

[그림 2-11] 학교폭력 피해 시간

위의 [그림 2-10], [그림 2-11]에서 보는 바와 같이, 학교폭력의 피해 장소는 주로 학교 안에서, 피해 시간은 주로 쉬는 시간이 높았다. 피해 장소는 교실 안(32.60%), 복도(14.0%), 급식실과 매점(9.50%) 등 주로 학교 안(69.60%)에서, 피해 시간은 쉬는 시간(35.10%), 점심 시간(18.0%), 하교 이후(13.60%), 수업 시간(10.50%) 등의 순으로 나타났다.

4) 학교폭력 가해학생 유형

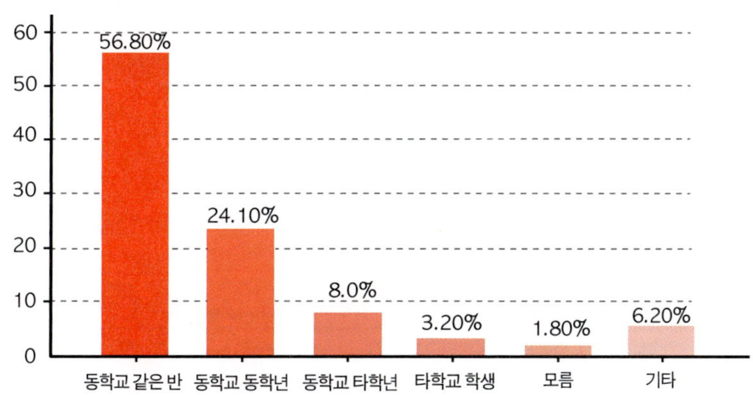

[그림 2-12] 학교폭력 가해학생 유형

위의 [그림 2-12]에서 보는 바와 같이, 학교폭력의 가해학생은 동학교 같은 반(56.80%)이 가장 높게 나타났고, 그 다음이 동학교 동학년(24.10%), 그리고 동학교 타학년(8.0%), 타학교 학생(3.20%), 모름(1.80%) 순으로 나타났다.

5) 학교폭력 피해를 알린 사람

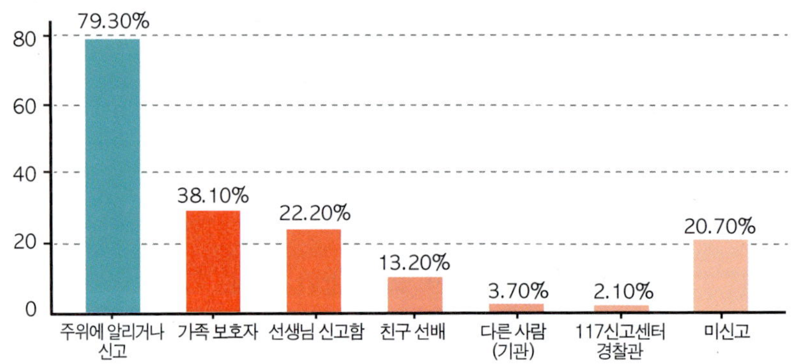

[그림 2-13] 학교폭력 피해를 알린 사람

[그림 2-13]에서 보는 바와 같이, 피해 사실을 주위에 알리거나 신고한 경우는 79.30%였고 20.70%는 미신고로 나타났다. 학교폭력 피해를 알린 사람은 가족(38.10%), 학교(22.20%), 친구나 선배(13.20%) 등의 순으로 나타났다.

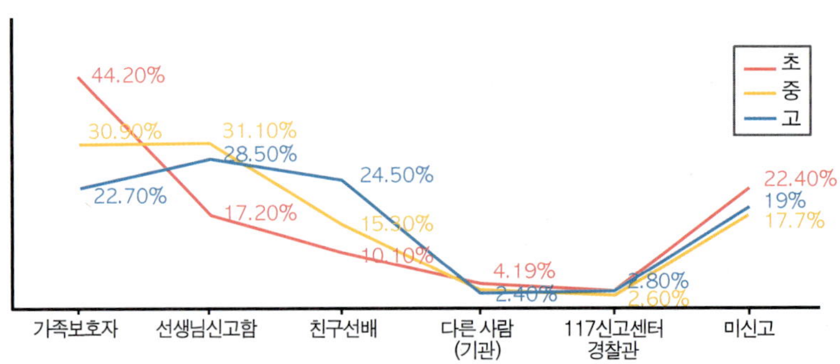

[그림 2-14] 학교급별 피해를 알린 사람

이를 학교급별로 비교해 보면, 학교급별로 피해를 알린 대상에서 차이가 있었다. [그림 2-14]에서 보는 바와 같이, 초등학생은 가족 보호자(44.20%)가 선생님(17.20%), 친구 선배(10.10%)보다 2배 이상 높게 나타났으나, 고등학생은 가족 보호자(22.70%)보다 선생님(28.50%)과 친구 선배(24.50%)가 높게 나타났다.

6) 학교폭력 미신고 이유

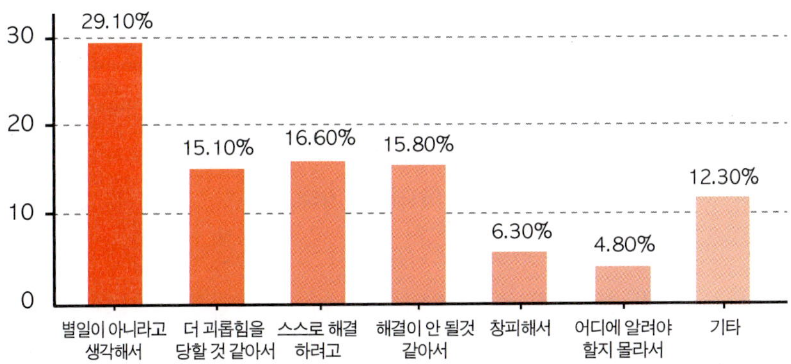

[그림 2-15] 학교폭력 피해 미신고 이유

[그림 2-15]에서 보는 바와 같이, 학교폭력 피해 미신고 이유는 별일이 아니라고 생각해서(29.10%)가 가장 높고, 스스로 해결하려고(16.60%), 해결이 안 될 것 같아서(15.80%), 더 괴롭힘을 당할 것 같아서(15.10%) 등의 순으로 나타났다.

7) 가해학생의 가해 이유와 학교급별 가해 이유

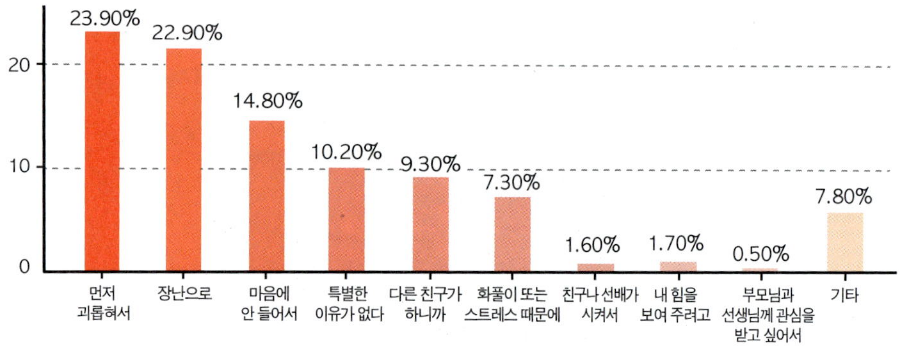

[그림 2-16] 학교폭력 가해 이유

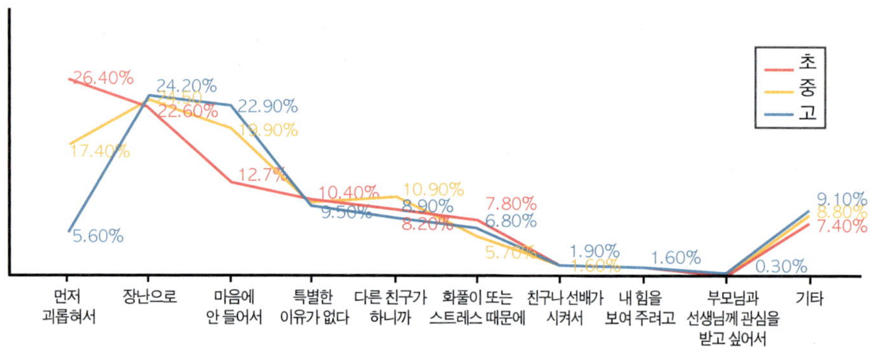

[그림 2-17] 학교급별 가해 이유

[그림 2-16], [그림 2-17]에서 보는 바와 같이, 가해학생의 가해 이유는 먼저 괴롭혀서(23.90%), 장난으로(22.90%), 마음에 안 들어서(14.80%), 특별한 이유가 없다(10.20%), 다른 친구가 하니까(9.30%) 순으로 나타났다. 학교급별로 비교해 보았을 때, [그림 2-17]에서 보는 바와 같이, 초·중·고교의 가해 이유는 차이가 있었다. 초등학생은 먼저 괴롭혀서(26.40%)가 가장 높으나, 중학교와 고등학교는 장난으로(24.50%, 24.20%), 마음에 안 들어서(19.90%, 22.90%)가 먼저 괴롭혀서(17.40%, 5.60%)보다 높게 나타났다.

8) 목격 후 행동

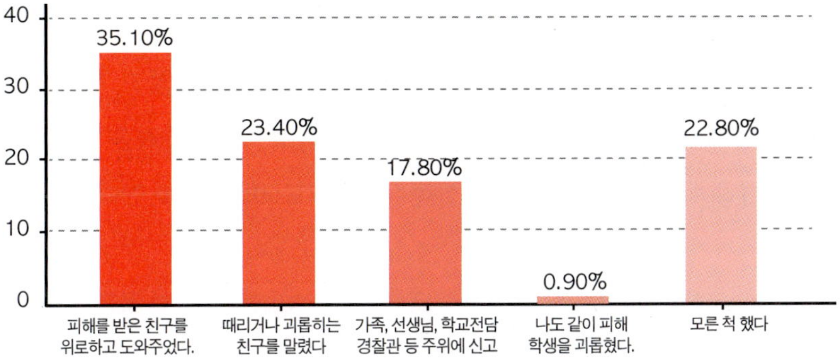

[그림 2-18] 목격 후 행동

[그림 2-18]에서 보는 바와 같이, 학교폭력 목격 후 행동은 피해 친구를 위로하고 도와주기(35.10%), 괴롭히는 친구 말리기(23.40%), 주위에 신고하기(17.80%) 순으로 나타났고, 모르는 척 했다는 방관 응답은 22.8%로 나타났다.

3. 학교폭력의 특성

학교폭력은 과거에도 존재하고 있었다. 그러나 일반적으로 학령기 아동 및 청소년들이 성장 과정에서 겪을 수 있는 단순한 주먹 싸움이나 일시적 일탈 행동 정도로 여겼으므로 사회 구성원들은 학교폭력을 그다지 심각하게 생각하지 않았고 학교폭력 발생이 사회적으로 심각한 문제를 야기시키지도 않았다. 그러나 최근의 학교폭력의 경향은 친구 간의 단순한 주먹 싸움이나 잠시의 일탈 차원을 넘어 점차 범죄화되고 있으며 그 유형 또한 법률의 적용을 피하기 어려울 정도의 심각성이 나타나고 있다. 또한 과거에는 학교폭력이 일회성에 그치는 단기적인 성격을 띤 경우가 대부분이었고 가해학생의 연령이 피해학생에 비해 상대적으로 높았으며 다른 학교 학생들에 대해 폭력을 행사했고 자기 학교 학생은 보호하려는 태도를 가지고 있었다. 그러나 최근의 학교폭력은 같은 학교 내에서 다수의 학생들에 의해 반복적이고 계속적으로 이루어지는 형태로 변화하고 있고, 가해학생과 피해학생 간의 구분이 불분명하고, 원인이 매우 복잡한 경우가 많다. 학교폭력을 당한 피해학생이 다시 폭력을 당하지 않기 위해 다른 학생들에게 폭력을 행사하는 악순환이 발생하기도 하고, 학교폭력을 견디지 못하여 피해학생이 가해학생을 죽이거나 자살하는 경우도 발생하고 있다.

우리나라 학교폭력에서 발견되는 주요 양상을 살펴보면 다음과 같다(노혜련, 김형태, 유서구, 2006; 청소년폭력예방재단, 2012).

첫째, 가해학생의 연령이 점점 더 낮아지고 있다. 학교폭력의 최초 발생 연령과 학년이 점점 낮아지고 있는 것이다. 과거 학교폭력은 중학생들 사이에서 가장 많은 발생 빈도를 보여 왔으나 최근 중·고등학교 학생들의 문제를 넘어 초등학생으로까지 확대되고 있다(청소년폭력예방재단, 2012). 초등학생에 의한 학교폭력이 증가하고 있어 학교폭력의 저연령화 현상이 발생하고 있다. 초등학교 자치위원회 심의 현황에서도 초등학교의 심의 건수는 전년 대비 30.7% 증가하고 가·피해학생 수도 각각 15.7%, 26.1% 증가한 것으로 나타났다([그림 2-19] 참고). 이러한 학교폭력의 저연령화 추세로 교육부는 2015년 '초등학생 맞춤형 학교폭력 대책'을 발표하기에 이르렀다.

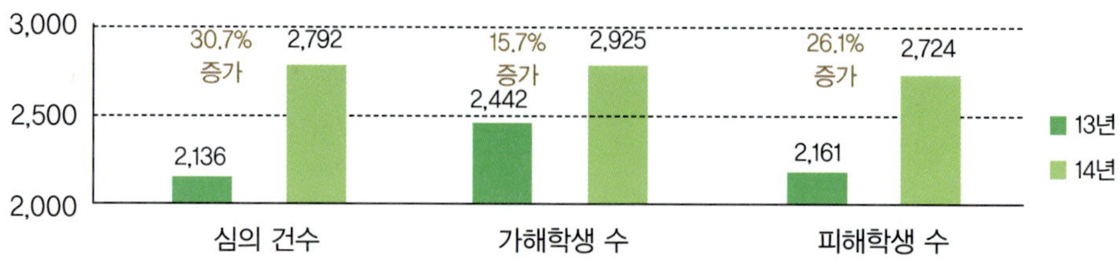

[그림 2-19] 초등학교 자치위원회 심의 현황

출처: 교육부(2015). 초등학생 맞춤형 학교폭력 대책 보도자료.

둘째, 학교폭력이 단순한 일탈 차원을 넘어 흉포화, 조직화, 집단화되는 심각한 범죄의 단계에 이르고 있다. 학교폭력이 신체적 폭력은 물론 금품 갈취, 강도, 절도 등에서 집단 성폭행, 살인, 사이버폭력에 이르기까지 이전보다 훨씬 심각한 양상을 보이고 있다. 또한 조직화·집단화되어 개인보다는 2명 이상의 집단에 의해 이루어지는 경우가 많으며 성인 범죄를 모방하여 불량 서클, 더 나아가 조직 폭력 집단과 연루되기도 한다.

셋째, 과거에는 학교폭력이 주로 폭력 서클을 통한 신체적 폭력을 수반하는 위압적 태도나 폭행 등을 통하여 피해학생들에게 금품을 갈취하는 사례가 주종을 이루었지만, 최근에는 신체적 폭력을 넘어 집단으로 한 학생을 지속적으로 괴롭히는 집단적·정신적 괴롭힘으로 이어지는 추세로 변화하고 있다(김창군, 임계령, 2010). 학교폭력의 형태도 빵 셔틀과 같은 강제적인 심부름, 집단 따돌림과 같은 정신적 폭력의 형태로 다양하게 변화해 가고 있는 추세이다. 또한 정보통신기술의 발달로 인터넷과 스마트폰, SNS 등을 활용하여 교묘한 방식으로 피해학생을 괴롭히고 집단적으로 즐기는 사이버 범죄가 날로 증가하는 추세라는 것이 새로운 특징이라고 할 수 있다. 정신적 폭력은 휴대 전화 문자 메시지와 카톡방을 통해 손쉽게 반복적으로 이루어지고 있다. 교실에서의 직접적인 신체적 폭력 대신 인터넷을 통한 사이버 폭력이 늘어나고 있다.

넷째, 이러한 세 가지 특성 외에, 여학생의 폭력도 계속 증가하여 이제는 학교폭력이 남학생에게 국한된 일이 아님을 보여 주고 있다. 또한 지금까지는 대도시를 중심으로 폭력이 발생되었으나 인터넷과 미디어의 영향으로 중·소도시 및 농촌 지역의 학교로까지 확산되고 있다.

또한 학교폭력은 가정폭력, 군대폭력 등과 많은 유사점이 있다. 이러한 폭력들은 다음과 같은 특징을 가지고 있다(청소년폭력예방재단, 학교폭력문제연구소, 2014).

첫째, 가해자와 피해자가 같은 공간에 있는 시간이 많아 피해자는 항상 불안감을 느낄 수밖에 없다. 이는 언제라도 폭력이 행사될 수 있기 때문이다.

둘째, 피해자가 폭력을 미연에 예방할 수 있는 방법이 많지 않다. 일반적인 폭력은 피해자의 대비로 피할 수 있다. 즉 늦은 밤이나 우범 지역을 활보하지 않으면 폭력을 피할 수 있다. 그러나 같은 공간에서 보내는 시간이 많다 보니 피해자가 피하려고 해도 피할 수가 없는 경우가 대부분이다.

셋째, 피해자의 행동에 관계없이 가해자의 의도 혹은 기분에 따라 폭력이 행사되는 경향이 많다. 가정폭력의 경우 폭력을 휘두르는 가장의 마음에 달려 있다고 할 수 있다. 즉 가해자의 기분에 따라 조용한 행동이 마음에 들지 않는다고 트집을 잡아 폭력을 행사할 수도 있다. 어떤 구실을 만들어서라도 피해자에게 폭력을 행사할 수 있다.

넷째, 같은 공간에서 오랜 시간 같이 생활하고 폭력이 장기적으로 지속되는 특성이 있다. 학교폭력은 학교를 졸업할 때까지, 가정폭력은 태어나서부터 시작되어 가출할 때까지, 군대폭력은 제대할 때까지 지속될 수 있다.

다섯째, 가해자의 기분에 따른 예측 불가능하고 언제든지 행사될 수 있는 폭력에 장시간 시달릴 경우 폭력에 둔감해지는 것은 물론이고 여러 정신 병리학적인 외상 후 스트레스장애(PTSD) 증세를 동반하고 사회적으로 정상적인 생활을 유지하기 힘들어질 수 있다. 폭력이 장기적으로 지속되면 그 개인에게 미치는 결과는 매우 심각할 수 있다.

여섯째, 인간의 사회적 행동의 대부분은 학습의 결과이다. 특히 사회적 행동은 사회화를 통해 학습되며 전승되는 것이다. 그러므로 폭력에 장기간 노출되는 사람은, 비록 자신이 폭력에 시달리는 피해자의 입장이라 할지라도 학습되어 다른 사람에게 폭력을 행사하는 경향이 있다.

〈표 2-1〉 일반적 폭력과 학교폭력의 차이

구분	일반적 폭력	학교폭력
장소	특정 장소가 정해지지 않음	학교, 학급 또는 주변 공간
주체/대상	모르는 사람	학교, 학급 친구, 선배
사실 인지	어려움	용이함
지속성	일회성	지속성

이러한 폭력의 세습이 장기화되면, 사회화되거나 제도화된 폭력은 나름대로 정당성을 부여받기도 한다. 군대 내의 비합리적인 폭력이 기합이라는 이름으로, 가정폭력은 부모 역할이라는 이름으로 합리화된다. 그리고 군대에서는 폭력을 당하는 신참병도 고참이 되면 그것이 있을 수 있는 일이라고 생각하여 동일한 폭력을 행사할 수 있다. 학교에서도 선배의 후배에 대한 폭력과 교사의 학생에 대한 폭력이 우리 사회에서 제도화되어 온 경향이 적지 않다. 이는 폭력의 제도화와 정당화가 이루어진 것이다. 우리는 이러한 장기적 폭력의 제도화와 정당화의 관점에서 학교폭력을 단순히 사소한 주먹다짐이나 서열만으로 간주하기보다 예방적 측면에서 좀 더 심각하게 학교폭력을 다루어야 할 것이다.

Chapter 3

학교폭력 역할 유형과 국내외 예방 및 대책 프로그램

1. 학교폭력의 역할 유형: 가해학생, 피해학생, 주변학생
2. 다양한 국내외 학교폭력 예방 및 대책 프로그램
3. 학교폭력 예방 및 근절을 위한 새로운 접근 방법의 필요성
4. 학교 차원 긍정적 행동지원(SW-PBIS) 소개

1. 학교폭력의 역할 유형: 가해학생, 피해학생, 주변학생

학교폭력은 가해학생과 피해학생만이 아니라 많은 다른 학생(주변학생)들이 보는 앞에서 일어나는 집단 현상이다. 그러므로 학교폭력에는 가해학생, 피해학생, 그리고 주변학생의 세 집단이 포함된다.

1) 가해학생

(1) 가해학생의 특성

가해학생의 공통적인 특성은 다음과 같다(정종진, 2012; 조춘범, 조남홍, 2011; 안소현 외, 2012; Beaty & Alexeyev, 2008; Espelage & Holt, 2001; Olweus, 1993).

첫째, 가해학생은 일반적으로 적대적, 공격적, 그리고 충동적이며 규칙을 무시하는 경향이 있다. 일반 아동들은 도덕적 관점, 옳고 그른 것에 대한 감각, 법과 규준에 따라 행동하려 하지만 가해학생들은 자신의 폭력 행동이 도덕적 규범에 어긋난다거나 다른 사람에게 피해와 상처를 주는 행동이라고 생각하지 않는 경우가 더 많다. 또한 이들은 자신의 뜻을 관철시키기 위해서는 다른 사람에게 적대적 행동을 하는 것을 정당하다고 여긴다.

둘째, 가해학생은 다른 사람을 지배하는 것에 대한 강한 욕구를 갖고 있으며, 특권 의식으로 다른 학생들을 통제하고 복종시키는 것을 즐기는 듯이 보인다. 가해학생은 공격성 표출로 얻어지는 힘을 가치 있다고 생각하고 공격성을 통해 자신이 원하는 것을 얻고자 한다. 가해학생 중에는 이전에 학교폭력 피해학생이었던 경우가 많다. 피해학생에서 나중에 가해학생이 되는 것이다.

셋째, 가해학생은 다른 학생들에게 상해를 입히고 그들이 괴로워하는 데 만족감을 느낄 만큼 잔인하고 가학적인 경향이 있다. 가해학생은 피해학생 및 다른 사람의 어려움에 대한 공감 능력이 부족하며 피해학생이 괴롭힘을 당할 만하다는 도덕적 일탈 상태인 것으로 나타났다.

넷째, 가해학생은 학생들 사이에 인기가 많고 힘이 세다는 것 때문에 자신만만하고 자아존중감이 높다. 그러나 심리학자와 정신의학 관련 학자들은 가해학생, 즉 공격적이고 난폭한 행동을 하는 사람들의 잠재의식 속에는 불안하고 불안정한 의식이 존재한다고 보고하고 있다. 가해학생은 열등감과 불안정감을 갖고 있지만 다른 아동을 지배하기 위하여 이러한 감정을 숨기고 공격성을 사용한다고 하였다. 가해학생의 공격성과 관련해 전두엽의 실행 기능이 낮다는 것이 자주 논의된다.

다섯째, 가해학생들은 행동에 대해 자주 보상을 받는다. 보상은 물질적인 것이나 심리적인 것일 수 있는데, 피해학생들에게 빼앗는 돈이나 바치는 돈, 그리고 다른 학생들이 자신들을 주목하고, 지위를 인정하고, 그리고 선망하는 것이 그들에게는 보상으로 작용한다.

다음은 피해학생에서 가해학생으로 변신한 중학생의 사례이다.

사례 1 : 피해학생에서 가해학생으로 변신한 한 중학생
수도권의 한 중학교에 다니는 박 군(15)은 교내 '일진'들의 '군기반장'으로 악명이 높았다. 유난히 큰 덩치를 이용해 수시로 주먹을 휘둘렀고 경찰 조사도 여러 차례 받았다. 상담 결과 박 군은 교내에서 '잘 나가는' 친구들에게 잘 보여야 따돌림을 당하지 않는다는 강박 관념을 가지고 있었다. 특히 어린 시절 새엄마가 데려온 자녀들 틈에서 자라면서 '버림받을 수 있다'는 불안 심리가 컸던 것으로 파악되었다. 박 군은 상담 과정에서 "내가 나서서 싸움을 걸고 마음에 안 드는 아이들을 정리해 주면 친구들이 '역시 넌 의리 있고 박력 있어.'라고 인정을 해 줬다."고 말했다. 초등학교 시절 '뚱뚱하고 둔하다'는 이유로 자주 놀림을 당했던 박 군은 해결사로 인정을 받기 위해 친구들 앞에서 더 혹독하게 주먹을 휘둘렀다. '왕따'의 고통을 잘 알기 때문에 더는 그런 상황에 놓이지 않기 위해 자기보다 약한 친구들을 앞장서서 따돌리고 괴롭히는 것이다.

출처: 동아일보(2011. 12. 30.).

(2) 가해학생의 환경적 특성

학교폭력 가해학생들은 다음과 같은 공통적인 가정 요인들을 갖는 경우가 많다(이승연, 신현숙, 이동형, 2011; Baldry & Winkel, 2003; Olweus, 1993).

첫째, 부모들이 독재적인 양육 방식을 사용하여 자녀들에게 자주 체벌이나 힘을 행사하는 경우가 많았다. 이러한 강압적인 가정에서 성장한 가해학생은 자주 친구를 괴롭히는 행동을 하는 것으로 나타났다.

둘째, 가해학생은 다른 학생들에 비해 가정폭력을 많이 경험하거나 부부 간의 갈등이 심한 경우가 많았다. 이러한 가정에서 자랐을 경우 자신의 정서를 조절하는 능력을 발달시키지 못하였으므로 분노를 그대로 표출하는 것에 익숙하고, 애정 결핍 또는 정서적 불안으로 인해 자신이나 타인의 정서를 읽는 것에 민감하지 못하고, 자신의 공격적인 행위에도 둔감하다.

셋째, 가해학생의 부모가 자녀에 대한 지원이 적거나 자녀의 삶에 긴밀하게 개입하지 않고, 특히 온정성과 긍정적 개입이 부족한 경우가 많았다. 또한 부모가 가해학생의 공격적 행동을 분명하게 제한하지 않거나, 형제자매나 다른 아동을 공격하는 것을 허용하는 경우도 많았다.

2) 피해학생

(1) 피해학생의 특성

학교폭력 피해를 당하기 쉬운 피해학생의 특징은 다음과 같다(Olweus, 1993; Roffey, Tarrant, & Majors, 1994).

첫째, 피해학생은 자신과 타인에 대한 부정적 태도와 믿음, 낮은 사회적 유능감, 그리고 제한된 언어 능력이나 낮은 학업 성취를 보였다. 몸이 허약하거나 키가 작거나 신체적 장애나 낮은 지적 능력을 가지기도 한다. 이러한 이유로 자기주장이나 대처를 잘 못하므로 가해학생이 조금만 공격해도 쉽게 울거나 불안해하는 모습을 보이고, 가해학생의 요구에 쉽게 복종해 버리므로 가해학생 입장에서는 만만하게 볼 수 있다.

둘째, 피해학생은 사회성, 대인 관계 기술, 그리고 사회적 문제 해결 기술이 부족하다. 주의력 결핍 과잉 행동장애(ADHD)의 경우 또래로부터 특별하고 이상하다는 평을 듣는다. 이들은 충동 조절 능력이 약하고 사회성이 부족하다. 친구들로부터 보통 '갑자기 버럭 화를 낸다.', '너무 따진다.' 등의 부정적 평가를 받는데, 이러한 행동들이 곧잘 따돌림이나 폭력의 빌미가 된다. 또한 피해학생은 친구의 수가 적고 또래로부터 이미 배척받고 있어 피해를 무릅쓰고 피해학생을 도와주려는 친구가 없을 수 있다. 이런 이유로 가해학생은 더 마음 놓고 피해학생을 공격할 수 있다.

셋째, 피해학생은 대부분 소극적인 성향을 가지고 있으므로, 피해를 당했을 때 적대적 공격을 시도하지 않으며 자신의 권리를 적극적으로 주장하지 못한다. 가해학생이 공격해 올 때 가끔씩 대항하기는 하지만 쉽게 지거나 적절하지 않게 지나치게 방어적으로 행동하기도 한다. 또한 피해학생은 친구의 고의가 아닌 농담을 언어적 공격으로 잘못 해석하여 공격적 반응을 하는 경향도 있을 수 있다. 친구들은 만성적인 학교폭력 피해학생을 싫어하고 동정심을 가지지도 않는다. 예를 들어, 화를 유발하는 행동을 함으로써 가해학생의 공격성을 도발시킨 피해학생을 보고 '그런 공격을 받을 만하다.'라고 여긴다.

학교폭력의 피해학생 중 상당수는 심리적인 고통으로 정신치료를 받거나 자살을 택하기도 한다. 학교폭력을 당한 피해학생은 처음에는 학교 가는 것을 꺼리고 식욕이 줄어들고 무기력증을 호소하는 경우가 많다(최태진, 허승희, 박성미, 이희영, 2006; Cohen, 2001). 그리고 폭력을 당하는 기간이 점점 길어질수록 '외상 후 스트레스장애(PTSD)'와 우울증, 불면증에 시달리게 되고, 또 가해학생들이 꿈에 나와 괴롭히는 악몽을 꾸거나 머리, 배 등의 신체적 고통을 호소한다. 이러한 외상 후 스트레스장애 증상은 여자와 나이가 어린 경우에 보다 심각하다. 때로는 자신보다 더 어린 또래, 형제자매, 애완동물에 대해 갑작스러운 공격적 행동을 함으로써 자신의 불안을 표현하기도 한다(Perry, 1997; Ladd, Kochenderfer, & Coleman, 1996).

사례 2: 학교에서 집단 따돌림을 당한 피해학생의 예
경기도의 △△중학교 1학년 송 양(15)은 학교에서 8개월간 집단 따돌림을 당하다 '외상 후 스트레스장애'를 앓고 한 달 동안 정신병원 폐쇄 병동에 입원했다. 송 양의 어머니는 입원한 딸을 간호하느라 직장을 그만두었고 신용 불량자가 되었다. 그녀는 딸 생각만 하면 스트레스가 심해져 손톱으로 꼬집거나 바늘로 찔러 셀 수 없는 상처가 생겼다. 그녀는 "그날 이후 나는 딸을 잃었고, 우리 가족은 망가졌습니다. 2011년 11월 8일을 결코 잊을 수 없어요."라고 말했다. 그날은 여학생 다섯 명이 송 양을 둘러싸고 머리, 등, 발을 수없이 때려 정신병원에 입원한 날이다. 송 양은 당시 고등학교 3학년 언니에게 "왜 나를 지켜주지 않았냐?"라고 울부짖었고, 그 일로 충격을 받은 언니는 동생을 지켜주지 못했다는 죄책감에 공부를 할 수 없어 수능시험도 제대로 보지 못했다. 송 양은 퇴원 후에도 키우던 고슴도치를 벽에 던지는 등 폭력적인 성향을 보였다.

출처: 동아일보(2011. 12. 30.).

(2) 피해학생의 환경적 특성

피해학생의 가정 환경적 특성은 다음과 같다(Macklem, 2003).

첫째, 피해학생의 부모는 일반적으로 과잉보호적인 것으로 나타났다. 피해학생의 부모는 자녀를 과잉보호하여 나약하게 키웠으므로 피해학생은 피해를 당했을 때, 혼자 숨거나 피하기와 같은 무기력하고 위축된 행동을 함으로써 주변 사람으로부터 적절한 지원을 이끌어 내지 못한다.

둘째, 부모가 피해학생을 배척했거나 불안정하게 양육하여 이들은 타인을 불신하는 경향이 있다. 이러한 가정 분위기에서 성장한 학생은 부모나 형제에게 가졌던 유사한 태도와 감정으로 친구를 대하게 된다. 피해학생은 친구로부터 실제로 배척을 받지 않더라고 '배척 받는다.'는 느낌을 쉽게 받고, 사람들이 '나를 싫어한다.', '나를 도와주지 않을 것이다.'라고 미리 짐작하는 경향이 있다. 피해학생들이 가정에서 느낀 몰이해, 배척, 괴로움이 학교까지 이어지고, 친구에게서 평소 싫어하던 부모나 형제의 성향을 발견하고는 여기에 과민하게 반응하므로, 이것이 따돌림이나 공격의 빌미가 되기도 한다.

3) 주변학생

대부분의 학교폭력 상황에서는 이를 지켜보는 주변학생이 존재한다. 왜냐하면 가해학생은 피해학생을 괴롭히면서 자신의 힘을 과시하고 이를 주변학생이 목격하게 함으로써 자신의 폭력 행동에 대한 강화를 얻고자 하기 때문이다. 실제로 학교폭력을 목격한 주변학생의 대부분은 못 본 척하거나 아무런 개입을 하지 않고 방관적 태도를 보이게 되는데, 가해학생은 이러한 대부분의 학생의 태도를 자신의 폭력 행동에 대한 암묵적 승인이라고 해석하기도 한다. 따라서 가해학생의 폭력 행동에 대한 주변학생의 반응은 매우 중요한 역할을 한다.

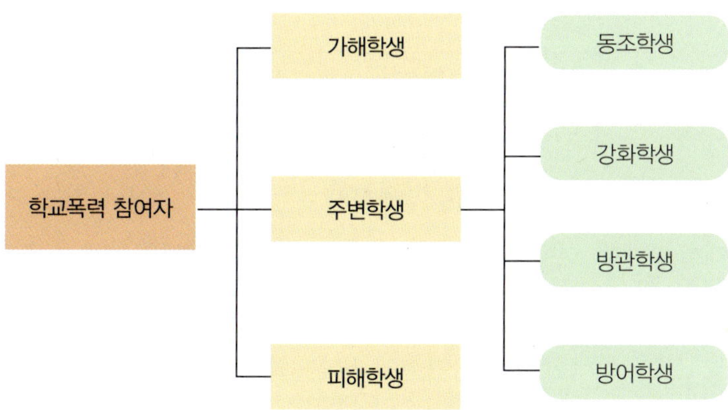

[그림 3-1] 학교폭력 참여자 구조

청소년폭력예방재단, 학교폭력문제연구소(2014)와 Barnett(1999)는 학교폭력의 주변학생을 '학교폭력 상황에서 폭력 행동을 목격한 후 다양한 행동 반응을 보이는 학생'으로 정의하고 있다. 주변학생은 동조학생, 강화학생, 방관학생, 방어학생 집단으로 나누어진다. 동조 집단은 괴롭힘이 발생하면 가해학생으로 돌변하여 가해 행동에 직접 참여하는 집단인 반면, 강화 집단은 간접적인 행동으로 가해학생의 행동을 부추기는 집단이다. 방관 집단은 상황에 개입하는 것에 대한 두려움으로 쳐다보기만 하는 집단인 반면, 방어 집단은 적극적으로 피해학생을 보호하기 위한 방어 행동을 취하는 집단이다. 피해학생에게 도움을 많이 주는 순서대로 배열하면 방어 집단, 방관 집단, 강화 집단, 동조 집단의 순서가 된다.

〈표 3-1〉 주변학생 집단의 유형 및 특징

유형	집단 유형별 특성	도움 정도
동조 집단	가해학생을 직접 돕거나 지지하는 집단	1
강화 집단	가해학생의 괴롭힘 행동을 부추기는 집단	2
방관 집단	상황에 개입하지 않고 쳐다보기만 하는 집단	3
방어 집단	피해학생을 보호하고 도움 행동을 하는 집단	4

출처: 청소년폭력예방재단, 학교폭력문제연구소(2014). 학교폭력 예방의 이론과 실제.

주변학생은 피해학생도 아니고 가해학생도 아니다. 그러나 학교폭력은 가해학생과 피해학생만이 아니라 그 장면을 목격한 주변학생들의 삶에도 좋지 않은 영향을 미친다. Janson과 Hazler(2004)의 연구에서 과거 학교폭력을 지켜본 학생 77명을 설문 조사한 결과, 이들이 받는 심리적 충격은 천재지변이나 생명의 위협을 경험했을 때와 비슷하며, 주변학생도 피해학생과 마찬가지로 학교폭력 상황을 경험하면서 심리적으로 부정적인 영향을 받는 것으로 보고되었다. 주변학생 중에서 피해학생 입장에서 생각하는 경우에는 그 상황에서 멀어지려고 하며 두려움 등 부정적 정서를 경험하고, 가해학생과 동일시할 경우에는 힘이 정의를 지배한다는 잘못된 믿음을 형성하며 어른에 대한 불신을 학습하게 된다. 학교폭력 상황에서 주변학생들은 두려움을 가장 많이 경험하고, 무관심, 무기력이 보고되는 것을 볼 때 부정적인 정서를 학습한다는 사실이 확인되었다(Jeffrey, Miller, & Linn, 2001).

2011년 12월 친구들의 괴롭힘 때문에 자살한 권 모(14)군과 같은 중학교에 다닌 학생들에게서도 비슷한 현상이 나타났다. 대구광역시교육청이 2011년 12월 이 학교 전교생 982명의 심리 상태를 조사한 결과, 약 12%인 116명이 불안 증세를 겪고 있는 것으로 나타났다(조선일보, 2012년 1월 18일자). 집단 괴롭힘을 목격한 학생들은 '혹시 나도 왕따를 당하지 않을까.' 하는 불안감을 느끼게 되고, 또 주변 친구가 고통을 받고 목숨을 끊은 소식을 접한 것 자체가 '트라우마(외상 후 스트레스장애)'가 될 수 있다. 이들은 말이 없어지고 가슴이 두근거리며 구토와 소화장애, 불면증, 우울증, 자살 충동 등 이상 증세가 나타날 수 있으므로 심리 상담 등 신속한 조치가 필요하다. 다음은 피해학생의 자살을 보고 괴로워하다가 자신도 목숨을 끊은 여학생의 사례이다.

사례 3: '친구 자살 막지 못해' 죄책감에 여고생 끝내…

2012년 1월 16일 오후 6시 33분쯤 한 아파트 1층 출입구 지붕에 이 양이 피를 흘린 채 쓰러져 있는 것을 행인이 발견하여 경찰에 신고했다. 이 양은 병원으로 옮겨진 뒤 30분 만에 숨졌다. 이 양은 지난해 12월 투신자살한 한 여고생(정 양)과 같은 학교에 다닌 친구 사이였다. …(중략)… 교육청의 한 관계자는 "이 양은 정 양의 친구로서 정 양의 자살 사건에 대해 무척 괴로워했고, 교육청에서 운영하는 Wee센터에서 심리 상담을 받아 왔다."면서 "조금씩 나아지나 했더니 갑자기 이런 일이 생겼다."며 안타까워했다. 이 관계자는 "정 양 사고 이후 학생들이 수사에 힘들어 했고, 많은 학생이 괴로움을 호소해 오고 있어 또 다른 피해가 우려된다."고 전했다.

출처: 세계일보(2012. 01. 17.).

일반적으로 남학생에 비해 여학생이 피해학생을 돕는 데 보다 적극적이었다(O'Connell, 1999; Salmivalli et al., 1996). 남자아이는 괴롭힘을 촉진하는 동조학생이나 강화학생의 역할 빈도가 큰 반면, 여자아이들은 괴롭힘 대상에 대해 방어학생이나 방관학생으로서의 역할 빈도가 높았다. 국내에서 심희옥(2008)의 연구에서도 남아가 여아보다 가해학생이 많고 여아는 방관학생이 많았다.

주변학생들은 학교폭력을 수용하거나 참여하거나 또는 가해자를 멈추게 하고 피해학생의 편을 들어주는 역할을 한다. 이런 점에서 주변학생은 학교폭력의 해로운 영향력을 저지하는 데 아주 중요한 사람들이다. Jeffrey(2004)에 의하면 학교폭력 사건의 85%가 친구가 있는 곳에서 일어났지만 친구가 개입한 경우는 10%에 불과하였다. 주변학생은 학교폭력에 개입하여 중지시킬 수 있는 힘을 가지고 있지만 실제로 행동하는 사람은 거의 없었다(Siegel, 2009). 오히려 학교폭력 현장을 피하는 주변학생은 자기도 모르게 학교폭력을 격려하고 가해학생이 다른 사람을 희생시켜 얻는 자유를 즐기도록 허용하며 더 큰 갈등의 원인을 만드는 역할을 한다고 할 수 있다.

주변학생에 관한 몇몇 연구에서는 다음과 같은 몇 가지 중요한 시사점들을 제시한다.

첫째, 주변학생으로서 괴롭힘을 목격하여도 피해자 못지않은 심리적 스트레스를 경험한다는 사실이다(Janson & Hazler, 2004).

둘째, 주변학생들이 느끼는 이러한 심리적 스트레스는 피해학생들을 돕는 데 많은 두려움을 주어 대다수의 주변학생들이 피해학생을 돕기보다는 가해학생의 행동을 부추기거나 무관심한 행동을 함으로써 괴롭힘을 지속시키는 효과를 일으킨다는 사실이다(Craig, 1998).

셋째, 주변학생 중에서 소수의 학생들은 피해학생을 보호하며 옹호하는 행동을 하는데, 이러한 방어학생의 수가 늘어날수록 괴롭힘이 줄어들 가능성이 높다(Salmivalli, 1999).

2. 다양한 국내외 학교폭력 예방 및 대책 프로그램

그동안 국내외에서 학교폭력 예방을 위한 다양한 프로그램 개발과 연구가 활발히 이루어져 왔다. 우리나라보다 먼저 학교폭력 예방 프로그램을 실시한 노르웨이의 Olweus 학교폭력 예방 프로그램, 미국과 캐나다의 Second Step, 핀란드의 KiVa Koulu 프로젝트 등의 예방교육 프로그램들은 학교의 안전한 문화 조성 및 학교폭력 감소에 효과를 보이는 것으로 나타났다.

이러한 이유로 우리나라 「학교폭력예방 및 대책에 관한 법률」 제15조 제1항에는 모든 학교를 대상으로 학기별 1회 이상의 학교폭력 예방교육, 치료 및 상담 등 다각적인 개입을 실시하도록 권고하고 있다.

그동안 학교폭력을 예방하고 근절하기 위해 국내외에서 개발된 다양한 학교폭력 예방 및 대책 프로그램을 소개하면 다음 〈표 3-2〉와 〈표 3-3〉과 같다.

〈표 3-2〉 국외 학교폭력 예방 프로그램

프로그램명	목적	운영 특징	대상	회기	개발 기관 (개발 연도)
KiVa Koulu	• 자아효능감 증진 • 비폭력 태도 형성 • 건전한 학교 문화 • 학교폭력 대응 전략 향상	• 이틀간 교사 전달 연수 후 프로그램 운영 • 교사 운영 • 학생은 입학 후, 4학년, 7학년의 총 3회 참여 의무화	초등 저학년 (1~3학년)	10	University of Turku (핀란드) (2006)
			초등 고학년 (4~6학년)	20	
			중학생 (7~9학년)	4	

프로그램명	목적	운영 특징	대상	회기	개발 기관 (개발 연도)
ViSC	• 유능감 • 책임감 • 주장 기술 향상	• ViSC 전문 코치의 개별 학교 교사 연수 및 관리(Top-down 전달 방식) • 교사 운영	중학생 (5~8학년)	13	University of Vienna (오스트리아) (2008~2011)
Be-Prox	• 학교폭력 상황에 대한 민감성 • 학교폭력 대응 전략 향상	• 교사 간의 학교폭력, 학급 운영 및 주제 토론, 실습 • 전문가 운영	교사	6	University of Berne (스위스) (1998)
Olweus Bullying Prevention Program, (OBPP)	• 학교의 학교폭력 실태 파악 • 학교, 학급, 학생, 학부모, 지역사회의 협력 기반 수립 • 'hot spot' 운영을 통한 학교폭력 위험군에 대한 체계적 감독 강화	• 교사 주도로 운영 – 담임 교사와 한 명의 지원 교사(상담사, 전문 강사 등)와 협력적으로 운영	초등학생 중학생	9	교육부 Olweus (노르웨이) (1983)
Second Step	• 공감 • 문제 해결력 • 분노 조절 • 학부모 연계 프로그램 제공	• 교사 워크숍 운영 • 교사나 전문 상담사 운영 • 학부모 연계 프로그램 운영	유치원 초등학교 중학교 고등 저학년	15~20	Committee for Children (미국, 캐나다) (1998)

〈표 3-2〉의 다양한 국외 학교폭력 예방 프로그램을 살펴보면, 주로 초등학생과 중학생을 대상으로 하고 있으나, 미국과 캐나다의 Second Step은 유치원부터 고등학교 저학년까지를 대상으로 하고 있다. 대부분 비폭력 태도 형성, 건전한 학교 문화, 학교폭력 대응 전략에 초점을 맞추고 있으며 운영 주체는 학교 밖이 아닌 학교 내의 교사인 것이 특징이다.

〈표 3-3〉 국내 학교폭력 예방 프로그램

프로그램명	대상자	목적	핵심 내용	대상 (개발 대상)	회기	개발 기관 (개발 연도)
무지개 프로그램	피해 학생	• 피해학생의 심리적 치유 및 재활	• 자신의 긍정적 잠재성 발견 • 대인 관계 기술 • 학교폭력 대처 능력	초등학생 중학생 고등학생	5	청소년폭력예방재단 (2004)
시우보우 프로그램	주변 학생	• 인권교육 • 학교폭력 이해	• 동영상 활용 • 학교폭력에 대한 내용 및 학교폭력 유형에 대한 내용	초등학생 중학생 고등학생	10	서울대학교 발달연구실 (2005)
자! 이제 시작이야	피해 학생	• 피해학생의 심리적 치유	• 학교폭력에 대한 이해 • 학교폭력 예방을 위한 긍정적 역량 개발	중등학생	7	한국교육개발원 (2007)
초등학생용 학교폭력 가해학생 교육 · 상담 프로그램	가해 학생	• 가해학생의 심리적 치유	• 학교폭력에 대한 이해 • 학교폭력 예방을 위한 긍정적 역량 개발 • 피해학생에 대한 공감, 욕구 이해 및 분노 조절, 경청 및 대화 기술 등	초등학생	9	한국교육개발원 (2008)
초등학생용 학교폭력 피해학생 교육 · 상담 프로그램	피해 학생	• 피해학생의 심리적 치유	• 학교폭력에 대한 이해 • 심리적 치유 및 학교폭력 대응 역량 개발 • 긍정적 자아 형성, 부정적 정서 해소, 의사소통기술, 주장훈련 등	초등학생	9	한국교육개발원 (2008)
학교폭력 예방 프로그램	모든 학생	• 사회적 기술 • 문제 해결력 • 학교폭력예방 역량	• 동영상 활용 및 주제 관련 토론 활동 • 학교폭력에 대한 이해 • 공감 능력, 타인 배려, 갈등 해결력 증진	초등학생 중학생	4	한국교육개발원 (2007)
행복나무 프로그램	주변 학생	• 방관자의 학교폭력 개입 능력 향상	• 학교폭력의 방관자를 또래 중재자 역할을 하도록 학교폭력 중재 능력 향상 • 학교폭력에 대한 이해 및 빈번히 발생하는 중요 사안에 대한 역할극을 통해 개입 능력 향상	초등학생	12	법무부 (2012)
우리들의 행복한 교실	모든 학생	• 집단 따돌림 예방	• 학교폭력에 대한 이해 • 긍정적인 학급 문화 형성	중학생	4	교육과학기술부(2012)
어울림 학교폭력 예방 프로그램	모든 학생	• 학교폭력 예방을 위한 사회-정서적 역량 강화	• 학교폭력 예방 및 안전한 학교 문화 형성 • 공감, 의사소통, 갈등 해결, 자기 존중감, 감정 조절, 학교폭력 인식 및 대처와 같은 핵심 역량 개발 • 동영상이 아닌 체험 활동 중심	초등학생 중학생 고등학생 (학생용/ 교사용/ 부모용)	10	교육과학기술부 (2014)

〈표 3-3〉의 국내 학교폭력 예방 프로그램을 볼 때, 초기에는 주변학생을 대상으로 하는 '시우보우(視友保友) 프로그램'을 제외하고는 피해학생과 가해학생으로 나누어 심리적 치유에 초점을 맞추었으나, 후반에는 주변학생은 물론 모든 학생을 포함하여 프로그램을 실시하는 것으로 변화하였다. 즉 주변학생을 포함한 모든 학생을 대상으로 학교폭력 예방을 위한 사회·정서적 역량 강화를 통해 긍정적인 학급 문화를 형성함으로써 학교폭력을 예방할 수 있는 프로그램을 개발하였다. 주변학생에 초점을 둔 프로그램인 '행복나무 프로그램'(정재영 외, 2013)과 '시우보우 프로그램'(곽금주, 2008)은 학교폭력이 지속적으로 유지될 수 있는 여건을 없애기 위해 주변학생들의 방관적 태도를 없애자는 프로그램이다. 이 프로그램은 주변학생들과의 역동성뿐만 아니라 Bandura의 모방을 통해 폭력 학습이 이루어진다는 사회–인지이론 및 사회적 행동이론을 수용하는 접근이다.

2013년 '현장중심 학교폭력 예방대책'은 학생들이 안전하고 건강하게 교육을 받고 성장하기 위해서는 학교폭력이 발생하지 않아야 한다는 점에서 학교폭력 사전 예방에 중점을 두고 있다. 이를 위해 예방교육 프로그램인 '어울림 프로그램'을 정규 교육 과정에 반영하여 모든 초·중·고교에서 지속적이고 체계적으로 실시하도록 하였다. 어울림 프로그램은 학교폭력 예방에 핵심 구성 요소인 공감, 의사소통, 갈등 해결, 자기 존중감, 감정 조절, 학교폭력 인식 및 대처라는 6개의 모듈을 구성하여, 학교급별(초등학교 저학년용, 초등학교 고학년용, 중학교, 고등학교), 학생용, 교사용, 학부모용 등 대상별로 사용할 수 있게 한국교육개발원(2004)이 개발한 프로그램이다. 학생의 발달 단계에 따른 심리적 특성과 학교폭력 경향성을 고려하는 한편, 학교폭력이 발생하는 학교 현장의 적용 가능성을 높이기 위해 현장 교사 중심으로 개발진을 구성하고, 전문가(교육과학기술부가 시도별로 위촉한 전문위원으로 지역별 상담 교수 등) 검토를 통해 최종 프로그램을 개발하였다. 2012년 16개 학교에 시범 운영되었고, 2013년에는 300개 학교로 확대 운영되는 등 지속적으로 확대 실시되고 있다.

3. 학교폭력 예방 및 근절을 위한 새로운 접근 방법의 필요성

우리나라뿐만 아니라 전 세계적으로 학교폭력이 심각한 사회 문제로 부각되면서 각 나라에서는 정부, 연구자, 그리고 교육자들이 다양한 학교폭력 예방 및 근절 대책들을 마련하고, 효과적인 학교폭력 프로그램을 개발하여 왔다. 본서 2장의 '2017년 우리나라 학교폭력 실태'에서 보았듯이, 우리나라는 2012년을 기점으로 다행히 학교폭력 발생률이 감소 추세를 보이고 있다. 그러나 학교폭력은 아직까지 완전히 근절되지 않고 사이버상에서 심각화, 다양화, 저연령화되는 추세를 보이고 있다. 지금은 정부, 부모, 학교 관계자들이 관심을 가지고 이러한 추세에 적합한 새롭고 효과적인 근절 대책 개발에 노력하고 있다.

그동안 우리나라에서 학교폭력 예방 및 대책에 관한 접근 방법에서 나타난 다섯 가지 변화점이 무엇인지 정리한 후, 학교폭력의 예방 및 근절의 새로운 접근법으로 학교 차원 긍정적 행동지원(School Wide-Positive Behavior Intervention & Support: SW-PBIS)을 소개하고자 한다.

첫째, 학교폭력 예방과 근절 접근 방법이 가해학생과 피해학생의 개별적 접근에서 여러 생태학적 변인들을 고려하여 해결해야 한다는 생태학적 접근으로 변화하였다.

우리나라에서 그동안 이루어진 학교폭력 근절에 관한 접근 방법은 학교폭력은 일반적으로 가해학생과 피해학생의 개별적 관계에서 발생하고, 가해학생의 개인적 성향이 폭력성으로 나타난다는 개인 중심 관점에 중점을 두었다. 이에 따라 학교폭력 대책 마련도 가해학생과 피해학생을 이분하여 가해학생은 분노조절, 공감 관련 훈련을, 피해학생은 자기주장 훈련이나 심리적 치유 등의 방법들을 주로 제공하였다(신민선, 2013). 앞의 〈표 3-3〉에서 보는 바와 같이, 초기에 우리나라 학교폭력 프로그램의 초기에는 주로 가해학생과 피해학생들만을 위한 심리적 치유 프로그램을 개발하여 실시하였다.

그러나 최근 문제 행동과 학교폭력은 개인의 문제 행동 발생이 학생 개인의 문제에서만 발생되는 것이 아니라 개인을 둘러싼 여러 가지 요인에 의해 발생되므로 복합적인 요인을 고려하여 강구되어야 한다는 Bronfenbrenner(1993)의 생태학적 이론을 수용하고 있다. 김순혜(2012)의 연구에서 학교폭력에 영향을 미치는 요인을 보면 공격성과 충동성과 같은 개인 기질보다는 가정, 친구 관계나 학교 관계, 그리고 사회와 같은 환경 요인이 더 큰 영향을 주는 것으로 나타났다. 발생 요인뿐만 아니라 학교폭력 예방 프로그램 14개를 메타 분석한 Trofi와 Farrington(2011) 연구에서는 가해학생과 피해학생만을 다루는 접근은 학교폭력 감소에 전혀 효과가 없는 것으로 밝혀졌다. 학교폭력 예방에 가장 효과적인 요소는 학급 관리, 훈육 방법, 교실 내에서의 규칙, 부모 훈련, 학교 전체의 또래 괴롭힘 정책과 같은 환경에 대한 예방적 접근이라고 주장하고 있다.

이런 연구 결과들은 학교폭력의 책임을 가해학생에게만 돌리기보다는 가해학생을 둘러싸고 있는 환경을 변화시켜 학교폭력을 예방하는 방법으로 접근할 필요가 있다는 것을 말해 주는 것이다. 가해학생이나 피해학생의 개인적인 특성 모델에서 벗어나 주변학생을 포함한 사회적 맥락, 나아가 학급, 학교, 사회를 포함한 체계 안에서 이해되고 중재되어야 한다는 것을 제시하고 있다. 이러한 이유로 모든 학생이나 주변학생을 대상으로 한 학교폭력 프로그램들이 개발되었고, '3차 학교폭력 예방 및 대책 5개년 기본계획'에서는 학교폭력 발생에 영향을 주는 가족 요인인 맞벌이, 한 부모 가족 등과 같은 가족 형태에 따른 케어뿐만 아니라 인터넷 중독, '사이버 안심존' 사업, 그리고 모든 폭력적인 문화 및 대중 매체까지(이동형, 2014) 포함하여 범국가적 학교폭력 예방 및 대책의 청사진을 제시하고 있다.

둘째, 학교폭력의 예방 및 근절 접근 방법이 거시적 접근에서 미시적 접근으로 변화하고 있다.

거시적 측면은 학교폭력의 원인을 사회 제도나 사회 구조적 왜곡과 모순 때문에 발생한다고 보는 반면, 미시적 측면은 가해학생이 속한 가족, 학교와 같은 개인의 환경적 측면을 학교폭력의 발생 원인으로 파악한다. 우리나라에서는 그동안 범정부적 대책 등의 많은 정책 입안 등의 거시적 접근이 이루어졌지만 최근 들어 미시적 접근에 대한 사회적 관심과 대응책 마련에 대한 사회적 동의가 이루어지고 있다. 2013년의 '현장중심 학교폭력 예방대책'에서는 학교 현장의 다양한 자율적 예방 활동을 강화하는 등 지역별, 유형별, 학교급별 맞춤형 대응책을 통해 체계적이고 현장 중심적인 학교폭력 지원 체제를 마련하였고(교육부, 2013), '3차 학교폭력 예방 및 대책 5개년 기본계획'에서는 각각의 시·도교육청은 지역 특성과 상황에 맞춘 시행 계획을 매년 계획하고, 학교의 여건에 맞는 '학교별 예방 대책' 수립과 점점 저연령화되는 학교폭력의 예방 및 근절을 위해 특별히 초등학생의 발달적 및 환경적 특성에 초점을 두어 계획한 '초등학생 맞춤형 학교폭력 대책'을 개발하였다(교육부, 2015).

셋째, 학교폭력 예방과 근절 대책은 교실 내의 교사에 의해 이루어져야 한다는 관점으로 변화하고 있다.

학교에서의 폭력 사건이 증가함에 따라 이제 교육자들은 학교 안전을 위협하는 학교폭력의 발생에 대한 1차적인 책임자로 요청받고 있다. 〈표 3-2〉에서 살펴보았듯이 국외의 학교폭력 예방 프로그램(KiVa Koulu, ViSC, Be-Prox, OBPP, Second Step)의 실시자는 교사이거나 교사가 전문가와 협력하여 직접 프로그램을 운영할 수 있도록 설계되었다. 우리나라도 2012년 '학교폭력 근절 종합대책'에서는 학교장과 교사의 역할과 책임을 강화하고, 교사에 의한 학생들의 예방교육을 확대하였다. Grothers 등(2006)은 중간 체계인 교사에 의한 학급 관리는 중학생들이 가장 선호하는 폭력 예방 전략이었다고 보고하고 있다. 특히 초등학교의 경우 교사와 학생 간의 긍정적 관계가 학생의 공격성 억제에 많은 영향을 미친다고 하였고(교육부, 2015), 이명자(2004)는 학교폭력 예방 및 근절 실패의 주요 원인으로 '교사의 관심 부족'을 지적하고 있다. 많은 교사들이 학교폭력 문제 해결에 자신들이 주체가 되어야 하고(박창득, 2003), 교사가 적극적으로 나서야 한다는 데 공감하고 있는 것으로 보고되었지만(권이종, 2003), 교사들의 대응 및 개입 수준은 미흡한 것으로 평가되고 있다(권신영, 1999; 박창득, 2003).

많은 연구들은 학교폭력 예방 및 대책 수립에 교사들의 보다 적극적인 개입의 필요성을 제기하고 있다. 이에 따라 '3차 학교폭력 예방 및 대책 5개년 기본계획'에서는 모든 교원의 학교폭력 대응 역량 강화를 강조하고 있다. 2012년부터 예비 교원은 '학교폭력 예방 및 대책 과목'을 소양 과목으로 이수하도록 법령으로 제정하였고, 학교폭력의 예방적 중재 방법에 대해 교사들이 좀 더 많은 지식을 습득하도록 학교장, 교감, 그리고 일반 및 담임 교사는 학교폭력 예방 프로그램 운영 및 대응 요령을 연수하게 하고 있다(교육부, 2013). 교사의 학교폭력 발생에 대한 높은 수준의 '사회적 책임성'을 요구하고 있다.

넷째, 학교폭력 예방과 근절 대책은 발생 후 처치보다 예방을 위해 학생들의 인성교육과 같은 사회·정서적 역량 계발에 중점을 두는 관점으로 변화하였다.

2012년 '학교폭력 근절 종합대책' 발표 당시, 정부는 2004년 「학교폭력대책법 및 시행령」 발효 이후 '1, 2차 학교폭력 예방 및 대책 5개년 기본계획' 수립 등 수차례 학교폭력 대책이 학교 현장의 근본적인 변화를 이끌어 내지는 못하였다고 지적하였다. 그리고 성적 중심의 입시 위주 교육으로 인하여 교육의 핵심 가치이며, 가장 근본적인 대책이라고 할 수 있는 학생들의 배려와 공감, 협동심을 키우는 실천 중심의 인성교육에 대한 정책 추진이 미흡하였다고 반성하였다. 앞서 2장의 [그림 2-10]과 [그림 2-11]에서 알 수 있듯이 학교폭력은 주로 교실이나 쉬는 시간에 함께 있는 상황 속에서 이루어지므로 학교폭력 예방을 위해서는 치료적 접근인 사후 관리보다는 잠재적으로 폭력을 행사하거나 폭력의 피해자가 될 대다수의 아동을 대상으로 한 학급 단위의 예방적 접근이 요구된다.

이러한 이유로 '현장중심 학교폭력 예방대책'과 '3차 학교폭력 예방 및 대책 5개년 기본계획'에서는 유아기부터 바른 인성의 기초 형성을 위해 인성교육을 유치원 시기부터 누리과정을 통하여 실시하고, 학교폭력 인식과 대처 및 공감 능력 향상 등을 위한 학교폭력 예방교육 프로그램인 어울림 프로그램을 정규 교육 과정에 반영하여 전국 모든 초·중·고교에 지속적·체계적으로 실시하고 있다(교육부, 2013: 2014). 황홍규(2013)는 교사와 학급 구성원들이 서로를 이해하고 긍정적인 사회·정서적 역량을 성장시키며 다양한 상호작용 활동을 통해 긍정적인 학급 문화를 창출할 때 학교폭력이 효과적으로 예방될 수 있다고 보았다.

다섯째, 학교폭력 예방과 근절이 사회, 가정, 학교의 연계 체제에서 협력하여 이루어져야 한다는 관점으로 변화하고 있다.

2014년 '3차 학교폭력 예방 및 대책 5개년 기본계획'에서는 학교폭력이 피해·가해학생의 개인적인 차원을 넘어 국가적, 사회적 문제로 인식됨에 따라 전 사회적 대응 체제를 구축하고 있다. 학교폭력의 예방 대책이 단순히 가정이나 학교, 혹은 사회-정부 및 사회 여러 부처의 분절된 해결 노력이 아닌, 종합적이고 협력적인 접근이 필요하다는 점을 반영하여 정책을 추진하고 있다. 가정의 역할 및 교육 기능 강화, 지역사회 역할 및 책무성 강화, 대국민 인식 제고 및 전 사회적 대응 체제를 구축하였다(교육부, 2014).

부모-자녀 간 깊은 유대감, 부모의 정서적 지지 등이 자녀의 긍정적 성격 형성을 돕고 일탈을 막는 보호 요인으로 작용하므로 맞벌이, 한 부모 가족 등 자녀에 대한 가정교육을 통한 사회성 함양 기회를 제공하고 있다. 그리고 교육청-지자체 간 협력 강화, 지역사회 '대한법률구조공단'의 피해학생 무료 법률 서비스 강화, 국립정신병원 내 '학교폭력 피해·가해학생 전문 심리치료센터'를 신설하여 가해학생의 정서적 문제에 대한 전문적 치료를 제공하는 등 지역사회의 역할을 강화하고 있다. 이와 더불어 '학교폭력은 범죄'라는 인식 확산을 위해 일반 국민에게 영향력이 있는 방송, 신문 등을 통하여 학교폭력에 대한 대국민 홍보를 확대하고 있다. 또한 학교 주변 문구점, 편의점, 약국 등을 지정하여 위험에 처한 아동이 대피할 수 있는 '아동 안전 지킴이집'을 운영·확대하고 있다.

앞에서 살펴본 바와 같이, 우리나라의 학교폭력 예방과 근절 대책은 과거와 달리 현재에는 매우 다른 접근법을 수용하여 전개해 나가고 있음을 볼 수 있다. 최근 변화된 학교폭력 접근법에서 강조하고 있는 다섯 가지의 접근법을 한 프로그램에 포함하여 적용한다면, 다소 분산되고 병렬적인 학교폭력 예방 및 근절 대책보다 효율적인 접근법이 될 것이다. 즉 생태학적 관점에서 학교폭력 발생 요인들을 바라보며 거시적이 아닌 지역 특성과 상황, 그리고 학교급별 맞춤형 현장 중심의 학교폭력 지원 체제를 마련하고, 학생들을 가장 잘 아는 학급 교사 개입을 강조하고 그리고 인성교육과 같은 체제의 사회·정서적 역량 계발에 중점을 두는 관점으로 변화하였다. 또한 이러한 학교폭력의 예방 및 대책이 사회, 가정, 학교의 연계 체제에서 협력적으로 이루어져야 한다는 관점으로 변화하고 있다.

다음에 소개하는 학교 차원 긍정적 행동지원(School Wide–Positive Behavior Intervention & Support: SW–PBIS)은 위의 다섯 가지 바람직한 학교폭력 예방 및 대책의 접근법을 포함하는 매우 효과적인 성과를 가져올 수 있는 접근 방법이라 할 수 있다.

4. 학교 차원 긍정적 행동지원(SW-PBIS) 소개

1) 학교 차원 긍정적 행동지원(SW-PBIS)이란

오늘날 학교는 ① 학업적 능력을 향상시키고, ② 사회적 능력을 신장시키고, ③ 안전을 보장해 주는 곳이다. 현대 사회는 학교가 이러한 세 가지 기대를 충족시켜 주기를 기대하고 있다. 그러나 현재 학교에서는 다른 학생 괴롭히기, 반항 행동, 파괴 행동, 공격 행동과 같은 문제 행동 및 학교폭력이 증가하고 있으며, 이러한 학교폭력 행동들은 학생의 학업 성취를 방해하고 있고(Faraone et al., 1993; Wlliams & McGee, 1994), 결과적으로 학교를 안전하지 못한 곳으로 만든다. 이러한 이유로 '3차 학교폭력 예방 및 대책 5개년 기본계획'에서는 '행복하고 안전한 학교 만들기'를 비전으로 '학교폭력 및 학생 위험 제로 환경 조성'이라는 목표를 설정하고 있다.

이 장에서 소개하는 학교 차원 긍정적 행동지원(School Wide-Positive Behavior Intervention & Support: SW-PBIS) 프로그램은 우리나라 '학교폭력 및 학생 위험 제로 환경 조성'이라는 목표 성취를 위한 바람직한 접근법이 될 수 있다. 미국에서는 학교 차원 긍정적 행동지원(SW-PBIS) 효과가 증명됨에 따라 많은 학교들이 이러한 체제를 도입하고 있다. 날로 다양해지고 심각해지는 학교에서의 학교폭력을 예방하고 중재하기 위하여 문제 행동 위험군에 제한하지 않고 모든 학생들을 대상으로 긍정적 행동 습득과 향상을 위한 교육 기회를 제공하는 학교 차원 긍정적 행동지원(SW-PBIS)이 확산되고 있는 것이다. 2014년 2월 현재 미국에서는, 1만 8,276개의 학교들이 학교 차원 긍정적 행동지원(SW-PBIS)을 실행하고 있다(OSEP center on PBIS, 2014). 이로 인해 학생들의 훈육실 의뢰 횟수와 정학 비율이 감소되었으며(Lassen, Steele, & Sailor, 2006; Luiselli, Putnam, Handler, & Feinberg, 2005), 이러한 행동의 변화가 학업 능력의 향상으로 이어져 나타났다(Lassen et al., 2006; Luiselli et al., 2005).

미국 오리건(Oregon)주 휜리지(Fern Ridge) 중학교는 학교 차원 긍정적 행동지원(SW-PBIS)을 실시한 첫해에 훈육실 의뢰는 500명에서 295명으로 40% 이상 감소되었다. 그 후 7년 동안 계속 실시하는 동안 지속적인 효과(훈육실 의뢰 감소)를 보이며 의뢰가 200명 미만으로 유지됨을 볼 수 있었다(이소현, 2008, 재인용). 또한 학생들은 학교를 예측 가능하고 일관되며 안전하고 긍정적인 곳으로 인식하게 되었다(Bradshaw, Mitchell, & Leaf, 2010; Homer et al., 2009; Sadler & Sugai, 2009).

우리나라에서는 2000년 긍정적 행동지원(PBIS)에 대한 첫 논문이 발표된 이후 매년 꾸준히 관련 연구가 발표되고 있으며(정길순, 노진아, 2011), 교육 현장에서도 학교 차원의 긍정적 행동지원(SW-PBIS)에 대한 인식이 점차 증대되고 있다(강삼성, 이효신, 2012; 김미선, 박지연, 2009; 여희영, 2010; 이가정, 박지연, 2011). 특히 학교 차원 긍정적 행동지원(SW-PBIS)을 실행한 학교 학생들의 훈육실 의뢰 횟수와 정학 비율이 감소되었다(김미선, 송준만, 2006; 김영란, 박지연, 2014; 이가정, 박지연, 2011). 이러한 결과들을 볼 때, 우리나라 학교폭력의 예방과 근절 대책의 새로운 접근으로 학교 차원 긍정적 행동지원(SW-PBIS)을 적극적으로 추천하고자 한다. 이 프로그램이 적극적으로 개발되어 학교 현장에서 실행됨으로써 초·중등학교에서의 학교폭력이 예방되고 감소될 수 있을 것이다.

학교 차원 긍정적 행동지원(SW-PBIS)은 학생들이 학업 수행 시 다른 수준의 학업적 교수를 필요로 하는 것과 마찬가지로 사회적 행동 습득에도 다른 수준의 행동 중재와 지원을 필요로 할 것이라는 단순한 사실을 인정하는 3단계 행동지원의 연속체를 채택하고 있다. Vaughn 등(2000)은 학생에게 필요한 사회적 기술을 가르치는 효과적인 방법은 학업 영역에서 내용을 가르치는 방법과 크게 다르지 않다고 하였다.

2) 학교 차원 긍정적 행동지원(SW-PBIS) 3단계 지원 모델

학교 차원 긍정적 행동지원(SW-PBIS)은 삼층 위계 모델(A Three-tier Model)로, 3단계 체계로 구성된 행동지원 연속체이다. 1단계는 모든 학생을 대상으로 실시하는 보편적 중재로, 특히 전교생을 대상으로 학교 내 모든 환경에서 모든 교직원에 의해 실행되는 보편적 지원(1차 예방)은 학생들이 적절한 행동을 인식하고 수행할 수 있도록 지원하고, 교수와 학습 기회가 최대화될 수 있는 사회적 문화를 형성하는 데 초점을 둔다(Horner, Sugai, Smolkowski, Eber, Nakasato, & Todd, 2009). 2단계는 문제 행동 위험군 학생들에 대한 선택적 중재이고, 3단계는 문제 행동이 확인된 대상에 대한 집중적 중재를 포함한다.

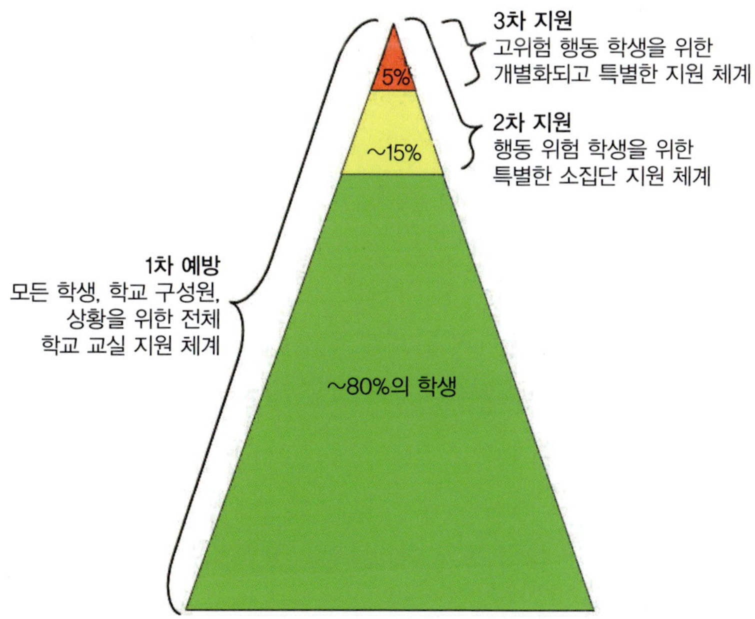

[그림 3-2] 학교 차원 긍정적 행동지원(SW-PBIS) 3단계 지원 모델

(1) 1차 예방: 보편적 지원

1차 예방 단계인 보편적 지원은 전교생을 대상으로 학교 내 모든 환경에서 모든 교직원에 의해 실행되는 지원으로, 학생들이 적절한 행동을 인식하고 수행할 수 있도록 지원하고, 교수와 학습 기회가 최대화될 수 있는 사회적 문화를 형성하는 데 초점을 두며(Horner et al., 2009), 이를 통해 전교생의 약 80%에 해당하는 학생들의 문제 행동을 예방할 수 있다(Horner, 2007).

이러한 보편적 지원을 통해 심각한 문제 행동의 위험에 있는 학생들을 조기에 발견하고 예방할 뿐만 아니라 학생들은 보다 질 높은 교육 과정의 학교생활을 할 수 있게 된다(Yell et al., 2009). 보편적 지원에서의 중요한 목표는 서로에게 적절한 행동을 기대하고 지지하며 교수 및 학습을 위한 기회를 최대화하는 학교 문화를 만드는 것으로(Horner et al., 2009), 다음의 일곱 가지 요소를 포함한다.

첫째, 학교 내 모든 영역에서 적용되는 학교 차원의 규칙 및 기대 행동을 설정한다.

둘째, 모든 학생을 대상으로 학교 내 모든 영역에서 지켜야 하는 규칙 및 규칙 수행 방법에 대하여 지도한다.

셋째, 문제 행동과 연계된 선행 자극의 요인을 판별하고 수정한다. 예를 들면 소란과 혼잡을 줄이기 위하여 물리적 환경을 바꾸거나 바람직한 행동을 촉구하기 위해 시각 단서를 사용하는 것이 이에 해당된다.

넷째, 부적절한 행동보다는 적절한 행동이 더 관심받을 수 있음을 인식할 수 있도록 하나 이상의 강화 체계를 사용한다.

다섯째, 모든 교사가 질 높은 교재 및 교수 방법을 사용하고 있다는 것을 확신한다.

여섯째, 수용될 수 없는 행동에 대해 지속적이고 일관된 후속 결과를 제공한다.

일곱째, 학교 차원 긍정적 행동지원(SW-PBIS) 체계의 요구를 판별하고 실행을 점검하기 위하여 다양한 형태의 자료를 수집한다(Scheuermann & Hall, 2016).

다음은 각각 다른 장소에서의 학교 차원의 기대 행동인 '존중하기'에 대한 구체적 행동의 예이다.

〈표 3-4〉 다양한 장소에서의 구체적인 기대 행동의 예

장소	기대 행동
교실	• 말하기 전에 손들기, 손발로 다른 사람 건드리지 않고 말로 표현하기
체육관	• 게임 규칙 준수하기, 종이 울리면 비품 반납하기
복도	• 손발로 다른 사람 건드리지 않고 걷기
운동장	• 자기 차례 기다리기
학교 버스 타는 곳	• 손발로 다른 사람 건드리지 않고 말로 표현하기

(2) 2차 지원: 표적 집단 지원

2차 중재는 만성적 또는 심각한 문제 행동이나 학업 실패를 보일 위험이 있다고 판단되는 학생 혹은 1차 보편적 지원을 받았음에도 학업 기술의 부족이나 부적절한 행동을 빈번하게 지속적으로 보이는 학생을 대상으로 하는 2차 표적 집단 지원이다(Scheuermann & Hall, 2016). 이러한 표적 집단 중재가 필요한 학생들은 전체 학생의 5~15%에 해당된다. 이들은 친구 관계에서의 어려움, 낮은 학업 성취도, 불안정한 가정 환경으로 인하여 심각한 문제 행동으로 발전할 위험에 처해있으며 표적 집단 중재는 이러한 학생들에게 기대되는 행동을 학습할 수 있도록 부가적인 기회를 소집단으로 제공하며(Lee, Sugai, & Honer, 1999), 이러한 지원을 통해 이후 더 심각한 문제 행동으로의 발전 가능성을 미리 예방할 수 있게 한다(Wolfe et al., 2016). 더 심각한 문제 행동으로의 위험에 놓인 학생 수를 감소시키는 것에 초점을 두어 조기에 문제를 판별하고 이러한 문제를

조정하기 위하여 집중적이며 정확한 중재가 요구된다(Riffel & Mitchiner, 2015).

표적 집단 중재는 또래와 상호작용하는 방법, 분노 조절 기술과 같은 사회적 기술 교수를 제공한다. 사회성 기술은 대인 관계에서 적절하게 행동하는 방법을 학습하여 타인과의 부정적인 상호작용을 최소화할 수 있는 기술을 습득하는 것이다(Gresham & Elliott, 2008). 사회성 기술이 부족한 학생들의 경우 퇴학, 비행, 내재화 및 외현화된 문제 행동과 같은 부정적인 결과에 처할 위험이 높기 때문이다(Ladd, 1981). 2차 지원은 특정 사회성 기술 훈련 또는 지도를 목적으로 하여 일반적으로 2~10명의 학생을 대상으로 한 소집단 형태로, 정규 수업 이외의 시간을 통해 제공된다(Riffel & Mitchiner, 2015). 개별화된 일대일 지원을 통하여 집중적이고 강도 높은 중재를 제공해야 하는 3차 지원에 비해 시간, 비용, 자원 면에서 보다 효율적이라고 볼 수 있다(Ennis & Swoszowski, 2011).

(3) 3차 지원: 개별화된 행동 중재

마지막 단계인 3차 개별화된 행동지원은 1차 보편적 지원에 이어 2차 표적 집단 지원을 실시하였음에도 불구하고 기존의 문제 행동과 학교폭력이 줄어들지 않아 집중적인 행동지원이 필요한 학생들을 대상으로 개별화된 지원을 제공하는 것이다. 3차 지원은 문제 행동이 지속되는 5%의 학생들을 대상으로 개별 학생의 요구에 중점을 둔, 가장 집중적이며 개별화되고 장기적인 중재를 제공한다. 3차 개별화된 행동지원에서 제공되는 강력하고 집중적인 행동지원은 보편적 지원과 표적 집단 지원이 제대로 이루어질 때 더 성공적일 수 있다(Skiba, 2002). 이 단계에서 아동이 보이는 심각한 문제 행동과 학교폭력의 발생 이유와 기능을 이해하고 설명하기 위하여 문제 행동 발생에 관한 기능 평가를 통해 문제 행동에 대한 정보를 수집하는 과정을 거치며, 이를 통하여 가설을 설정한다. 그 후 가설에 따른 개별화된 긍정적 행동지원(PBIS)을 실시하면서, 면담, 평정 척도, 질문지 등을 통한 체계적인 관찰을 통해 목표 행동의 발생 및 비발생과 관련된 일관된 요인들을 분석하는 과정을 가진다(Scott & Caron, 2005).

앞에서 살펴본 바와 같이, 학교 차원 긍정적 행동지원(SW-PBIS)은 문제 행동과 학교폭력의 여러 변인을 고려하고, 가해학생과 피해학생만이 아니라 전체 학생을 대상으로 하고, 교사가 각 유치원, 초등학교 저학년과 고학년, 중학교에 적합하게 교실의 아동과 함께 다양한 학급 규칙을 개발하고, 예방 차원에서 사회·정서적 역량을 개발시키며, 그리고 가정, 학교의 전체 교직원(교사, 버스 기사, 식당 직원, 교장, 교감, 심리학자) 및 외부 기관이 협력 체제를 구축해 종합적, 협력적 접근을 하는 프로그램이므로 최선의 바람직하고 효과적인 접근 방식이 될 것이라고 생각된다. 본서에서는 이러한 학교 차원 긍정적 행동지원(SW-PBIS)을 효과적인 우리나라 학교폭력 예방 및 대책 프로그램으로 추천하고자 한다.

그리고 1장에서 유아기의 심각한 문제 행동은 학령기의 학교폭력, 청소년기의 가출, 약물 범죄, 더 나아가 학대 부모로의 발전으로 이어진다는 것을 많은 연구들을 통해 확인할 수 있었다. 이러한 연구 결과들은 학령기에 발생하는 학교폭력을 유아기의 문제 행동 지도를 통하여 예방해야 할 필요성을 제기한다. 이러한 이유로 본서에서는 학령기의 학교폭력은 유아기의 문제 행동 지도를 통하여 예방할 수 있다는 전제 아래 유아교사의 문제 행동 지도 능력 함양에 필요한 효과적인 예방 및 지도 접근 방법을 6장부터 소개하고자 한다.

가장 바람직한 학령기의 학교폭력 예방 및 중재 프로그램인 학교 차원 긍정적 행동지원(SW-PBIS)의 3단계 구성 요소를 기반으로 하여 유아기의 발달 특성 및 교육 특성에 적합하게 유아교실 환경에서 사회적 능력 발달과 문제 행동 지도를 위해 개발된 '피라미드 모델(Pyramid Model)'을 소개하고자 한다. 피라미드 모델(Pyramid Model)은 Fox 등(2003)에 의해 학교 차원 긍정적 행동지원(SW-PBIS)을 유아와 유아교실에 적합하게 개발한 유아용 사회적 능력 발달 및 문제 행동 지도 프로그램이다.

Chapter 4

뇌, 문제 행동, 그리고 학교폭력

1. 뇌와 행동
2. 뇌 기반 유아 행동 연구 방법
3. 뇌의 구조와 기능
4. 뇌의 발달: 정서적 뇌와 이성적 뇌
5. 문제 행동과 학교폭력에 대한 뇌 친화적 예방 및 지도 전략

1. 뇌와 행동

21세기는 뇌의 세기라고 하듯이, 최근 뇌 연구가 매우 활발히 진행되고 있다. 과거와 달리 최근 공학의 발달은 인간의 정신 기능을 인문사회학적 관점이 아닌 자연과학적 방법에 근거하여 이해하고, 적용의 폭을 점점 넓혀 가는 데 기여하고 있다. 이러한 변화는 교육 분야에서도 나타나고 있다. 즉 뇌와 관련하여 축적된 지식을 토대로 학습자의 학습을 이해하고 교육 실제를 개선하고자 적용하고 있다. 즉 뇌 연구에 기초한 수업, 즉 뇌 기반 수업(brain-based instruction) 혹은 뇌 친화적 수업(brain-friendly instruction)에 대한 연구들이 이루어지고 있다.

교육은 '뇌를 변화시키는 것'이라고 말하기도 한다. 학습과 행동은 모두 뇌 안의 어떤 처리 과정을 통해 이루어는 뇌 활동의 결과이기 때문이다. 그러므로 이제 교사들은 인간의 뇌에 관한 과학적 연구 결과를 수용하고 그것을 유아 발달, 교수 활동 계획, 그리고 문제 행동 및 학교폭력 예방 및 지도에 적용하여 실시해야 할 필요성이 제기되고 있다. 교사가 학생의 정서적 활동이나 인지적 활동에 관한 뇌의 작용 방식에 대한 지식을 습득한다면 이에 적절한 사회적 행동 및 성공적인 학업 성취를 유도할 수 있는 교육적 전략을 선택할 수 있기 때문이다.

특히 친구를 때리고 교실 활동을 방해하고 사회적으로 수용하기 어려운 문제 행동 유아나 학교폭력을 행하는 가해학생의 뇌에서는 어떤 일이, 어떠한 과정을 통해 발생하는지에 대하여 교사들이 좀 더 지식을 가지고 있다면, 교사가 이들의 행동을 이해하고, 더 나아가 적절한 사회적 행동을 가르칠 수 있을 것이다. 이와 함께 성공적인 학업 성취 및 바람직한 성인기의 사회생활을 유도할 수 있는 예방 및 지도 전략 선택에도 도움이 될 것이다. 뇌는 우리의 모든 행동을 직접적으로 조종하기 때문이다.

2. 뇌 기반 유아 행동 연구 방법

교육 현장에서 학생의 학습이나 행동에 관한 연구 방법은 대부분 검사지, 직접 관찰, 평정 척도나 체크 리스트 방법에 의존하고 있다. 그러나 최근 뇌 과학에 기초한 뇌 기반 연구 방법의 출현은 인간의 행동 연구 방법에 새로운 변화를 가져왔다. 과거에 학자들은 뇌가 어떻게 기능하는가를 연구하기 위하여 사망한 사람이나 동물의 뇌를 해부하거나 뇌 손상을 입은 사람을 대상으로 지속적으로 인간의 행동을 관찰하여 특정 자극을 처리하는 주도적 뇌 부위와 반응을 추측하였다. 그러나 1970년대부터는 뇌를 조사할 수 있는 기술과 뇌 영상 장비가 등장하면서 인간의 뇌가 어떻게 기능하는가와 뇌가 개인의 행동을 어떻게 통제하는가에 대한 이해가 크게 증가하고 있다.

인간의 뇌에 대한 연구도 초기에는 의학적인 처치가 필요한 사람으로 시작하다가 점차 일반인으로 확대되어 가고 있다. 최근 문제 행동, 학교폭력, 그리고 범죄를 저지른 사람들의 뇌에서 어떤 일이 일어나고 있는가와 뇌의 작용과 행동 사이의 관련성에 관한 연구들이 이루어지고 있다. 뇌 구조 및 뇌 기능을 관찰하는 첨단 영상 기술의 발달로 신경과학자들은 뇌의 구조와 기능을 새로이 알게 되었으며, 그중 여러 연구들은 문제 행동을 보이는 학생을 지도하는 교육자들의 판단과 실제에 이미 유익한 단서를 주고 있다. 뇌 구조와 뇌 기능에 관련된 연구 결과들은 알츠하이머나 파킨슨병, 또는 주의력 결핍 과잉 행동장애(ADHD) 등과 같은 인지나 정서 능력 관련 질병의 진단과 치료에 활발하게 활용되고 있다. 교육학 분야에서도 뇌의 구조적인 기능과 학업 성취의 관계를 밝히면서 기억력 강화 또는 좌·우뇌 동시 개발과 같은 뇌 발달 촉진 방법을 제시하는 연구들도 수행되고 있다(Ahnert et al., 2004; Schipper, Riksen-Walraven, Geurts, & Weerth, 2009).

뇌 기반 행동 연구 방법은 크게 세 가지로 구분되는데, 뇌파나 심장 박동수 등을 측정하는 전기생리학 연구(electrophysiological studies), 뇌 영상화 연구(neuroimaging studies), 스트레스 호르몬을 측정하는 코르티솔 연구(cortisol studies)이다(Reid & Belsky, 2002).

1) 전기생리학 연구(electrophysiological studies)

뇌 연구에서 오래전부터 그리고 가장 많이 사용되고 있는 전기생리학적 방법은 뇌파측정기법(electro encephalo gram: EEG) 또는 사건-관련 전위기록법(event-related potential recording: ERP)이다. 이와 같은 도구들은 뇌의 전기적 출력에 관한 해독 장치로 뇌의 상태를 규명하면서 뇌파를 분석함으로써 뇌 기능을 탐지한다.

(1) 뇌파측정기법(EEG)

이 방법은 자극을 가했을 때 뇌의 어떤 부분이 다른 부분보다 더 활동적인지 파악하고 그 도출된 뇌파에 따라 해당 부위의 인지 기능을 밝히는 데 사용된다. 두피 여러 곳에 전도성 젤을 사용하여 19~128개의 전극을 붙인 후 자극을 준 후 컴퓨터로 전기 신호를 기록한다.

[그림 4-1] 깨어 있거나 흥분 상태의 뇌파

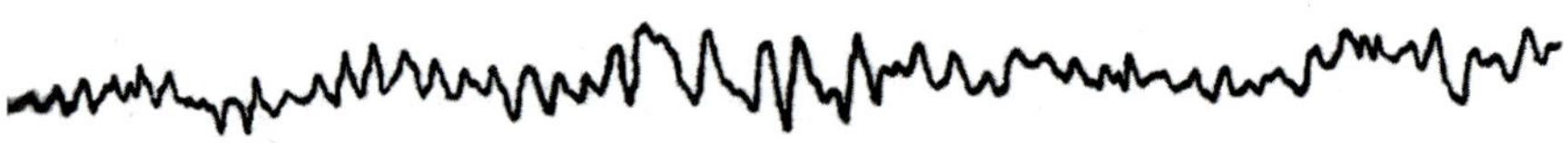

[그림 4-2] 졸린 상태의 뇌파-주파수가 낮아지고 진폭이 증가된 파

(2) 사건-관련 전위기록법(ERP)

뇌파측정기법(EEG)의 일종으로 동일한 자극을 반복 제시하고 각 자극에 의한 전위들을 평균하여 측정치를 도출하는 것이다. 이와 같은 뇌파를 측정하는 전기생리학 연구는 뇌 영상 연구 기법과는 달리 뇌 활동의 변화를 살펴보는 데 있어 공간적인 해상도는 낮지만 시간적인 해상도가 높다는 장점을 가지고 있다(이정모 외, 2009).

2) 뇌 영상화 연구(neuroimaging studies)

(1) 자기공명영상(MRI)

뇌 분석을 위한 장비인 자기공명영상(magnetic resonance imaging: MRI)은 뇌 구조에 대한 정교하고 상세한 사진을 제공한다. 대상자의 뇌에 대한 구조적인 정보를 제공하고 뇌의 기본적인 구성 요소인 뉴런의 분포나 대뇌피질의 두께 등을 규명한다.

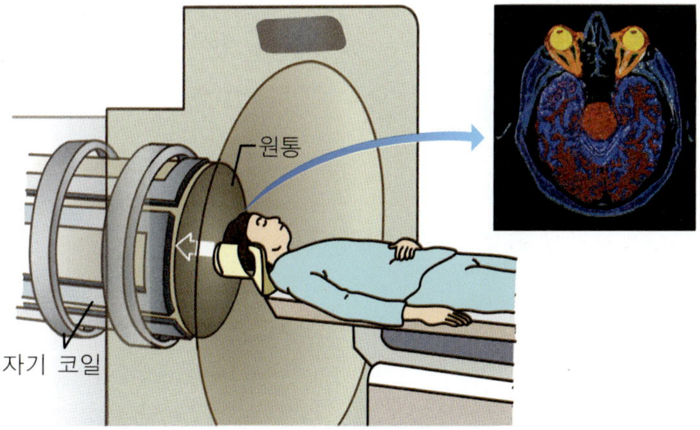

[그림 4-3] 자기공명영상(MRI)

(2) 기능성 자기공명영상(fMRI)

자기공명영상(MRI)은 뇌의 해부학적 구조에 대한 사진만을 제공하지만, 기능성 자기공명영상(functional magnetic resonance imaging: fMRI)은 자극을 제시하였을 때 나타나는 두뇌 활동의 혈류 산소 수준(blood oxygen level dependent: BOLD)에서 탐지되는 신호의 변화를 바탕으로 뇌 신경세포의 활성화 정도를 고차원 해상을 통해 살펴볼 수 있다. 즉 뇌의 활동을 손금 보듯 들여다 볼 수 있는 기술로, 사람의 생각에 따라 뇌가 어떻게 변화하는지 살펴볼 수 있는 기술이다. 예를 들면 우리가 냄새를 맡는 데 집중하면 후각을 담당하는 뇌의 부분이 활성화되는 것이 보이고, 무언가 기억을 하게 될 때는 기억과 사고를 담당하는 전두엽 등이 밝게 나타나는 것을 눈으로 볼 수 있다.

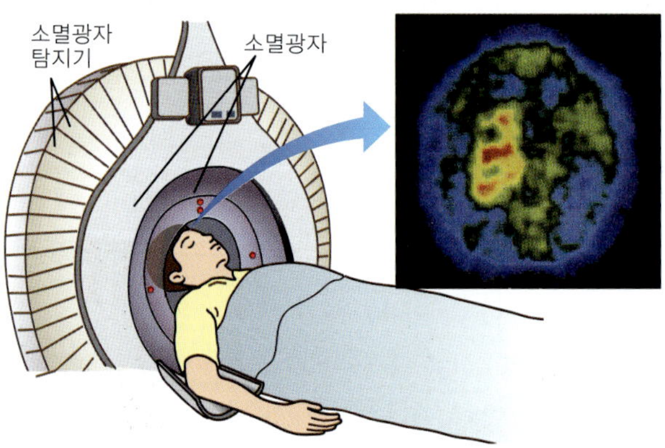

[그림 4-4] 기능성 자기공명영상(fMRI)

(3) 양전자 방사 단층 촬영(PET)

양전자 방사 단층 촬영(position emission tomography: PET)은 사람에게 방사성 물질이나 방사성 포도당을 투여하여 포도당을 소비할 때 방출되는 뇌의 각 부위의 방사성 물질의 양을 해독하는 것으로, 뇌 활동의 특정 영역을 밝게 하여 특정 신경전달물질의 행방을 정확하게 파악할 수 있다. 그러나 방사성 물질 투여는 윤리적 문제가 있어 영유아 대상 연구에서는 치료가 필요한 유아에게만 한정하여 사용되고 있는 경향이 있다. 양전자 방사 단층 촬영(PET)은 신경전달물질이나 수용체 자극 같은 기능 분자에 방사성 동위 원소로 표식하여 주사함으로써 기능 분자의 활동과 더불어 뇌의 활동 부위를 추적할 수 있다.

3) 코르티솔 연구(cortisol studies)

인간이 스트레스 상황에 직면했을 때 분비되는 코르티솔 호르몬의 분비 정도를 측정하여 분석하는 것이다(Gunnar & Quevedo, 2007; Gunnar & White, 2001). 코르티솔 연구는 채취 방법에 따라 혈액, 타액, 소변 측정 방법으로 나누어지는데, 이 중 타액 채취 방법이 개발되면서 코르티솔 연구가 더욱 활성화되었다(Gunnar, Talge, & Herrera, 2009). 최근 국내외에서 다양한 스트레스 상황에 노출된 유아의 코르티솔 분비 변화를 조사한 연구들이 보고되고 있다. 최정윤(2009)은 보육시설 아동의 코르티솔 수준을 유아의 보육 경험, 사회 계층, 어머니 양육 행동, 아동의 사회적 유능성과 관련지어 관계를 연구한 바 있다.

새로운 다양한 영상 기술 덕분에 뇌의 작용 방식을 연구하는 신경심리학자들은 뇌의 어떤 부위가 다양한 정서적, 인지적, 사회적 행동과 관련되는지를 알게 되었다. 이러한 연구 결과가 직접적으로 교실 운영 전반에 미치는 영향은 적을지라도 교사들이 교실에서의 심각한 문제 행동을 보이고 학교폭력을 행사하는 유아, 아동, 청소년기의 사회·정서적 문제를 뇌의 기능 측면에서 이해하고 그들의 문제를 예방하고 지도하는 방법 및 교육 환경을 계획하는 데 도움이 될 것이다.

3. 뇌의 구조와 기능

우리의 뇌는 대략 1,360g의 무게이며, 뇌의 크기는 우리의 두 주먹을 나란히 놓은 크기와 유사하다. 뇌의 무게는 비록 우리 체중의 2%에 불과하지만 우리 전체 신체 에너지의 20%를 사용한다. 뇌는 우리의 사고와 정서의 원천이다(김유미, 2003).

인간의 뇌는 세 가지 뇌로 구성되어 있다. 뇌간(brain stem)을 포함하고 있는 파충류 두뇌, 대뇌 변연계 혹은 포유류 두뇌, 그리고 인간만이 가지고 있는 대뇌피질 혹은 인간의 두뇌로 구성되어 있다. 이들 세 영역은 각기 분리되어 있지만 독립적으로 기능하지는 않는다.

1) 파충류 두뇌

가장 오래된 뇌이며 파충류와 닮아 파충류 두뇌라고 불린다. 파충류 두뇌는 심장 박동과 호흡, 소화와 같은 생존에 필요한 신체 기능을 담당한다.

2) 포유류 두뇌: 대뇌 변연계

약 2억 5000만 년 전에 발달한 인간 뇌의 두 번째 부분이다. 대뇌 변연계는 대부분의 포유류의 뇌와 같기 때문에 포유류 두뇌라고 불린다. 변연계는 파충류의 뇌에서 한 단계 더 발달한 뇌의 부위로 바깥쪽 대뇌피질 사이에 있는 원형 회로를 말한다. 변연계는 인간의 뇌에서 공포 같은 감정을 주관하는 곳으로 동물이나 인간의 감정 형성에 중요한 역할을 하는 것으로 알려졌다. 변연계의 주요 구성 요소는 편도체(amygdala), 해마(hippocampus), 시상(thalamus)과 시상하부(hypothalamus)로 구성되어 있다.

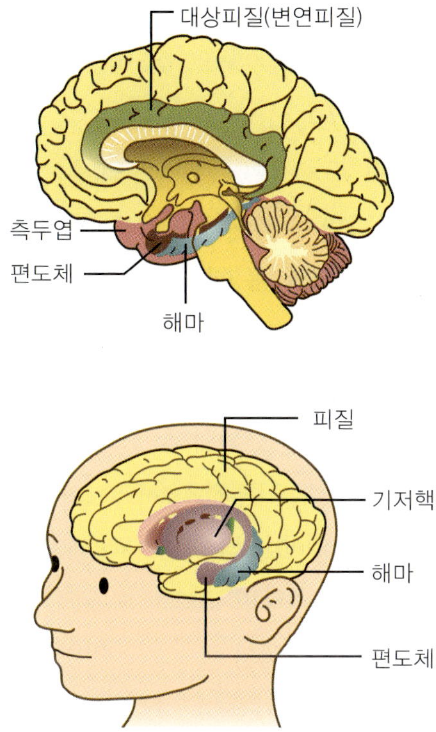

[그림 4-5] 인간의 뇌

- **편도체**: 편도체는 뇌의 측두엽 내의 깊은 아몬드 모양의 구조이며, 위험을 최고 속도로, 그리고 자동적으로 알려 주는 조기 경보 장치 역할을 한다(Goleman, 2006). 편도체는 기쁨, 슬픔, 분노, 불쾌 같은 정서들을 느끼지만 특히 공포의 핵심 중추이다. 위기 상황에서 이러한 공포는 생존을 위해 필수적이다. 외부 세계로부터 들어오는 위험을 느낄 때 즉각적으로 반응한다. 결과적으로 우리가 옳은 일은 하고 있는지 인지적으로 생각할 기회를 갖기도 전에 편도체는 먼저 신속히 행동으로 옮기게 한다(Goleman, 2006).

- **해마**: 해마는 우리의 기억을 관장하는 영역으로 편도체 가까이에 있다. 일반적으로 편도체는 기억을 관장하는 해마와 협력하여 정서 메시지를 처리한다. 우리들이 빨간 신호등일 때 정지하고 길을 건너지 않는 것은 빨간 신호등과 관련된 공포를 인지적으로 배웠기 때문이다. 우리는 교통사고를 겪지 않았어도 기억을 담당하는 해마가 이를 기억하고 있기 때문에 빨간 신호등일 때 길을 건너지 않는 게 일반적이다. 그런데 편도체가 손상된 사람의 경우에는 "빨간 신호등일 때 길을 건너면 위험하다."고 말하면서도(해마가 기억하고 있기 때문에), 빨간 신호등일 때 아무렇지 않게(편도체가 공포를 느끼지 못하기 때문에) 길을 건널 수 있다.

  결과적으로 편도체의 장애는 감정, 특히 두려움을 인식하고 판단하는 능력을 방해한다(LeDoux, 2002). 일반적으로 편도체 기능이 정상적인 사람은 다른 사람의 고통을 인지하면 공격적 행동을 멈추거나 죄책감이나 처벌에 대한 두려움 때문에(편도체의 활성화) 반사회적 행동을 못하지만, 편도체에 장애가 있는 반사회적 범죄자나 파괴적 행동장애가 있는 사람, 또는 공감 능력이 없는 사람은(편도체의 비활성화) 다른 사람의 고통에 영향을 받지 않는 것으로 나타났다(Cozolino, 2006).

- **시상과 시상하부**: 시상은 후각을 제외하고 입력되는 모든 감각 정보가 먼저 들어가는 기관이다. 시상은 감각 정보를 계속적으로 예비 검사하고, 분류하고, 사전 처리하여 대뇌피질로 보낸다(Carter et al., 2009). 시상에서 만일 위협이나 의심스러운 정보가 감지되면, 바로 편도체가 활성화된다(Jensen, 2008). 시상의 하부에 위치하는 시상하부는 신체 내부를 정상으로 유지하기 위해 내부 체제를 감시한다. 다양한 호르몬의 분비를 통제하여, 수면, 음식 및 음료 섭취와 같은 많은 신체 기능을 조정한다.

  시상에 들어오는 감각 정보는 시상 통로를 통해 바로 편도체로 보내는 통로(A)와 대뇌피질 통로를 통해 전두엽으로 보내어 인지적으로 처리한 다음

편도체로 보내는(B) 두 개의 통로가 있다. 시상에 감각 자극으로 들어온 신호가 A와 B의 두 통로를 지나는 시간은 서로 차이가 있다. 신호가 직접 시상 통로(A)로 가는 것보다 대뇌피질 통로(B)를 통하는 것은 시간이 두 배 정도 더 걸린다. 갑작스러운 자동차 경적 소리가 시상 통로로 갈 경우 무슨 소리인지도 모르면서 편도체가 공포를 느껴 보행로로 뛰어올라 갈 것이고, 그 후에 대뇌피질의 전두엽에서 정말 위험한지 아닌지를 설명한다. 생존이 먼저이고 설명은 그 다음인 것이다. 인간의 뇌는 위기 상황에서 다소 정확하지 않더라도 일단 피하고 보도록 하는 게 상책이기 때문이다. 그러나 자동차 경적 소리가 어디에서 나는지 파악하고자 대뇌피질로 정보를 보냈을 때는 시간이 두 배 이상 걸리므로 위험 상황에 부딪칠 수 있다. 따라서 위기 상황에서는 시상-편도 통로가 더 활성화되어야 할 필요성이 있다.

두 통로에 장애나 결함이 생기면 비정상적인 사회적 문제 행동이 나타날 수 있다. 사회불안장애가 있는 사람들은 사람들이 많을 때 두려움을 느낀다. 이러한 주변의 신호가 대뇌피질의 전두엽으로 먼저 들어오지 않고 시상 통로로 먼저 들어올 경우 전두엽이 해를 가할 사람이 아니니 두려워 할 필요가 없다고 설명하고 안심시킬 기회를 놓친다. 전두엽에서 안심시킬 기회를 놓치면 공포증이 심해져서 나중에는 이를 이성적으로 사고할 수가 없게 된다. 이것이 많은 공포증이나 불안장애를 상담이나 심리치료만으로는 치료하기 어려운 이유이다(Restak, 2000; Schneier, 2003). 그러므로 효과적인 방법은 심리치료와 약물치료를 병행하는 것이다.

3) 인간의 두뇌: 대뇌피질

대뇌의 외부 부위로, 약 2억년 전에 발달한 뇌의 마지막 부분으로 인간 두뇌의 약 85%를 차지하고 있다. 파충류는 대뇌피질을 갖고 있지 않으며, 다른 포유류들은 대뇌피질을 가지고 있지만 그 크기가 아주 작다. 인간에게서 가장 잘 발달된 대뇌피질은 우리를 인간답게 만드는 뇌의 부분이다. 대뇌피질은 우리가 과거, 현재, 미래의 사건을 인식하도록 해 준다. 또한 우리가 반성하고 계획하고 목표를 세우도록 해 준다. 우리가 무언가를 계획하고 결정하고 행동하도록 대뇌피질은 변연계와 뇌간으로부터 오는 정보를 통합한다.

대뇌피질은 두 개의 반구, 즉 좌반구와 우반구로 나누어진다. 좌반구와 우반구는 신경세포 섬유다발인 뇌량에 의해 연결된다. 좌뇌와 우뇌는 각기 그 기능이 전문화되어 있다. 좌뇌는 논리적 사고, 수학 연산, 언어 능력, 분석적 사고, 순차적 정보 처리를 주로 담당하고, 우뇌는 얼굴 및 표정 인식, 리듬감, 이미지 작용, 직관, 정서, 병렬적 정보 처리 등을 주로 담당한다. 좌뇌는 부분을, 우뇌는 전체적인 형태를 주로 처리한다. 또한 언어 자극을 제시할 경우에는 좌뇌가, 음악 자극을 줄 때는 우뇌가 상대적으로 더 활성화된다(김유미, 2005). 또한 뇌는 긍정적 정서인지 부정적 정서인지에 따라서 활성화되는 부위가 다르다. 전반적으로 정서 처리에는 우뇌가 우세하지만, 긍정적인 정서일 경우에는 주로 좌뇌에서, 부정적인 정서일 때는 우뇌에서 처리한다. 결국 우리의 좌뇌와 우뇌가 적절히 조화를 이루어야 비로소 모든 일에 지혜롭게 대처할 수 있을 것이다.

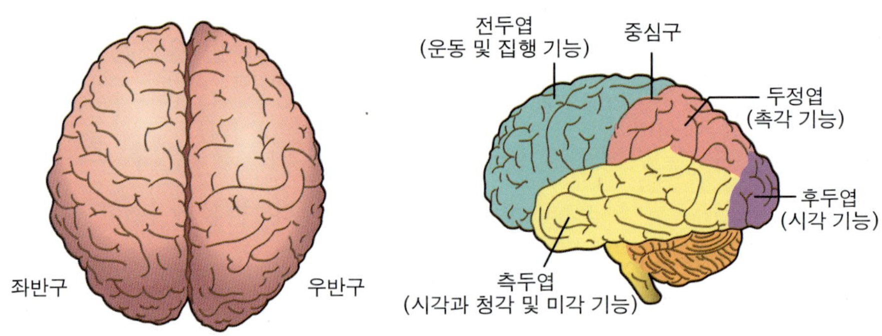

[그림 4-6] 뇌의 구조

대뇌피질의 뇌는 4개의 부분(엽)으로 나누어진다. 위치에 따라 전두엽, 측두엽, 두정엽, 후두엽이라고 부른다. 4개 엽의 기능은 각기 다르지만, 서로 중복되는 경우도 있다. 우리는 교육을 통해 4개 엽들을 골고루 균형 있게 발달시켜야 한다. 4개 엽의 기능과 위치를 간략히 정리하면 다음 〈표 4-1〉과 같다(김유미, 2005).

〈표 4-1〉 4개 엽의 기능과 위치

- **전두엽**
  대뇌피질의 가장 큰 부분을 차지한다. 진화론적 관점에서 전두엽은 가장 늦게 발달한 뇌의 영역이다. 전두엽은 뇌의 앞부분인 이마 앞 속에 위치하고 있으며, 미래를 위한 계획, 의사 결정, 문제 해결의 기능을 담당한다.

- **측두엽**
  양쪽 귀 바로 윗부분에 위치하고 있으며, 청각과 후각과 관련되어 있으며, 언어 이해, 말하기, 그리고 청각 처리 기능을 담당한다.

- **후두엽**
  머리의 뒷부분에 위치하고 있으며, 우리가 글씨의 모양과 얼굴을 보고 처리하는 등의 시각 기능을 담당한다. 후두엽은 종종 시각피질이라고 불린다.

- **두정엽**
  전두엽 바로 뒤 정수리 부분에 위치하고 있는데, 우리의 신체에 해당되는 기능을 담당한다. 두정엽은 들어오는 감각 정보를 수용하고 물체의 무게와 모양 및 구성에 대해 판단하도록 도와준다.

앞에서 살펴보았듯이, 뇌의 서로 다른 엽들이 각기 다른 특정 활동 및 행동과 직접적으로 관련이 있다. 특별히 어떤 활동을 잘하는 사람들은 관련 있는 뇌의 엽이 잘 발달되어 있다. 예를 들어 뛰어난 작가와 연설가는 언어 이해와 말하기를 담당하는 왼쪽 측두엽이 매우 잘 발달되어 있다고 할 수 있다. Einstein의 뇌는 두정엽과 전두엽이 잘 발달되어 있는 것으로 알려졌다. 그의 뇌 전체 크기와 무게는 일반 사람들의 뇌와 차이가 없었지만 두정엽이 일반 사람들의 것과 비교하여 매우 큰 것으로 밝혀졌다. 두정엽은 Einstein의 사고의 주요 요소인 수학적 추리와 시각적 추리를 담당하는 곳이다. 뇌의 특정 영역이 매우 잘 발달되어 있다는 것은 해당되는 뇌엽 내에서 세포들 간의 신경 결합의 빈도가 유달리 많다는 것을 의미한다. 그의 두정엽이 크다는 것은 계획과 문제 해결을 위해 이 영역이 매우 빈번히 사용되었다는 것을 시사한다.

여기서는 문제 행동 및 학교폭력과 같은 행동 발생 및 통제와 관련된 전두엽의 기능에 대하여 좀 더 자세히 살펴보고자 한다.

■ 전두엽

전두엽은 동물과 구분되는 인간의 특징이며 편도체를 계속 감시하는 기능을 한다. 전두엽은 동기 부여, 주의 집중, 목표 지향적인 행동 및 정서 조절 등 고등정신 기능을 관장하는 두뇌 부위로, 이 부위에 이상이 있거나 실행 기능에 문제가 있는 사람은 계획성 부족, 둔화된 정서, 충동성, 인지적 결함, 공격성과 같은 문제를 보이고 반사회적인 계획성과 관련이 있는 것으로 알려져 있다(Bufkin & Luttrell, 2005). 무엇보다 중요한 것은 인간은 전두엽 덕분에 자신의 사고와 행동을 모두 의식하고 통제할 수 있다는 것이다. 그러므로 대뇌피질의 전두엽 손상은 학교폭력과 범죄의 폭력적 행동의 원인이 될 수 있음이 많은 연구에서 입증되고 있다. 전두엽은 우리가 문제 행동, 학교폭력, 범죄와 같은 충동적, 무의식적, 공격적인 행동을 하는 것 대신에 무엇을 해야 할지를 이성적으로 생각하도록 해 준다.

전두엽의 전두엽피질(Prefrontal Cortex: PFC), 안와전두피질(Orbitofrontal Cortex: OFC), 대상회피질(Anterior Cingulate Cortex: ACC)의 세 부분은 편도체를 조절하기 위해 함께 작동한다.

- **전두엽피질**: 전두엽피질은 편도체의 충동을 효과적으로 통제하고 만족을 지연시키는 것을 책임지고 있으며 3~4세에 그 능력이 급격하게 증가한다(Zelazo, Carlson, & Kesck, 2008). 심각한 외현화 행동을 하는 아동의 경우 전두엽피질 활동이 결핍되었음을 볼 수 있었으며(Lewis, Granic, & Lamm, 2006), 충동적인 살인을 한 살인범을 대상으로 한 양전자 방사 단층 촬영(PET) 연구에서 전두엽피질의 활동이 활발하지 않은 것이 발견되었다(Davfidson et al., 2000).

- **안와전두피질**: 편도체가 정서 학습으로의 관문이라면 안와전두피질은 의사 결정자이다. 안와전두피질은 사회적, 정서적 정보를 평가하고 억제하며 그런 정보에 따라 행동을 조절하는 역할을 한다(Firth & Firth, 2003).

기능성 자기공명영상(fMRI)을 통하여 살펴보았을 때, 안와전두피질이 손상된 사람은 감정을 잘 읽어 내지 못하므로 공격적이고 반사회적인 행동을 자주 하게 하는 원인이 된다(Beer, 2007). 결과적으로 안와전두피질이 손상된 환자들은 사회적 의사 결정을 내릴 때 문제가 있어 종종 충동적 행동을 보이는 것으로 나타났다(Decety et al., 2008).

- **대상회피질**: 대상회피질은 인지적, 정서적 절차 모두를 조절하는 데 관여하며, 제어하기 어려운 상황에서 행동을 통제하는 역할을 한다(Tarullo, & Gunnar, 2009). 대상회피질의 손상이 있을 경우 부적절한 사회적 행동, 높은 스트레스 반응, 충동성, 공감 능력을 저하시킨다(Cozolino, 2006). 일반적으로 아기들의 울음은 어머니의 대상회피질을 작동시키지만 대상회피질이 손상된 어머니의 경우 아기의 울음에 반응을 하지 않는다(Coleman, 2006).

4. 뇌의 발달: 정서적 뇌와 이성적 뇌

1) 정서적 뇌와 이성적 뇌

유아와 아동은 유사한 상황에서 성인과 많이 다르게 행동한다. 특히 어린 영아는 자신의 욕구가 충족되지 않았을 때 길거리에서 드러누워 떼를 쓰기도 하는 등 매우 다르게 행동을 한다. 이러한 정서 위주의 행동을 하지 않기 위해서는 포유류 뇌(대뇌 변연계) 활동을 모니터하는 대뇌피질의 전두엽의 인지적 활동이 수행되어야 한다. 그러나 수천 년 동안 인간의 뇌가 진화해 오면서 전두엽보다는 정서를 통제하는 대뇌 변연계가 더 먼저 형성되었고, 출생 후에도 대뇌 변연계가 전두엽보다 더 빨리 발달하는 것으로 보고되고 있다(Paus, 2005; Steinberg, 2005). [그림 4-7]에서 보는 바와 같이, 출생 후부터 대뇌 변연계가 전두엽보다 더 빨리 성숙하며 대뇌 변연계는 10~12세 무렵에 완전히 성숙하지만 전두엽은 22~24세 무렵이 되어야 거의 성숙함을 볼 수 있다. 결과적으로 청소년기 이전에는 행동에 정서 체계가 인지 체계보다 더 큰 영향을 준다는 것이다. 이러한 이유로 청소년기 이전의 유아와 아동은 이성적으로 반응하기보다 정서적으로 반응을 하는 것이다. 이들은 이성 우위가 아니라 정서 우위이므로 자신의 분노, 충동을 조절하기가 어렵다.

특히 영아의 경우 전두엽이 충동이나 욕구를 조절할 만큼 충분히 발달하지 못했기 때문에 자신의 폭발적인 정서를 주변 사람들에게 쉽게 드러내곤 한다. 영아기에는 전두엽의 실행 체제가 미숙하여 과도한 정서 반응에 의존하여 행동하므로 정서 반응을 조절하기 어렵기 때문이다. 좀 더 연령이 증가하여 초등학생 연령이 되어서도 화를 내거나 성질을 부리지만 학령기 시기 아동의 전두엽은 영아나 유아보다 좀 더 발달했기 때문에 어느 정도 분노를 지연하거나 조절할 수 있다.

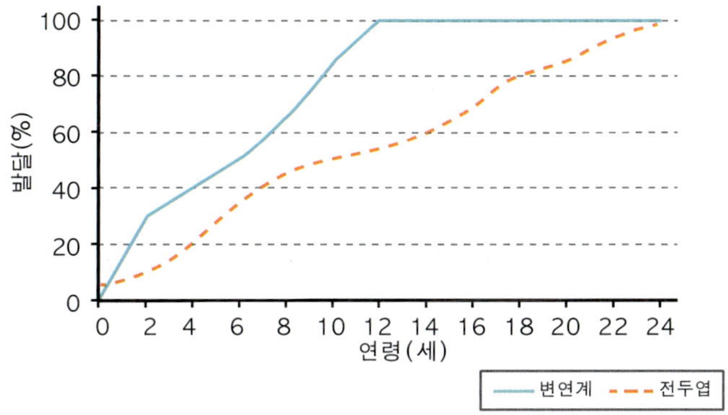

[그림 4-7] 대뇌 변연계와 전두엽의 발달

출처: Paus, T.(2005). Mapping brain maturation and cognitive development during adolescence. Trends in cognitive sciences, 9(2), 60-68.

우리가 음악회나 수업 시간에 쉬는 시간이나 운동장에서와 같이 크게 떠들지 않는 것은 전두엽의 안와전두피질이 조용해야 하는 사회적 상황을 재빨리 판단하고 웃음을 자제하기 때문이다. 그러므로 정서 조절을 위해서는 대뇌 변연계를 모니터링하는 전두엽의 역할이 중요하다. 유아기와 아동기에는 인지적 처리를 하는 뇌의 부위가 활성화되기보다 정서와 관련된 뇌 부위가 지나치게 활성화되어 거친 행동으로 표출되기 쉽다. 이렇게 표출된 행동을 우리는 문제 행동, 학교폭력이라고 말할 수 있다. 유아기의 문제 행동과 아동기의 학교폭력은 정서적 뇌가 이성적 뇌의 우위에 있기 때문에 나타나는 현상이라고 할 수 있다. 고등학교에 이르러 학교폭력이 감소하는 것은 이성적인 뇌가 발달하여 정서를 통제하기 때문이라고 할 수 있다. 뇌 신경과학이라는 새로운 분야는 우리가 이성적 뇌와 정서적 뇌의 발달 관점에서 유아의 문제 행동과 아동 및 청소년기의 학교폭력을 이해할 수 있게 하였다.

2) 신경전달물질

뇌는 수많은 신경세포인 뉴런 덩어리이다. 뉴런은 전기가 흐르는 전깃줄과 같다. 그 전선들은 마치 컴퓨터 회로처럼 복잡하게 서로 연결되어 있고, 그 사이에는 신경전달물질이라는 수십 가지 화학 물질이 흐른다. 신경전달물질은 다른 뇌세포로부터 정보를 전송하는 생화학 물질로 감정 조절과 공격적 행동 표출 사이에 강력한 영향을 제공한다(Viding, Williamson, Forbes, & Harr, 2008). 결국 뇌는 전기적, 화학적 신호를 사용하여 우리의 행동을 조정한다.

- **코르티솔**: 코르티솔(cortisol)은 인간이 스트레스를 받게 되면 그 스트레스를 감소시키기 위해 분비되는 호르몬이다. 코르티솔은 우리가 아침에 일어나자마자 상승되어 20~30분 사이에 절정이 되고 점차적으로 떨어진다(Cunnar & Cheatham, 2003). 애착의 안정성과 코르티솔 간의 관계를 분석한 연구에서 불안정 애착 유아들의 코르티솔 수준은 안정 애착 유아 수준보다 유의하게 높다는 연구 결과가 보고되었다(Ahnert, Gunnar, Lamb, & Barthel, 2004). 결과적으로 불안정 애착이 유아의 뇌 발달에 부정적인 영향을 줄 수 있음을 유추할 수 있다.
  양육자에게 학대를 받은 후 외상 후 스트레스장애(PTSD)로 고통받는 유아의 경우, 몇 년 후에도 여전히 코르티솔 수치가 높았으며 이는 학대 기간과 관련이 높았다(De Bellis et al., 1999). 우울증이 있는 어머니에게서 성장한 유아도 높은 코르티솔 수치를 보였다(Ashman, Dawson, Panagiotides, Yamada, & Wilkinson, 2002). 반응적이며 지원적인 양육자가 아니거나 학대, 방임, 폭력, 충격, 부모의 우울증과 같이 위협적인 양육 환경에서 성장하고 있는 유아의 뇌는 이러한 심각한 문제에 취약해진다. 특히 뇌가 연약한 시기인 생후 3세까지 여러 가지 원인에 의해 코르티솔 분비량이 증가하면 '경계 및 각성'을 담당하는 뇌 부위의 활동이 증가하게 되고 그 결과 뇌의 신경 회로는 사소한 자극에도 극도로 긴장하고 경계하는 반응을 보이게 된다. 이들은 자신을 학대한 사람을 떠올리거나 자신에게 심리적 쇼크를 일으킨 원인에 대해 꿈을 꾸거나 생각만 해도 즉각 스트레스 호르몬이 대량 분비되어 긴장하게 된다(김유미, 2002).

- **세로토닌**: 세로토닌(serotonin)은 공격을 억제하고 분위기와 감정을 조절하는 데 중요한 호르몬으로, 이것은 우울증 치료 약물로 많이 사용된다(Viding et al., 2008). 세로토닌을 조절하는 체계에 문제가 생기면 유아와 아동의 공격성과 반항 행동에 영향을 줄 수 있다(Snock et al., 2002). 만성적으로 높은 코르티솔 수준은 세로토닌 조절에 영향을 미치므로 오랫동안 학대를 받은 유아의 경우 문제 행동이 발생할 위험성이 높다(Tarullo, Quevedo, & Gunnar, 2008).

- **모노아민 산화 효소**: 모노아민 산화 효소(MAOA) 유전자에 결함이 있는 경우, 지속적으로 신경전달물질 전달을 방해하고 공격적인 행동을 하게 한다. 학대는 이 유전자를 활성화시키는 것으로 나타났다. 유아기 동안 모노아민 산화 효소가 덜 분비되면, 정서와 관련된 뇌 구조의 크기가 약 8% 감소되고, 편도체가 과잉 활성화되며, 전두엽의 충동 통제 회로가 비활동적이 된다. 이러한 결과는 여아보다 남아에게 더 두드러진다. 이 유전자는 X 염색체에 있으므로 두 개의 X 염색체가 있는 여아의 경우 건강한 염색체가 다른 염색체에 미치는 변이 유전자의 영향을 억제하고 조절하지만 남아는 X 염색체가 하나뿐이므로 염색체에 변이가 있으면 그로 인한 영향이 바로 나타난다.

5. 문제 행동과 학교폭력에 대한 뇌 친화적 예방 및 지도 전략

뇌가 환경으로부터 들어오는 정보를 어떻게 이해하고, 조직하고, 해석하는지에 따라 한 개인의 사회적 행동은 크게 달라진다. 이는 인간은 뇌의 통제를 받기 때문이다. 유아나 아동들은 비슷한 상황에서도 성인들과 매우 다르게 행동하는데, 이는 앞에서 살펴보았듯이, 유아와 아동의 이성적 뇌인 전두엽의 실행 통제 체계가 미숙하여 과도한 정서 반응을 능숙하게 조절하기가 어렵기 때문에 다른 사람이나 사물에 대한 부적절한 문제 행동이나 학교폭력 행동을 보인다는 것이다. 이렇게 표출되는 문제 행동과 학교폭력을 그대로 두면 이러한 행동이 청소년기를 지나 지속적으로 성인기와 부모기까지 영향을 미치는 것을 본서의 1장에서 설명하였다. 문제 행동과 학교폭력 감소에 도움이 되는 발달 단계, 문제 행동 및 학교폭력 특성에 따른 뇌 친화적 예방 및 지도 전략은 다음과 같다.

1) 발달 단계에 따른 전략

(1) 영아기

생후 초기에는 뇌의 여러 부위 중 정서를 다루는 대뇌 변연계의 발달이 활발하므로 이 무렵에는 대뇌 변연계의 발달에 적절한 정서적 환경이 필요하다. 즉 이성적 뇌인 전두엽보다 정서적 뇌인 변연계의 발달이 주로 이루어지는 시기이다. 정서를 조절하고 표현하는 능력과 관계되는 대뇌피질의 전두엽 부위는 8개월 무렵부터 발달하기 시작하며 영아가 엄마와 애착을 형성하는 순간부터 이 부위의 활발한 활동이 발생한다(Chugani, 1998). 영아는 아직 말은 못하지만, 부모의 정감 어린 말이나 억양, 따뜻한 눈빛, 포옹 등과 같은 행동들을 통해 부모와 애착을 형성하게 된다. 따라서 이 시기에 부모는 영아의 정서적 신호에 적절한 반응을 제공함으로써 영아가 자기통제를 할 수 있도록 하는 전두엽의 능력 계발을 지원해야 한다. 이러한 이유로 영아의 전두엽 활동이 증가하는 8개월 무렵에는 부모 및 양육자의 역할이 중요해진다(김유미, 2004).

이와 같이 영유아기의 초기 경험은 뇌의 회로 형성에 매우 중요하므로(Davidson et al., 2000), 부모 및 양육자와의 안정적인 애착 관계가 필수적이다. 이런 사실에 비추어 볼 때, 영유아의 정서 안정을 위해서나 뇌 발달을 위해서는 부모나 교사와의 따뜻한 관계 형성이 필수적임을 알 수 있다. 유아기에 지속적으로 제공하는 양질의 양육과 교육은 유아의 뇌를 변화시키고 유아의 사회·정서적 역량을 키워 준다.

(2) 유아기

만 3세경에 이르러 유아는 흥분하는 편도체를 진정시키는 연습을 시작한다(Goleman, 2006). 이러한 연습을 통해 이 시기에는 유아의 생떼나 문제 행동이 감소한다. 그러나 학대를 받았거나 방임되었거나 매우 위험 상황에서 성장해 온 유아의 뇌 회로는 이러한 정상적인 회로와는 다르게 발달할 수 있다. 즉 자신의 안전을 유지하기 위해 그들은 편도체나 스트레스 시스템을 높거나 낮은 상태로 설정한다. 이러한 상태에서는 다른 사람들의 감정을 읽거나 자신을 통제하는 기회를 갖지 못하고, 편도체를 진정시키는 기술을 습득하거나 뇌에 이러한 회로를 형성하지 못할 수 있다(Shackman et al., 2008). 이에 따라 분노에 찬 부정적인 감정을 스스로 변화시키거나 충동을 쉽게 억제할 수 없다. 또한 이러한 정서적인 뇌를 주로 사용하는 뇌의 구조는 전두엽을 사용하여 전 학업적 기술 신장에 집중하는 것도 어렵게 만든다(Ayoub & Fischer, 2006). 유아기에는 영아기와 마찬가지로 정서적인 뇌인 변연계의 활동이 활발하게 이루어지도록 할 뿐만 아니라 이성적인 뇌인 전두엽의 발달도 활발히 이루어지도록 지원해야 한다.

또한 특정 감각에만 편중된 활동보다 전두엽, 후두엽, 두정엽, 측두엽의 4개 엽을 고루 자극할 수 있는 다양한 활동이 필요하다. 이러한 4개 엽의 균형 있는 활동을 통해 전인적 발달이 이루어질 수 있다. 그러므로 후두엽을 주로 사용하는 한글 카드만을 계속 보여 준다든지, 측두엽만을 개발하는 클래식 음악만을 계속 들려주는 것보다는 다양한 감각을 고루 경험해 보는 활동이 필수적이다. 그러므로 태어나자마자 플래시 카드를 보여 주거나 영어 테이프를 들려주는 인지 발달에만 치중하는 것은 바람직하지 못하다. 너무 일찍부터 과도한 교육을 실시할 경우, 주의 산만, 정서 불안, 사회성 부족 같은 현상이 나타날 수 있음을 염두에 두어야 할 것이다(김유미, 2004).

(3) 아동기

아동기에 이르면 전두엽의 시냅스 형성이 활발하던 유아기와는 달리 언어 능력과 공간 지각 능력을 담당하는 부위인 측두엽과 두정엽의 시냅스 형성이 활발해진다. 언어 능력을 관장하는 측두엽이 급격히 성장함에 따라 한글 익히기, 외국어 학습, 글자 쓰기 등이 가능해진다. 두정엽의 발달은 수학과 과학 등 입체적이고 논리적인 사고가 필요한 학습이 가능해짐을 나타낸다. 아동기는 수학 및 과학, 언어 학습의 적기이다. 아동기에 문제 해결, 말하기, 글쓰기, 시험 공부하기 등을 통해 논리적이고 체계적인 능력을 개발하는 학교 교육은 좌뇌 발달을 촉진한다고 할 수 있다. 이러한 발달로 아동기에는 인지 학습에 필요한 능력을 갖추게 된다. 주의 집중 시간의 증가, 언어 능력의 향상, 학습 전략의 습득 및 확장된 지식 기반이 만들어진다. 학년이 높아지면서 아동은 점차 다양하고 복잡한 정서를 이해한다. 또한 자기 인식 능력, 타인의 정서를 이해하는 능력, 자신의 정서를 이해하고 표현하는 능력, 정서 조절 능력이 상당히 발달한다(김유미, 2004).

주의력 결핍 과잉 행동장애(ADHD)의 경우에는 아동기에 이르러서도 정서적 뇌에 기초하여 행동하므로 이성적 뇌 발달이 지체되어 정서 조절 능력이 부족하다. 7~9세의 ADHD 아동 약 600명을 대상으로 ① 약물치료만 받는 집단, ② 행동 중재만 받는 집단, ③ 약물치료와 행동 중재를 병행한 집단, ④ 어떤 중재도 받지 않는 집단으로 나누어 14개월 동안 조사하였을 때, 4개 집단 모두에게서 문제 행동이 감소한 것으로 나타났다. 그중에서 매우 의미 있는 향상을 보인 집단은 약물치료 집단과 약물치료와 행동 중재를 병행한 집단이었다. 따라서 심각한 문제 행동 아동의 경우 변연계의 정서 조절 능력 발달을 위해 약물치료의 병행이 필요하다.

그리고 학대받은 뇌에서는 정서를 조절하는 전두엽과 언어나 기억을 담당하는 측두엽이 거의 활성화되지 않을 수 있다. 지속적이고 강도 높은 스트레스로 코르티솔이 과잉 분비되어 전두엽 부위와 측두엽 부위가 손상되었다고 볼 수 있다. 특히 측두엽 아래에 있는 단기 기억에서 장기 기억으로의 전환 중추인 해마가 손상되면 이들은 문제 행동이나 학교폭력 외에도 학습 능력이 부진할 수밖에 없다. 결과적으로 학대받은 경험이 있는 아동들의 경우 정서 조절이 어려워 학교폭력에 관련되거나 학습에 어려움을 겪을 수 있다(김유미, 2011).

2) 문제 행동 및 학교폭력 특성에 따른 전략

(1) 충동적 행동 지도

문제 행동과 학교폭력을 보이는 것은 자기 행동을 결정할 때 전두엽을 사용하는 대뇌피질 통로보다 시상 통로를 좀 더 자주 사용하는 것이라고 할 수 있다. 그러므로 문제 행동과 학교폭력의 지도는 시상 통로보다 대뇌피질 통로를 더 사용하여 자기 행동을 결정하도록 뇌를 조절하도록 하는 것이라고 할 수 있다. 즉 의도적인 행동 변화를 위해서 교사와 부모는 변연계의 정서 조절 기제와 전두엽의 의사 결정 및 행동 통제 부위 사이에 많은 교류가 발생하도록 의도적으로 계획을 세워야 하는 것이다. 즉 발달 중인 전두엽이 통제 기반을 다질 수 있도록 반복적으로 지도함으로써 충동적인 정서 반응을 이들이 조절하도록 돕는 것이다. 다양하고 반복적인 지도를 통해 감정적인 시상 통로보다 이성적인 대뇌피질 통로를 택하게 함으로써 충동적인 반응을 감소시킬 수 있는 것이다.

이러한 반복적인 지도는 가정에서의 부모-자녀 상호작용을 통해 가능하고 바람직하지만, 최근에는 유아 및 아동들의 스케줄이 매우 바쁘고 어머니 취업 증가로 가정생활에서 이러한 상호작용의 기회가 크게 감소하였다. 반복적으로 부모-자녀 상호작용을 하는 방법 외에, 정서적 상황에 처한 다양한 인물들이 등장하는 그림책을 통해 유아와 아동이 행동할 때 변연계와 전두엽 간의 피질 통로를 사용하도록 도울 수 있다. 그림책은 다양한 감정 폭발이 행위자에게 얼마나 부정적인 영향을 주는지를 알려 준다.

(2) 자기통제 지도

자기통제는 의식적이고 의도적이며 사려 깊은 행동의 기반이 되는 내적 기제이다. 불필요한 행동을 멈추고(계속 하고 싶을지라도) 필요한 일을 시작하기(하고 싶지 않을지라도) 위해 개인의 충동을 조절하는 능력이다. 어떤 반응을 억제하는 동시에 필요한 다른 반응을 하는 것은 사회적 상호작용뿐만 아니라 사고를 위해 유용한 능력이다. 5세 때 자기통제가 부족한 유아는 6세가 되면 교사의 지시를 따르지 못하고 7세가 되었을 때 문제 해결 방법을 계획하지 못한다. 4세 때 정서 조절 능력이 없는 유아는 5세가 되면 기분을 조절하지 못하며, 7세가 되면 부정적인 또래 관계가 자주 발생한다(Boyd et al., 2005). 정서 조절과 갈등 해결에 소요되는 유아나 아동의 반응 시간은 어른보다 훨씬 더 느린 것으로 나타났다.

최근 기능성 자기공명영상(fMRI) 기술을 사용하여 연구하였을 때, 사람들은 다른 사람이 행동하는 것을 볼 때 뉴런 집단이 활성화되었다는 것을 발견하였다. 즉 연필을 잡으려고 계획할 때 나타나는 뉴런의 활성화 패턴이 다른 사람이 연필을 잡는 것을 볼 때 나타나는 활성화 패턴과 일치하였다. 신경과학자들은 이를 거울뉴런이라 부르며 거울뉴런 덕분에 우리는 다른 사람의 경험을 우리의 것으로 되살려 다른 사람의 정서를 이해하고 공감하게 된다고 하였다. 그러므로 성인이 아동 앞에서 화를 내고 비이성적으로 행동하면 유아와 아동의 뇌의 거울뉴런을 통해 뇌에서 화를 내고 비이성적 행동이 갈등을 해결하는 적절한 방법인 것으로 학습하게 된다. 자기통제에는 부모가 어떤 종류의 자기통제를 보였는가, 부모가 화났을 때 조절하는 모습을 보였는가, 아니면 화를 버럭 냈는가 등의 환경적 요인이 영향을 미친다.

유아들이 자기통제를 충분히 연습하지 않으면 뇌의 기억 흔적이 강화되지 않으므로 관련 뇌 부위가 제대로 발달하지 못하여 결과적으로 여전히 어른이 되어도 미운 두 살 때처럼 행동하게 될 수 있다. 자기통제 학습은 일찍 시작되어야 하며, 자기통제 방법을 개발하고 습득하려면 연습할 기회가 필요하다.

문제 행동이 심각한 유아나 학교폭력 학생의 경우 자신의 강한 정서를 조절하는 능력이 부족하다. Jaime와 Knowlton(2007)은 유아와 아동이 정서와 정서 강도를 스스로 점검할 때 평가 척도를 사용할 것을 제안하고 있다. 자기조절 문제가 있는 유아와 아동에게 평가 척도를 통해 자신의 정서 강도를 스스로 평정해 보는 기회를 가지게 해 볼 수 있다.

(3) 남녀 차에 따른 지도 전략

유아기의 문제 행동과 아동기의 학교폭력에서 남아의 발생 비율이 높은 것은 일반적인 사실이다. Sousa(2009)는 남아의 문제 행동을 다루기에 효과적인 전략을 제안하였는데, 사실 이는 여아에게도 효과적일 것이다.

남아는 사냥꾼, 튼튼한 집을 짓는 힘센 건축가, 종족의 방어자로 진화해 왔고, 여자보다 테스토스테론(testosterone)의 수준이 높다. 높은 수준의 테스토스테론 자체만으로 공격 행동이 발생하는 것은 아니지만 유전적 성향이 높은 상태에서 주변 상황이 공격 성향을 자극한다면 남아의 경우 문제 행동과 학교폭력이 발현될 가능성이 높아진다(Booth, Granger, Mazur, & Kivlighan, 2006). 한편 낮은 수준의 테스토스테론(여자에게 해당)은 언어 능력, 의사소통 능력, 사회적 기술 및 눈맞춤을 증가시키는 것으로 나타났다. 이러한 점들 때문에 여아는 남아들에 비해 면대면 의사소통이나 대화를 통해 갈등을 해결하는 것이 효과적일 수 있다.

남성은 여성에 비해 테스토스테론의 양이 많기 때문에 정서적 위협에 대해 먼저 행동하고 나중에 말하는 경향이 높다. 그러나 여성은 의사소통과 이성을 통해 정서적 위협에 대한 반응 방식을 계획한다. 여성의 편도는 다른 사람의 생각이나 의도를 파악하려 할 때 남성의 뇌보다 훨씬 더 활성화되었다.

위의 차이점 외에 남아들의 문제 행동과 학교폭력 행동을 감소시킬 수 있는 남아 친화적 지도 방법은 다음과 같다.

첫째, 남성의 뇌는 일반적으로 공간-기계적 기능을 전담하는 부위가 넓기 때문에 언어적 설명보다 시각적 상징을 사용할 경우 주의를 증가시켜 문제 행동과 학교폭력이 줄어든다.

둘째, 팀 간 경쟁을 활용한 활동을 계획한다. 남아들은 여아들에 비해 본래 신체적으로 더 공격적이다. 팀 간 경쟁을 통해 그들의 공격 성향을 생산적인 활동 경험으로 전환함으로써 부적절한 공격성을 줄일 수 있다.

셋째, 역할극을 활용한다. 남아는 여아와 달리 다양한 사회적 상황에 맞추어 행동하는 것이 쉽지 않으므로, 실제 역할을 해 봄으로써 상황에서 활동 내용의 사회적 시사점을 이해하기가 훨씬 더 쉽다.

여아들의 뇌는 의사소통 발달 측면에서 남아의 뇌와 다르다. 결과적으로 여아는 신체가 아니라 언어로 문제를 해결하는 경향이 있다. 다음은 여아의 문제 행동과 학교폭력을 지도하는 전략을 활용할 때 사용할 수 있는 뇌 친화적 지도 방법이다.

첫째, 대화를 나눈다. 여아는 남아에 비해 언어와 의사소통 기술이 더 빨리 발달한다. 여아는 언어 처리 관련 부위가 남아보다 넓어서 언어 처리에 더 능숙하다. 결과적으로 문제 행동과 학교폭력을 일으키게 된 이유에 대해 대화하는 것이 더 효과적이다. 대화를 통해 자기 행동의 결과를 이해하고 있는지와 미래에 문제 행동과 학교폭력을 감소시킬 적절한 조치가 무엇인지를 말해 보게 한다.

둘째, 감정에 초점을 맞춘다. 여아의 뇌는 다른 사람의 감정에 잘 맞추고 공감을 잘한다. 여아들에게 자신의 문제 행동과 학교폭력 행동에 대해 다른 사람이 어떻게 느낄지와 누군가가 자신에게 그런 문제 행동과 학교폭력을 한다면 어떤 감정을 가지게 되는지 생각해 보게 하는 것도 효과적인 방법이다.

셋째, 인식을 바꾼다. 문제 행동과 학교폭력을 보이는 여아의 감정에 대해 이야기한 후, 다른 사람이 자신을 어떻게 인식할지를 말해 보게 한다. 여성은 남성에 비해 다른 사람들이 자신을 어떻게 생각하는지에 대해 더 민감하다. 문제 행동과 학교폭력으로 다른 학생들이 여아 자신에 대해 부정적이게 느끼게 된다는 것을 여아에게 말해 준다.

넷째, 만족 지연을 활용한다. 여성은 남성보다 만족 지연을 더 잘한다. 미래의 잠재적 보상에 대해 협의하는 것만으로도 여아의 문제 행동과 학교폭력이 완화되거나 없어지는 것이 가능할 수 있다.

이처럼 교사들이 남아와 여아의 뇌가 어떻게 다른지를 잘 알고 있다면 문제 행동과 학교폭력을 지도할 때에도 어떤 전략이 좀 더 효과적인지 알 수 있어 더 성공적인 결과를 가져올 수 있을 것이다.

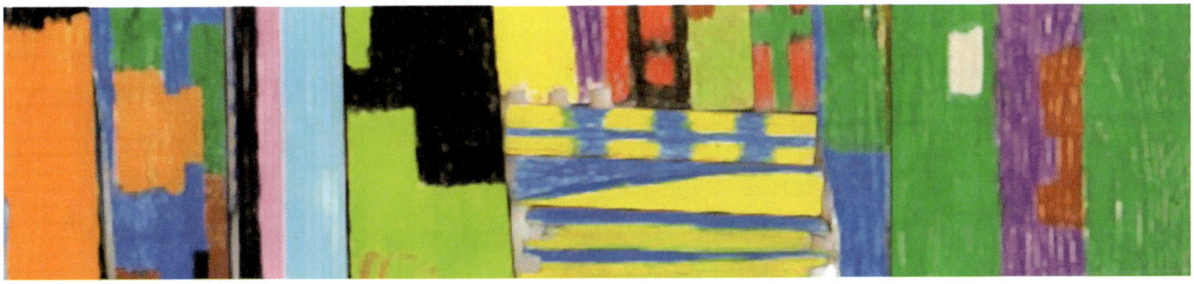

Chapter 5

문제 행동과 학교폭력의 이론적 모델과 발생 요인

1. 문제 행동과 학교폭력의 이론적 모델
2. 문제 행동과 학교폭력의 발생 요인

1. 문제 행동과 학교폭력의 이론적 모델

'무엇이 사람을 어떤 특정한 방식으로 행동하게 하는가?'라는 질문은 교육뿐만 아니라 인간을 대상으로 하는 다양한 분야에서 매우 흥미로운 주제 중의 하나이다. 그동안 많은 심리학 이론들은 '왜 인간의 특정 행동이 발생하는가?'에 대해 다양한 관점에서 설명하여 왔다(Hyman et al., 2006). 이 장에서는 문제 행동과 학교폭력 행동이 왜 발생하는가에 대해 설명하고 있는 중요한 이론적 모델들을 소개하고, 교사들이 여러 가지 심리학 이론을 통해 문제 행동과 학교폭력 행동을 이해하고, 지도 방법 계획에 있어서의 유용성에 대해 살펴보고자 한다.

1) 신체·생물학적 이론 모델

신체·생물학적 이론 모델에서는 문제 행동 및 학교폭력 성향을 유전적으로 가지고 태어나는 것으로 가정하고 있다. 문제 행동이나 학교폭력 행동과 같은 공격 행동을 보이는 것은 공격성이나 폭력 성향을 통제하는 뇌 신경 체계의 장애로 인한 것으로 설명하고 있다. 그리하여 문제 행동 및 학교폭력 행동을 신경학, 호르몬 요인, 각성 수준, 신경 심리적 결함 등에 초점을 두어 설명한다. 즉 폭력적 성향의 사람은 어떤 위험에 직면했을 때 먼저 충동적으로 행동하고, 나중에서야 사고하는 경향이 많다고 설명하고 있다. 또한 4장에서 설명한 바와 같이 행동을 결정할 때 호르몬 요인으로 대뇌피질 통로보다 시상 통로를 주로 사용하는 것이다. 남성 호르몬인 테스토스테론(testosterone)의 수준이 상승하고 신경전달물질인 세로토닌(serotonin) 수준이 하강하게 되어 자기주장을 타인에 대한 공격적 행동으로 표출한다는 것이다(Sylwester, 1999). 테스토스테론이 많이 분비되는 남학생이 여학생보다 좀 더 공격적이라는 연구 결과는 이러한 사실에 의해서 뒷받침되기도 한다(Gropper & Froschl, 2000). 그러나 Rosenhan과 Selignman(1989)은 유전자 이상이 공격적, 반사회적 행동의 원인이 되기는 하지만 유전자 하나만으로 인간의 공격적, 반사회적 행동을 모두 설명할 수는 없다고 하였다.

■ 신체·생물학적 이론 모델이 교사에게 주는 유용성

이 모델은 유아와 아동의 문제 행동과 학교폭력이 왜 발생하는가에 대해 잘 이해할 수 있게 하지만 교사에게 직접적으로 유용한 지도 방법을 제공하기는 어렵다. 교사는 문제 행동 및 학교폭력 행동의 발생을 유아나 아동의 불완전한 뇌 신경 체제 탓으로 돌리거나, 이들의 부적절한 행동을 통제할 수 있는 주변 요인에도 무관심해질 위험성이 있다.

유아와 아동의 문제 행동과 학교폭력이 유전이나 생물학적 요인에 기인한 것이라 하더라도 가장 효과적인 중재는 의학적 처치를 넘어 교사가 사용하는 다양한 실제적 지도 전략에 있다. 교사들은 약물을 통해 유아 및 아동의 심각한 문제를 완화시키는 방법과 함께, 문제 발생에 기여하는 신체·생물학적 요인들의 영향을 최소화할 수 있는 교실 환경 구성 및 뇌 친화적 예방 전략과 같은 다양한 방안을 좀 더 강구하여 적용하는 것이 바람직할 것이다.

2) 정신분석이론 모델

정신분석이론 모델은 문제 행동이나 학교폭력이 개인의 내적 심리적 사건이나 동기적 요인에 의해서 발생한다고 설명한다. Freud의 정신분석이론에서는 인간은 구강기, 항문기, 남근기, 잠재기, 사춘기의 일련의 발달 단계를 통과할 때 각 발달 단계에서 심리적 긴장과 갈등이 발생한다고 하였다. 각 발달 단계에서 자아와 초자아가 원초아의 본능적이고 반사회적인 충동을 통제하지 못할 때, 공격 행동과 비행 행동이 나타난다고 보았다.

정신분석이론에서는 유아기의 경험(특히 부모와의 관계나 중요한 발달적 사건)을 중요하게 여기며 인간의 행동은 무의식적 사고의 영향을 많이 받는다고 주장한다. 즉 정신분석이론 모델에서는 문제 행동 및 학교폭력을 포함한 현재의 모든 행동을 유아기의 갈등, 욕구의 차단, 부모의 상실, 부적절한 훈육으로 인한 경험에 기초한 것이라고 설명하고 있다.

■ 정신분석이론 모델이 교사에게 주는 유용성

정신분석이론 모델에서는 심각한 공격 행동이나 반사회적 행동을 보일 때, 과거 유아기의 부정적인 경험 때문이라는 가정에 기초하여 설명한다. 그러므로 정서적 문제나 행동적 위기 상황에 있는 유아와 아동에게 위로나 상담을 통하여, 과거에 경험한, 잠재해 있는 삶의 부정적인 사건을 긍정적인 혹은 적어도 중립적인 사건으로 변화시킴으로써 유아와 아동이 적절하게 행동하거나 자신의 행동이나 행동의 결과에 대한 통찰력을 가질 수 있도록 돕는다.

그러나 어떤 학자들은 문제 행동과 학교폭력 행동 발생 후에 교사가 즉각적이고 개별적인 관심을 보이는 것은 유아나 아동이 표출한 부적절한 행동에 대해잘못된 정적 강화를 제공하는 것이 될 수 있다고 주장하고 있다. 즉 문제 행동이나 학교폭력 자체보다 이러한 행동을 발생시키는 감정에 관심을 기울이기 때문에 유아와 아동은 자신의 부적절한 행동을 핑계로 사용할 수 있다는 것이다(예: "철수가 먼저 나를 놀려서 나는 화가 너무 나서 그 애를 때렸어요."). 이러한 형태의 사후 관심은 중단시키고자 하는 문제 행동과 학교폭력을 오히려 더 증가시킬 수 있다는 것이다.

그리고 정신분석학적 상담 방법은 많은 시간을 필요로 하므로 다른 학생들을 지도하는 시간을 매우 부족하게 할 수 있다. 또한 교사는 정신분석학적 지도 기법에 대해 훈련을 받지 않았으므로 교사가 실시하는 것은 유용하지 않을 수 있다. 따라서 정신분석이론 모델에서 제안하는 교사가 활용할 수 있는 중재 방법은 따뜻하고 친근하며 지원적인 교실이나 학교 환경을 조성하는 것일 것이다. 교실 환경 구성 시에 지나치게 구조적인 형태를 줄이고, 미술, 음악, 연극, 놀이치료와 같은 활동을 계획함으로써 유아와 아동이 자신의 감정을 스스로 잘 조절하고 이들의 정서적 요구에 지속적이고 긍정적으로 반응할 수 있는 환경을 제공하여야 할 것이다.

3) 학습이론 모델

학습이론에 따르면 인간의 모든 행동은 학습된다. 학습은 행동에 대한 후속 강화의 결과로 발생한다. 즉 유쾌한 후속 강화가 뒤따르는 행동은 반복되어 학습되며, 불쾌한 후속 강화가 뒤따르는 행동은 반복되지 않으므로 학습되지 않는다. 학습이론의 대표 학자인 Skinner는 행동이란 적절하든 부적절한 행동이든 간에 유아와 아동이 환경과 환경 속 다른 사람들에 대해 반응할 때 학습된다고 하였다. 결과적으로 유아와 아동은 자신들이 다른 사람의 기대에 부응할 수 있는 행동을 선택하게 된다. 그러나 문제 행동과 학교폭력 행동이 다른 사람들에게 강화를 받게 되면 이러한 행동이 계속 유지된다. 적절한 행동과 부적절한 행동 유형 모두 더 이상 강화가 주어지지 않게 되면 사라지게 된다.

■ 학습이론 모델이 교사에게 주는 유용성

학습이론 모델에서 문제 행동과 학교폭력은 환경과의 상호작용 속에서 후속 강화와 처벌에 의해 학습된 것이므로, 발생 후 강화나 처벌과 같은 환경적 요소들을 조작함으로써 문제 행동과 학교폭력을 다시 원상태로 복귀시키거나 바람직한 행동으로 변화시킬 수 있다고 설명한다. 학습이론 전략은 교사들에게 매우 유용하다. 교사들은 바람직한 행동에 대해 어떻게 정적 강화를 제공하고 모델링을 보이는가에 대해 이미 어느 정도의 개념을 가지고 있다. 학습이론에서는 문제 행동 발생에 기여하는 생리적 요인, 유전의 영향을 부정하지는 않는다. 다만 문제 행동과 학교폭력 행동을 유지시키는 현재의 환경 조건과 행동과 조건 사이의 기능적 관계를 확립하고 입증하는 데 많은 관심을 갖는다.

4) 사회학습이론 모델

사회학습이론에서 인간 행동의 모든 학습 과정은 경험과 관찰을 통해 이루어진다고 보므로 유아와 아동의 문제 행동과 학교폭력 행동 또한 생득적으로 가지고 태어나기보다 생활 경험을 통해서 학습된다고 본다. 사회학습이론가인 Bandura(1986)는 폭력 행위가 단순히 학습이론에서 주장하는 후속 강화에 의해서만이 아니라 관찰 학습과 모델링을 통한 학습 기제를 통해서 학습된다고 주장하였다. 문제 행동과 학교폭력 행동은 주변 친구나 부모의 폭력 행위를 모방함으로써, TV나 영상 매체, 만화나 서적 등에 나타나는 폭력물에 의하여 학습될 수 있다고 하였다. 또한 이러한 폭력에 자주 노출될 때, 자신의 폭력 행동에 대한 억제력이 둔화되어 양심의 가책이나 별 문제의식 없이 폭력 행동을 보일 수 있다고 하였다. 아동과 청소년들이 영화나 TV에서 본 것을 그대로 시험해 보았다고 태연하게 말하는 경우가 있는데, 이것이 사회학습이론에서 폭력 행동을 설명하는 하나의 예이다.

이러한 방법으로 유아와 아동이 모델이 되는 부모나 교사가 폭력 행동을 통해 문제를 해결하는 것을 관찰하게 되면, 이들은 다른 사람의 행동을 통제하기 위해서 폭력 행동을 사용할 수 있다는 것을 학습하게 된다. 또한 유아와 아동이 폭력으로 문제를 해결할 때, 부모나 교사가 이러한 행동을 보고 처벌하지 않는 것을 관찰할 때는 폭력 행동을 계속할 것이고, 처벌을 받는 것을 보면 폭력 행동이 용납될 수 없다는 것을 학습하게 된다는 것이다.

■ 사회학습이론 모델이 교사에게 주는 유용성

사회학습이론에서 문제 행동과 학교폭력의 발생 근원은 신체·생물학적 모델에서 주장하고 있는 타고난 폭력 성향에서 비롯되기보다는 주변의 다른 유아와 아동이 신체적 약점 또는 수동적이거나 심리적 불안 등이 있는 사람을 성공적으로 통제하는 것을 관찰하면서 이러한 폭력 행동을 그대로 모방하기 때문에 문제 행동과 학교폭력이 지속적으로 발생한다고 설명하고 있다. 그리고 공격성 표출이 자신에게 어떤 긍정적인 대가를 가져다 주는 후속 경험을 하게 되면 또 다시 공격적 행동을 하기 쉽고, 반대로 다른 사람에 대한 공격적 행동이 실패하거나 벌을 받게 되면 공격적 행동이 적게 발생한다는 것이다. 따라서 사회학습이론에서 우리는 유아와 아동이 보는 앞에서 쉽게 폭력을 행사해서는 안 되고, 유아나 아동이 공격적인 행동을 했을 때에는 그에 적합한 벌이나 제한을 해야 한다는 것이다. 또한 사회학습이론에서는 폭력 매체에 대한 관찰 학습과 강화를 통하여 유아와 아동이 공격 행동을 학습한다고 보고 있다(Bandura, 1973). 유아와 아동이 폭력 영화나 범죄 소설 등 잔혹하고 폭력적인 장면들을 자연스럽게 접하면서 폭력 행동이 확산될 수 있으므로 교사와 사회가 유해 매체를 제한하는 것도 문제 행동과 학교폭력 예방에 도움이 될 것이다.

5) 생태학적 이론 모델

신체·생물학적 이론 모델과 정신분석이론 모델은 문제 행동과 학교폭력이 개인 내적 요인에 의해서 발생한다고 본다. 신체·생물학적 이론 모델은 요인을 신체적 조건으로 보며 정신분석이론 모델은 심리적 요인으로 본다. 물론 개인의 생물학적, 심리적 조건들이 유아와 아동의 문제 행동과 학교폭력을 증가시킨다는 증거는 확실히 있다. 하지만 이러한 인간의 생물학적 조건이나 심리적 요인만으로 인간의 행동을 충분히 설명하는 데는 어려움이 있다. 어떤 사람은 부정적인 영향을 미칠 수 있는 생물학적 요소나 심리적인 문제를 가지고 있으면서도 다른 사람들보다 훨씬 더 성공적인 생활을 하거나 또는 어려움을 덜 경험하는 것을 볼 수 있다. 문제 행동과 학교폭력 행동 발생에서 이러한 차이를 무엇으로 설명할 수 있을까?

생태학적 모델은 인간의 행동을 인간 내적 요인 그 자체보다 인간과 환경과의 상호작용에 기인한다고 본다. Bronfenbrenner(1972)의 생태학적 이론에 의하면 개인과 환경은 서로 상호작용하며 영향을 주고받는다고 주장하고 있다. 개인을 둘러싸고 있는 환경을 미시 체계, 중간 체계, 외 체계, 거시 체계의 네 가지의 상호 관련 체계로 설명하고 있다. 즉 유아와 아동이 직접 접촉하고 있는 부모, 형제, 또래와 교육기관을 포함하는 미시 체계, 유아 및 아동의 가족과 또래 등과 같이 미시체계들 간의 상호 연계로 이루어진 중간 체계, 부모의 학교 참여 등과 같이 다른 체계들로부터의 영향을 나타내는 외 체계, 그리고 유아와 아동에게 영향을 미치는 사회 및 문화적 영향력을 포함하는 거시 체계가 있다. 문제 행동과 학교폭력은 미시 체계 안의 친구들 간에 발생하지만 좀 더 넓게는 가족, 학교 풍토, 더 나아가 가정과 학교가 속한 사회 및 문화의 영향을 받는다는 점에서 생태학적 이론 모델은 문제 행동과 학교폭력 현상을 이해하는 데 도움을 주고 있다(Losey, 2013). 즉 사회에서 폭력이 허용되거나 심지어 추앙되는 문화가 존재할 때 문제 행동과 학교폭력이 더 증가할 수 있으므로, 가정과 학교, 지역사회가 문제 행동과 학교폭력에 대한 포괄적인 이해와 이에 따른 협동적인 문제 해결을 위한 체계적인 접근이 필요하다.

■ 생태학적 이론 모델이 교사에게 주는 유용성

생태학적 관점은 유아와 아동의 문제 행동과 학교폭력 발생이 개인적 특성, 학교와 지역사회 특성, 가정 배경, 문화적 맥락과 같은 보다 넓은 사회적 맥락의 상호작용에 의해서 영향을 받는다는 것을 강조한다. 그러므로 문제 행동이나 학교 폭력 행동 대책을 구성할 때도 개인뿐만 아니라 유아와 아동이 속한 네 가지 생태계를 중요하게 고려하여 이에 필요한 사회적 기술을 가르쳐야 한다는 것이다.

또한 유아와 아동의 문제 행동 및 학교폭력을 효과적으로 변화시키기 위해서는 중간 체계인 교사의 행동도 변화되어야 한다고 주장한다. 이러한 관점에서 문제 행동과 학교폭력 행동의 예방과 중재는 유아와 아동의 개별적인 특성을 최대한으로 고려하여야 할 뿐만 아니라 대상 학생을 둘러싸고 있는 모든 환경(예: 교육기관 안의 모든 인적·물리적 환경, 가정, 지역사회 등)을 고려하여 협력적으로 실행되어야 하는 체제적 접근을 강조하고 있다.

2. 문제 행동과 학교폭력의 발생 요인

유아기의 문제 행동과 학령기의 학교폭력을 발생시키는 요인은 다양하다. 유아기 문제 행동과 학령기의 학교폭력 발생 요인에는 많은 공통점이 있으나, 연령에 따른 발달 정도나 영향을 미치는 사회적 집단이 다르므로 문제 행동과 학교폭력에 영향을 미치는 변인들은 차이가 있다.

Antonak와 Livneh(1988)는 유아는 최초 사회적 집단인 부모에 의해서 가장 많은 영향을 받고, 학령기의 아동은 또래에 의해 가장 많이 영향을 받는다고 하였다. 이러한 이유로 유아기 문제 행동과 학령기 학교폭력에 영향을 미치는 발생 요인들에서 차이가 있다.

유아기의 문제 행동과 학령기의 학교폭력 행동의 발생 요인을 개인 내적 요인(생물학적 요인) 및 개인 외적 요인(환경적 요인)으로 나누어 살펴보고자 한다.

1) 유아기 문제 행동 발생 요인

(1) 개인 내적 요인

유아의 문제 행동 발생에 영향을 미치는 개인 내적 요인에는 성별, 지적 능력, 애착, 기질, 자기조절, 정서 요인, 사회적 기술 등이 있다.

- **성별**: 남아는 여아에 비해 공격적 문제 행동(김민정, 도현심, 2001; 송진영, 김규수, 2012) 및 불안, 과잉 행동과 산만함이 더 많은 것으로 나타났다(장영숙, 조정애, 2000). 이경숙 등(2004)도 남아는 여아보다 공격성, 불복종과 같은 행동 문제를 더 많이 보이는 반면, 여아는 남아보다 슬픔이나 불안, 위축과 같은 정서적 문제를 더 많이 보인다고 하였다.

- **지적 능력**: 인지 발달은 문제 행동 발생의 충분 조건은 아니지만 필요 조건이다(구광현, 이희경, 2007; Guralnick, 1997). 유아의 연령이 증가함에 따라 상황에 따른 적절한 행동과 부적절한 행동을 구별하는 인지 능력도 함께 발달한다. 또한 유아의 인지 능력이 발달함에 따라, 자신의 행동을 내적으로 조절하는 능력도 발달한다. 이러한 이유로 영아는 유아보다 장애 유아는 일반 유아보다 문제 행동 발생 비율이 높다고 할 수 있다.

- **애착**: 영아기에 어머니와 안정된 애착을 형성한 유아들은 또래에게 인기가 높은 반면, 어머니와 불안정 애착을 형성한 유아들은 또래로부터 거부당하거나 고립되어 유치원에서의 적응에 어려움을 보였다(윤복희, 2002). 회피 애착과 혼란 애착은 모두 또래 거부와 낮은 학교 적응과 관련이 있으며(Granot & Mayseless, 2001), 특히 혼란 애착 유아들이 가장 공격적인 경향이 있는 것으로 나타났다(Mass et al., 2005). van Ijzendoorn 등(1999)은 중산층 가정의 15%의 유아들도 혼란 애착을 보이지만 빈곤, 학대 또는 약물 남용을 하는 가정의 유아의 경우에는 이들보다 2~3배 정도 더 높은 확률을 보인다고 하였다. Weatherill(2007)은 부모-자녀 간의 애착 및 상호 관계가 밀착되어 있을수록 유아의 사회적 능력이 높다고 하였다.

- **기질**: Thomas와 Chess(1977)는 기질의 유형을 순한 기질, 까다로운 기질, 느린 기질로 분류하였다. 까다로운 기질을 가진 유아의 경우, 문제 행동을 보일 위험이 가장 높은 것으로 나타났다(Kaiser & Rasminsky, 2012). 강민정(1997)의 연구에서 까다로운 기질의 유아가 순한 기질의 유아보다 적대-공격성, 걱정-불안, 과잉 행동성-산만함이 더 높게 나타났으며, 박지숙 등(2009)의 연구에서도 까다로운 기질의 유아는 또래들과의 상호작용에서 짜증이 많고 공격적이었으며, 특히 활동성이 높은 기질의 유아일수록 또래의 활동을 자주 방해하였고, 주의가 산만하여 또래 간에 갈등이 빈번하게 나타

났다. 지난 10년간의 우리나라 문제 행동 발생 요인 분석 연구에서 연구자들은 유아의 문제 행동에 미치는 요인들 중 기질에 대해 가장 많이 연구하였다(유수옥, 이순자, 2012). 이처럼 유아의 기질은 유아의 문제 행동에 영향을 미치는 중요한 변인이라고 할 수 있다.

- **자기조절:** Feldman과 Weinberger(1994)는 자기조절이 높은 유아는 위기적 상황 속에서도 문제 행동을 적게 보이며 사회적 능력이 뛰어나고 스트레스에 잘 대처한다고 보고하였다. 김선희와 김경연(1999)은 유아의 자기조절 능력이 낮을수록 더 많은 문제 행동과 폭력이나 파괴 등 반사회적 행동을 보일 가능성이 높다고 하였으며(Kochanska & Aksan, 1995), 자기조절 능력이 낮은 유아들은 사려성이 부족하거나 지나치게 충동적이어서 인지적 문제 해결에 어려움을 느끼고, 이로 인해 낮은 학업 성취를 보일 뿐 아니라 대인 관계에서도 충동적이므로 비행, 공격 행동 같은 외현적 문제 행동을 보인다고 하였다.

이경님(1996)은 자기조절 능력이 있는 유아들은 청소년이 되어서도 신중하고 학업 및 사회적으로 유능하며, 스트레스에도 잘 대처하고, 자신감이 있는 반면, 민수홍(1998)의 연구에서는 낮은 자기통제력을 보이는 아동이 더 비행이 많은 것으로 나타났다. 그러므로 어린 시절에 형성된 자기통제는 이후 사회적 발달 단계에서도 중요한 변인이 된다는 것을 알 수 있다.

- **정서 인지, 정서 조절:** 유아가 화났을 때, 좌절했을 때, 그리고 당황했을 때와 같은 상황에서 정서 조절을 하기 위해서는 정서 인지가 선행되어야 한다(Eisenberg & Spinrad, 2004). 자기의 정서를 잘 이해하고 이러한 감정을 주변의 사회적 상황에 적절하게 맞추어 조정할 수 있는 유아는 적절한 사회적 행동을 하고, 타인으로부터 긍정적인 피드백을 경험하고 또래에게 인기가 있다(Rubin et al., 2006).

친구와 잘 지내기 위해서 유아는 자신의 정서도 잘 조절할 수 있어야 한다(Hay, Ross, & Goldman, 2004). 유아의 정서 조절 능력과 사회적 능력과는 정적 상관이, 그리고 부정적인 사회적 행동과는 부적 상관이 있었다(Fabes, Eisenberg, Jones, Smith, Guthrie, & Poulin, 1999). 정서 조절 능력이 부족한 유아일수록 교실에서 공격성이 더 높게 나타났다(한유진, 2006). 그러나 유아가 자신의 정서를 지나치게 조절하고 통제하는 경우에는 행동이 위축되고 부정적인 상호작용을 하는 것으로 나타났다(노서연, 2003).

- **사회적 기술**: 사회적 기술이 높을수록 외현적 문제 행동이 낮은 것으로 나타났다(장현실, 2010). 사회적 기술을 협력성, 상호작용, 독립심으로 나누어 살펴본 이은정(2008)의 연구에서는 협력적인 유아가 행동 과다, 공격성 등의 외현적 문제 행동과 사회적 위축과 같은 내재적 문제 행동을 덜 보이며, 또래와 상호작용을 잘하고 독립적으로 행동하는 유아의 경우 사회적 위축이나 불안과 같은 내재적 문제 행동을 덜 보인다고 하였다. 즉 유아가 적절한 사회적 기술을 습득하지 못했을 때 문제 행동, 또래와의 부적응적 상호작용, 부적응 행동 등과 관련이 있는 것으로 나타났다.

(2) 개인 외적 요인

유아의 문제 행동에 영향을 미치는 개인 외적 요인에는 부모, 빈곤, 교사, 또래, 유아교육기관에 머무는 시간과 질 등이 있다.

- **부모 요인**: 유아가 태어나서 처음으로 맺는 인간관계가 부모이므로 부모의 양육 태도, 양육 효능감, 양육 스트레스 등은 유아의 문제 행동에 영향을 미친다.

  양육 태도: Baumrind(1973)는 권위적인 부모 밑에서 자란 유아는 애정적 부모 밑에서 자란 유아보다 사회적으로 덜 성숙할 수 있다고 하였다. 즉 부모로부터 엄격한 체벌을 많이 받은 유아일수록 공격적 행동과 비행 행동을 더 많이 보였다. 어머니의 양육 태도가 거부적이고 의존적이고 내향적일수록(이찬숙, 김경윤, 2008), 또한 부모로부터 거부 경험이 있는 유아는(이영숙, 2005; 허순영, 2004) 더 많은 문제 행동을 보였다.

  양육 효능감, 양육 스트레스: 부모의 양육 효능감 역시 유아의 문제 행동 발생에 영향을 미치는 것으로 나타났다. 부모의 양육 효능감이 낮을수록 유아의 문제 행동이 더 높았다(오정윤, 심숙영, 2013; Jackson & Scheines, 2005). 또한 부모 역할 수행 과정에서 부모가 양육 스트레스를 많이 받으면, 부모 자신의 적대감이나 공격성이 증가되어 유아와의 상호작용에서 이를 반영하게 됨으로써, 결과적으로 유아의 공격적 행동이 증가하였다(Abidin, 1990; Belsky, 1984).

  어머니의 정서적 특성: 부모가 외향성이 높을수록 온정적 양육 행동을 많이 하고 거부·권위주의적 양육 행동을 적게 하는 반면, 신경증적 성향이 높으면 온정적 양육 행동은 적게 보이고 거부·권위주의적 양육 행동을 많이 보이는 것으로 나타났다(전현진, 1997; Belsky & Vondra, 1993).

이외에도 최근 어머니의 스마트폰 중독과 우울도 유아의 문제 행동과 관련이 있는 것으로 나타났다(현은자 외, 2013).

- **빈곤**: 저소득 가정의 경우, 유아의 건강을 돌보거나 영양식을 적절히 제공하지 못할 뿐만 아니라 적절한 양육 환경이나 양육 방법에 따른 돌봄을 제공하지 못하는 경우가 많다. 결과적으로 저소득 가정의 유아는 부모와 안정 애착을 형성할 기회가 적기 때문에 유아가 정서적 행동 문제를 보일 가능성이 크다고 할 수 있다(Halle et al., 2009). 장현실(2010)의 연구에서도 저소득 가정의 유아는 일반 가정 유아와 비교하였을 때, 다른 발달 영역에 비해 인성, 사회성 발달에서 가장 큰 차이를 보였으며 문제 행동 중 품행 문제, 정서적 어려움, 사회적 관계에서 차이가 나는 것으로 보고하고 있다.

- **교사**: 유아-교사 관계는 유아의 성장과 발달에 큰 영향을 미치며 유아교육의 질적 측면 중 가장 중요한 요인이다. 교사와 유아의 관계에서 갈등 및 의존성이 높을수록 유아의 공격성과 같은 문제 행동과 부정적 행동이 많이 발생하며, 이와 반대로 유아-교사 관계가 친밀하고 갈등이 적거나 정서적으로 안정된 관계를 형성한 유아일수록 공격성이나 위축성 등의 문제 행동 수준이 낮은 것으로 보고되고 있다(양다솜, 2015; Howes, Hamilton, & Matheson, 1994). 또한 유아-교사 관계가 친밀한 관계일 때 교실 활동에 협력적이고 상호작용이 활발하며 외현화 문제가 적고, 사회적으로 덜 위축되었다(전선옥, 1989). 또한 교사의 직무 만족도 중 동료와의 관계가 좋고 교사 효능감이 높을수록 유아의 문제 행동이 감소한다는 박경 등(2013)의 연구 결과를 통해서도 유아 문제 행동에 교사 관련 변인이 중요하게 영향을 미치고 있다는 것을 확인할 수 있다.

- **또래 변인**: 또래와의 상호작용 과정에서 유아들은 갈등, 힘겨루기, 소외감, 따돌리기 등과 같은 사회적인 경험을 하게 되는데 이러한 경험들이 유아의 문제 행동 발생에 영향을 미치게 된다. 또래와의 놀이에 잘 참여하며 긍정적으로 상호작용을 하는 유아의 경우 문제 행동 발생이 감소되지만 그렇지 못한 유아의 경우는 놀이 단절이나 놀이 붕괴 등을 경험하며 문제 행동이 증가하는 것으로 나타났다(박영심, 2014; Denham & Mckinley, 1993).

- **유아교육기관에 머무는 시간과 질**: 유아교육기관에 장시간 머물수록 유아의 정서 발달 및 문제 행동에 영향이 있는 것으로 나타났다(박종숙, 2001; 황윤세, 2010). 그러나 Sagi 등(2002)은 유아교육기관에 머문 시간보다는 양질의 교육과 보육이 더 중요하다는 점을 지적하고 있다. 즉 유아교육기관의 질과 시간적인 측면과 함께 유아의 정서 발달에 긍정적인 영향을 미칠 수 있는 프로그램이 제공되어야 한다는 점을 시사하고 있다.

지난 10년간 이루어진 우리나라 영유아 문제 행동 관련 연구 분석 결과, 유아기의 문제 행동은 유아의 개인 내적 요인보다 개인 내적 요인들과 개인 외적 요인들과의 상호작용에 의해 발생하는 것으로 나타났다. 즉 문제 행동은 유아의 개인 내적 요인보다, 어떠한 개인 내적 요인과 개인 외적 요인의 상호작용에 의해 더 많이 발생한다는 것이다(유수옥, 이순자, 2012).

2) 학령기 학교폭력 발생 요인

학령기 학교폭력도 유아기의 문제 행동과 마찬가지로 한 가지 원인보다는 개인 내적 요인 및 개인 외적 요인들이 복합적으로 작용하여 발생하는 경우가 많다(문용린 외, 2007).

(1) 개인 내적 요인

학령기 아동의 학교폭력 발생에 영향을 미치는 개인 내적 요인에는 성별, 충동성, 자아존중감, 스트레스, 친구 관계, 장애 등이 있다.

- **성별**: 김명자(2002)의 연구에서 학교폭력 발생은 남학생이 50.2%, 여학생이 49.8%로 거의 비슷하게 나타나기도 하였지만, 많은 연구에서 유아기의 문제 행동과 마찬가지로 학교폭력 행동 발생은 남학생들이 여학생들보다 더 많이 발생하는 것으로 나타났다(김희선, 2014; 정순복, 2014; Benbenishty, Zeira, & Astor, 2000). 그리고 남학생들은 직접적 폭력 유형(때리기, 싸우기 등)이, 여학생들은 간접적이고 관계적 폭력 유형(나쁜 소문내기, 집단 따돌림 등)에 의해 보다 자주 피해를 당하는 경향이 높았다(Olweus et al., 1999; Sullivan, 2000).

- **충동성**: 학교폭력 학생들은 학교 질서나 규범을 고려하지 않고 자기중심적으로 행동하는 경향이 있으며 스스로 분노를 조절하거나 화를 참는 능력이 부족하다. Salmaivalli와 Nieminen(2002)의 연구에 의하면 학교폭력 가해학생들은 대부분 상대방의 권리와 감정을 무시하고 친구를 지배하려는 강한 욕구인 공격성을 가지고 있다고 보고하고 있다. Grigsby와 Stevens(2000)는 학교폭력은 부적절한 행동을 통제하고 사회적으로 적합한 행동을 하도록 이

끄는 전두엽의 실행 기능의 결함과 관련이 있다고 하였다. 즉 학교폭력 가해 학생의 경우 전두엽 실행 기능에 문제가 있어서 공격적이고 부적절한 언어적, 신체적 행동을 통제하는 능력이 부족한 것으로 조사되었다. 이러한 뇌 기능의 이상은 과잉적인 행동 경향과 낮은 주의력을 유발하여 결국 폭력적 행동과 연결될 수 있다(Herrenkobl, Maguin, & Hill, 2000).

- **자아존중감**: 자아존중감이 높은 아동은 다른 사람에게 더 친사회적이고 반사회적인 경향이 적은 반면, 자아존중감이 낮은 아동은 우울, 불안, 자살 및 폭력적인 생각, 부적응과 관련이 높았다(차유림, 2000; Harter, 2006). 심희옥(1998)은 자아존중감이 낮을수록 학교생활에서 부정적이며 일탈적인 행동을 많이 하고, 학교에서 적응적 행동은 아동의 자아존중감 수준과 의미 있는 관계가 있다고 하였다.

- **스트레스**: 정종진(2012)은 특별히 우리나라 학생들의 학업 스트레스를 학교폭력의 주요 원인으로 지적하고 있다. 즉 학업 성적과 진로 문제, 대인 관계의 어려움 등으로 인하여 학생들은 다양한 스트레스를 경험하게 되고 이런 스트레스가 학교폭력을 유발한다고 보았다. 학생들의 스트레스 유형은 학업 관련 스트레스(시험, 숙제, 학원, 학습 내용 등), 가정 관련 스트레스(지나친 부모의 간섭, 차별과 비교, 신체·언어적 학대, 형제 갈등, 가정의 경제적 문제 등), 대인 관련 스트레스(친구 사이의 소외, 질투, 의사소통 문제, 경쟁, 신체적 열등감 등)로 나타났다. 학생들은 과도한 스트레스로 인해 스스로가 위축되어 괴롭힘의 대상이 되거나 또는 자신을 통제할 수 없는 상황에서 스트레스를 해소할 대상을 찾게 되고 이때 자신보다 약한 학생을 대상으로 괴롭힘이나 폭력을 행사한다고 보았다.

- **친구 관계**: 학창 시절 대부분의 기간 동안 아동들은 학교에서 많은 시간을 보내며 가족보다 친구들에 대해 보다 많은 관심을 기울이기 때문에 다양한 측면에서 친구들로부터 영향을 받는다. 따라서 친구들과의 관계에서 어려움이 있거나 또래들로부터 배척당하는 것은 무엇보다 큰 스트레스 요인이 된다. 학교폭력 가해학생은 일반 학생에 비해 친구 관계를 형성하는 데에 어려움이 있고(Austin & Joseph, 1996), 협동심이 부족하며(Rigby, Cox, & Black, 1997), 상대방의 관점 수용 능력, 공감 능력, 그리고 자기조절 능력이 부족하다. 반면에 학교폭력 피해학생은 우울, 불안, 심지어 자살 충동을 자주 느끼고(Hyman et al., 2006), 우울과 불안 및 낮은 자존감으로 인해 친구 관계에 있어 매우 조심스럽고 민감하게 반응하는 경향이 있다(Craig, 1998).

- **장애 아동**: 아동이 정서·행동장애, 특히 품행장애, 반항성장애, 주의력 결핍 과잉 행동장애 등을 갖고 있거나(Coolidge, DenBoer, & Segal, 2004), 신체 및 지적장애를 가지고 있거나 특수교육을 받고 있는 경우(Nabuzoka & Smith, 1993), 학교폭력의 피해학생이 될 위험성이 높다. 친구들과 함께 잘 어울릴 수 있으려면 자신의 사회적 목표를 만족시킬 수 있는 현실적인 계획을 수립할 수 있고(수단–목적 사고), 인과 관계 문제에 대해 몇 가지 가능한 해결책을 생각해 낼 수 있어야 하는데(대안적 해결 사고), 이러한 두 가지 인지적인 문제 해결 기능이 부족할 경우, 친구를 사귀는 것이 힘들고, 욕구가 좌절될 때 정서적으로 갑자기 화를 내거나 언어적·신체적인 공격을 쉽게 드러내기 때문이다(Snowman & Biehler, 2003).

(2) 개인 외적 요인

학령기 아동의 학교폭력 발생에 영향을 미치는 개인 외적 요인에는 가족, 학교, 사회적 요인 등이 있다.

● 가족 요인

양육 태도: 학교폭력 가해 행동은 보통 부모가 권위주의적이고 공격적이며 거부적인 가정의 자녀에게서 많이 나타난다. Shields와 Cicchetti(2001)의 연구에서도 부모가 권위주의적이고 강압적인 양육 방법을 사용하여 자녀를 통제하고 자녀를 거부하는, 즉 가혹하고 처벌적인 태도로 자녀를 대할 때, 이러한 가정의 아동은 가해학생이 될 위험성이 높은 것으로 밝혀졌다. 이러한 유형의 부모들의 자녀는 문제 해결 능력이 낮고 갈등 해결 방법으로 폭력을 선호하는 경향이 있다. 사회학습이론에 따르면 공격적 행동은 관찰과 강화를 통해 일어나므로, '폭력이 폭력을 낳는다.'라는 주장처럼 자녀가 부모의 폭력을 관찰함으로써 폭력을 학습하게 된다는 것이다(Barry & Wentzel, 2006; Brendgen et al., 2006).

부모-자녀 관계: 학교폭력 가해학생은 부모와 갈등적인 관계에 놓여 있고, 또한 가족 구성원 간의 관계가 불안정하고 가족 간의 불화가 존재하는 것으로 나타났다(Bowers, Smith, & Binney, 1992: 1994). 또한 학교폭력 피해학생은 과잉보호적인 가정에서 자란 경우가 많다고 연구에서 지적하고 있다. 과잉보호적인 가정 환경에서 자란 학생들은 자기주장적 기술을 발달시키지 못하는 경향이 있다(Sullivan, 2000).

가족 유형: 최근 농어촌이나 저소득층 가정의 경우 편부모 가정, 조손 가정 등 다양한 형태의 가정이 생겨나고 있다. 불완전한 가정은 경제력, 정서 및 심리적 안정과 지원, 보호와 양육, 가정교육 등 전통적인 가정의 기능을 원

만히 발휘하지 못할 가능성이 높고 이러한 문제는 학교폭력뿐만 아니라 학습에도 부정적인 영향을 미칠 확률이 높다. 한 부모 가정, 조손 가정 등 결손 가정이 학교폭력과 많은 관련이 있는 것으로 나타났다(김희선, 2014; 윤영준, 2011).

- **학교 요인:** 학교는 친구를 사귀고 가장 많은 시간을 보내는 곳이며, 또한 학교폭력이 발생하는 가장 위험한 장소이기도 하다. 학교폭력의 진원지가 바로 학교이기 때문이다.

학교: 박주형, 정성수(2012)는 학교폭력 발생에 있어서 학생의 개인적·가정적 배경보다 학생이 학교에서 경험하는 교육적 현상들이 더 많은 영향을 미친다고 하였다. Welsh(2000)는 학교폭력을 감소시키는 데에 긍정적인 학교 풍토를 조성하는 것이 중요하다고 강조하고 있다. 다른 학교에 비해 폭력 문제가 더 많이 발생하는 학교들은 전반적인 학교 풍토가 부정적인 특징을 갖고 있었다(Rigby, 1996).

교사: 교사와 교장의 태도와 행동은 폭력적 행동을 감소시키는 데에 매우 중요한 역할을 하지만(Besag, 1989), 학교폭력 현장에서 교사와 또래 집단의 학교폭력에 대한 반응의 결여는 폭력 행동을 지속시키는 위험 요인으로 확인되고 있다. 학생과 교사의 지원적인 관계는 학생들의 소외 의식을 감소시키고, 교사가 또래 학생들이 폭력적 행동을 조장하고 격려하느냐, 아니면 폭력적 행동에 대해 부정적 반응을 보이거나 말리려고 개입하느냐 하는 것은 서로 매우 다른 영향을 미칠 수 있다(Olweus, 1993).

친구 집단: 학교생활을 좋아하지 않고 가해학생들과 가깝게 지내거나 어울릴 경우 학교폭력에 연루될 가능성이 높아진다. 많은 연구에서 가해학생 친구와의 접촉이나 친한 관계를 형성하는 것은 학교폭력과 밀접한 관련이 있는 것으로 보고되었다(Barkin, Kreiter, & Durant, 2001). 또한 Fraser(1996)도 폭력 조직에 가입했거나 폭력 행동에 대해 긍정적 태도를 갖고 있는 또래와 친구 관계를 형성하고 있으면 학교폭력 유발 위험 요인이 된다고 보았다. 이들은 갈등 상황에서 협동과 타협과 같은 바람직한 문제 해결 방법 대신 폭력적인 방법으로 문제를 해결하고자 하기 때문이다. 학교폭력 가해학생의 경우 중간 체계의 폭력 서클 가입이, 피해학생의 경우에는 미시 체계의 부정적인 급우 관계가 가장 커다란 영향을 미치는 변인이었다(김희선, 2014). 일부 학생들 중에는 또래 집단과 어울리거나 적응하기 위한 노력으로 학교폭력 행동을 하기도 한다. 학생들은 또래 집단으로부터 따돌림이나 괴롭힘을 당하지 않기 위해 동조하고자 학교폭력에 가담하기도 한다(정종진, 2012).

- **사회적 요인:** 아동과 청소년이 성장하고 발달 데 있어 이웃과 지역사회는 그들의 폭력 발생에 매우 중요한 영향을 미치는 요인이다. 학교폭력은 지역사회의 범죄와 무관하지 않다. Dodge 등(1994)의 연구에서 학교폭력과 지역사회 범죄율과는 정적 관계가 있음이 밝혀졌다. 지역사회 내에서 폭력을 자주 접하게 되는 것은 아동의 공격성과 학교폭력의 위험성을 증가시킨다(Farrell, Valois, Meyer, & Tidwell, 2003).

- **미디어:** 미디어 또한 학생들의 폭력 행동 발생에 영향을 미친다. 텔레비전, 만화, 컴퓨터 게임 등 다양한 경로의 대중 매체를 통해 학생들은 무방비적으로 폭력에 노출되고 있다. 매스컴의 극단적 상업주의로 인한 선정적이고 자극적인 애정물, 폭력물 등은 성적 충동과 물질적 욕구를 자극시켜 폭력을 행사하는 동기를 조장하여 반사회적인 공격 행동을 야기시킬 수 있다.

이러한 폭력에 대한 노출은 학생들이 문제를 해결하는 방법으로 폭력을 사용하도록 학습시킨다. 대중 매체를 통해 언어적, 신체적 폭력을 많이 경험한 학생일수록 학교폭력 가해 경험이 많은 것으로 나타났다(Murray, 1999). 또한 박은영(2015)의 연구에서 우리나라의 학교폭력 정책에 대해 전혀 모르는 집단에서 학교폭력 가해 경험이 가장 높은 것으로 나타났다. 이는 학교폭력 정책에 대해 지속적으로 학생들에게 홍보해야 한다는 필요성을 시사하고 있다.

앞에서 살펴본 바와 같이, 문제 행동 및 학교폭력은 한 가지 요인에 의해서 발생한다기보다는 여러 가지 요인이 복합적으로 작용하여 발생한다고 볼 수 있다. 따라서 문제 행동 및 학교폭력을 예방하고 중재하기 위해서는 이에 영향을 미치는 다양한 요인을 통합적으로 염두에 두고 체제적 접근을 통하여 예방과 대책을 계획해야 할 것이다.

PART II

유아기 문제 행동 이해

Chapter 6

다양한 유아의 문제 행동 특성

1. 유아교실의 다양성
2. 다양한 배경 유아의 문제 행동 특성
3. 연령에 따른 유아의 문제 행동 특성
4. 장애 유형에 따른 유아의 문제 행동 특성

1. 유아교실의 다양성

파랑 반 교실에는 4세의 일반 유아 14명, 언어 발달이 지체된 자폐 유아 철수, 다문화 가정 유아 2명을 포함하여 모두 17명의 유아들이 있다. 여기에는 한 부모 가정의 지연이와 외할머니가 키우고 있는 선호도 있다. 자폐 유아인 철수는 많은 시간 동안 문제 행동을 보인다. 대집단 시간에 앉아 있지 않고 일어나서 여기저기를 배회하고 옆 반 영아반 영아가 울 때마다 귀를 막고 소리를 지른다. 다문화 가정의 윤주는 김 교사가 여러 번 이름을 부르면서 질문을 하지만 부끄러워하면서 대답을 회피하곤 한다. 할머니와 사는 선호는 할머니가 오늘 아파서 집에 있어야 한다고 아침에 연락이 왔다. 김 교사 교실에서 자폐 유아 철수는 다른 유아를 때리고, 김 교사도 때리고, 자주 소리 지르기를 한다. 다른 유아들도 가끔 친구 놀잇감을 빼앗거나, 다른 유아의 작품을 망가뜨린다. 김 교사는 유아들이 보이는 다양한 문제 행동을 이해하고 지도하기 위해 자기가 아는 모든 방법과 다른 교사들의 조언을 얻어 지도하고자 노력한다.

파랑 반 교실은 유아교실의 다양성을 나타내고 있는 낯설지 않은 풍경이다. 최근 우리나라의 유아교실은 현대 사회의 다양성을 이와 같이 반영하고 있다. 과거에 유치원은 정상적으로 발달하는 유아들을 대상으로 초등학교 입학 이전에 1~2년 정도 유아교육을 제공하였다. 그러나 최근에는 보육 서비스의 확대로 가정에서 어머니에게 양육되던 어린 영아도 보육 서비스의 대상일 뿐만 아니라, 세계화로 다양한 인종들의 이주가 증가하면서 유아교실에서 다양한 인종의 유아들도 함께 교육을 받고 있다. 또한 2007년 「장애인 등에 대한 특수교육법」 통과 이후 장애 유아의 일반 교실 배치가 일반화되고 있고, 점차 증가하는 이혼이나 부모의 가출로 한 부모나 조손 가정의 증가 등 특별한 가족 유형이 급격히 증가하고 있다. 또한 지속되고 있는 경제난으로 저소득 가정도 계속 유지될 전망이다. 유아교실에는 이와 같이 다양한 가정 및 배경, 다양한 장애 유형의 유아들의 수가 점차 증가하고 있으므로 유아교사는 이러한 다양한 유아들에게 적합한 교육을 제공해야 하는 책무성이 제기된다.

우리나라 유아교실의 다문화 가정 유아는 2000년대 이후 농촌 총각의 결혼 상대자로 한국에 온 결혼 이민자의 자녀들이 주류를 이루며, 가파르게 증가하고 있는 상태이다. 2018년 2월 교육부의 조사에 의하면, 국내 초·중·고교 및 대안 학교에 재학하는 다문화 가정 학생이 10만 9,387명으로 전체 학생의 1.9%에 해당하는데, 이는 2012년 4만 6,954명으로 0.7%였던 것에 비해 2배 이상 증가하였다고 볼 수 있다. 그리고 외국인 주민 자녀 중 미취학 유아(만 6세 이하)는 2016년 11만 3,506명으로 전체 미취학 유아의 3.6%에 해당하였다. 이는 처음 현황을 파악한 2006년 9,389명에 비해서는 10배 이상 증가하였다(교육부, 2018).

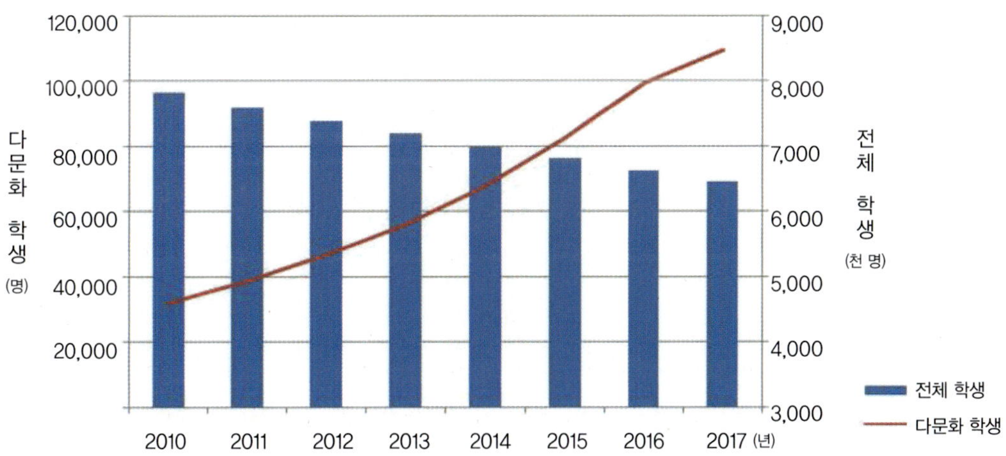

[그림 6-1] 전체 학생 및 다문화 학생 증감 추이

출처: 교육부(2018). 다문화 교육 지원 계획 보도 자료.

이제 한국 사회 역시 미국 및 캐나다 등과 같이 민족, 언어, 종교 등 문화적 다양성이 확대됨에 따라, 유아교실 현장에서 다양한 문화적, 언어적 특성을 지닌 유아들의 개별적 특성에 따른 교육을 적절히 제공해야 하는 상황이라고 할 수 있다. 교육과학기술부는 2008년부터 매년 '다문화 가정 학생 교육 지원 방안'을 통해 이들의 학교생활 지원을 위한 예산을 학교 현장에 투입하고 있으나 다문화 가정 자녀 가운데 상당수는 학업 부적응과 차별 등을 이유로 학교를 중도에 그만두거나 언어적, 문화적, 심리적인 문제로 학업에서의 부진을 계속적으로 보이는 것으로 나타났다. 또한 또래들과의 관계에서도 어려움을 보이는 경우가 많으며, 담당 교사와 부모들 간의 상담이나 연계가 제대로 이루어지지 않아 특수교육 대상자로 의뢰되어 특수 학급에 배치되는 경우도 있다(신수진, 한성희, 이규옥, 2011).

한 부모 가정이란 부모 중 한쪽의 사망, 이혼, 별거, 가출, 유기 등으로 인해 양친 중의 한쪽과 보호를 필요로 하는 미혼 자녀로 구성된 가족 형태로, 자녀를 주로 양육하는 부모에 따라 여성 한 부모 가정, 남성 한 부모 가정, 미혼모나 미혼부의 가정을 말한다. 최근 여성들의 활발한 경제 진출과 개인주의 가치관의 확산 등으로 이혼, 별거가 급증함에 따라 한 부모 가정은 지속적으로 증가하고 있다(정계숙 외, 2008). [그림 6-2]에서 보는 바와 같이, 한 부모 가구는 2013년 1,880가구에서 점차 증가하여 2017년에는 2,127가구로 나타났다(통계청, 2017).

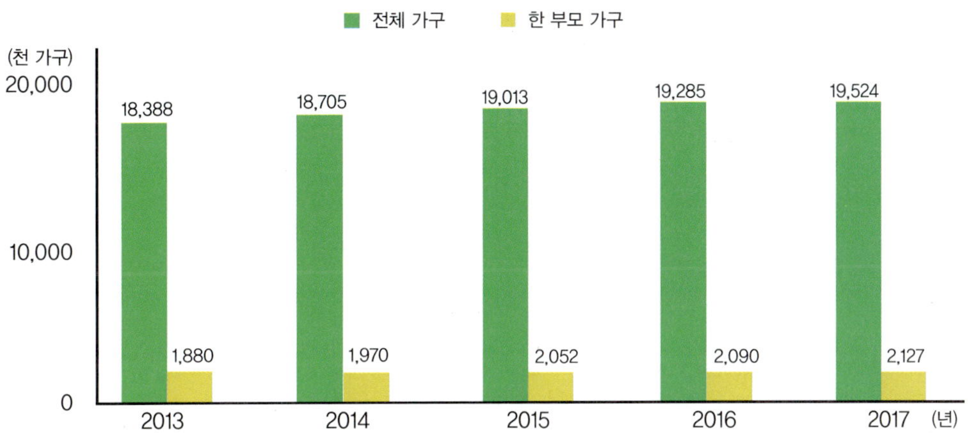

[그림 6-2] 한 부모 가구 현황

출처: 통계청(2017). 장래가구추계: 2015~2045.

조손 가정은 가족 해체나 경제난에 의해 만들어진 변형된 가족 형태로, 부모가 실제로 자녀와 동거하지 않는 상태에서 조부모와 함께 살면서 유아의 기본적인 의식주 및 생활 전반을 일차적으로 책임지고 있는 가족 형태이다(김미혜, 김혜선, 2014). 조부모의 경제적 어려움, 양육 부담감, 사회적 관계망의 위축, 건강상의 문제 등은 곧 바로 손자녀의 문제로 이어져서 유아의 정서적 문제, 행동 발달 및 사회 적응상의 문제를 야기시킨다(김다율, 2006; 박옥임, 2006).

그리고 저소득 가정의 경제적 빈곤은 유아가 성장하는 과정에서 유아의 전반적인 발달에 지장을 줄 수 있다. 즉 빈곤은 물리적 환경과 심리적 환경 모두에 결핍을 초래할 수 있다. 물리적인 환경 결핍은 영양 불균형으로 인한 유아의 신체적 성장에 지장을 초래하며 부모가 생업에 종사하기 때문에 부모 대신 집안일을 하거나 하원 후에도 거의 방치되어 심리적 보살핌을 받지 못하는 경우가 많다. 그뿐만 아니라 가족이 화목하지 못한 경우가 많고 경제적 이유로 부모의 부부 싸움이나 불화 및 부모의 미해결된 갈등으로 가정에 불안과 긴장감이 감돌 경우에는 정서적으로 위축되어 있거나 마음에 분노를 억압하게 된다(김동영, 2001). 우리나라 중위 소득 50% 이하인 계층으로 전체 인구에서 차지하는 비율을 의미하는 상대적 빈곤율이 2015년 13.8%에서 2016년에는 14.7%로 증가하였다. 이러한 저소득 가정의 증가로 저소득층 가정 유아에 대한 사회적 관심이 요구되고 있다.

장애 유아는 같은 연령의 또래보다 문제 행동을 좀 더 많이 보이는 것으로 나타났고(Baker et al., 2003), 장애 유아의 다양하고 빈번한 문제 행동 발생은 일반 교실에서의 통합교육 성공을 방해하는 가장 큰 요인으로 나타났다. 장애 유아의 경우 일반 유아에 비해 문제 행동 발생 비율이 최소한 2~3배 높았다(Parmenter et al., 1998).

앞에서 살펴본 다양한 가족 배경의 유아는 유아교실이 자신의 가정과 매우 다른 것을 느끼고, 자신의 가정과는 달리 유아교실의 매우 다른 기대에 맞추려고 할 때 어려움에 직면할 수 있다. 또한 유아는 교실 환경에서 일반적으로 통용되는 언어나 규칙에 대해 준비되어 있지 않을 수 있으므로(Hemmeter et al., 1996), 이러한 준비 부족이 문제 행동으로 표출될 수 있다. 유아교사는 문제 행동 위험이 있거나 문제 행동을 보이는 개별 유아의 특성에 적합하게 적절한 상호작용을 하는 것이 필수적이다. 그렇지 않으면, 교사와의 적절하지 못한 상호작용으로 인해 유아의 문제 행동이 증가하고, 유아 문제 행동의 증가로 유아-교사와의 상호작용이 부정적이 되는 악순환이 발생할 수 있다(Buyse, Verschueren, Doumen, Van Damme, & Maes, 2008). 교사는 다양한 배경의 유아뿐만 아니라 유아의 연령, 장애 유아의 장애 특성에 따른 특별한 요구도 충족시켜야 할 것이다. 따라서 교사들은 유아의 배경, 연령, 능력에 따른 문제 행동 특성을 이해하고 이에 따른 예방과 지도를 계획하고자 하는 노력이 필요하다.

2. 다양한 배경 유아의 문제 행동 특성

1) 다문화 가정 유아

다문화 가정 어머니들이 한국 사회에 적응하는 데 어려움을 겪고 있는 동안 다문화 가정 자녀들 또한 이중 문화, 이중 언어 등으로 정체성과 가치관의 혼란을 겪게 된다(박호범, 2012). 또한 다문화 가정 어머니들의 문화 적응에 대한 어려움, 자녀 양육에 대한 부담감 및 스트레스는 자녀의 문제 행동 발생에 많은 영향을 미치는 것으로 나타났다(김미혜, 1982; 신혜정, 2007; 정현영, 2006). 서진희(2012)의 연구에서 다문화 가정 유아의 경우 일반 가정 유아보다 불안 및 우울이 유의하게 높고 자아존중감은 낮은 것으로 나타났다. 최선화(2009)도 다문화 가정 유아는 불안, 우울뿐만 아니라 위축 감정을 많이 경험한다고 하면서, 다문화 가정 유아는 회피 행동 및 사고, 낯선 것에 대한 두려움이 크고 타인에게 자신의 생각을 밝히거나 주장하는 것에 대해 많은 두려움과 불안감을 느낀다고 하였다. 이러한 다문화 가정 유아의 불안, 우울, 낮은 자아존중감은 아동기를 지나 청소년이 되어서도 절반가량이 우울이나 무력감을 경험한다고 보고되고 있다(한국청소년상담원, 2006). 이러한 이유로 다문화 가정 아동들은 학령기에 학교 중도 탈락률이 매우 높고 학교생활에서 집단 따돌림을 경험하는 등 교우 관계 및 학교생활 경험 결핍의 문제, 학습 능력 저하 등 정서적으로 많은 갈등 상황과 다양한 어려움을 경험하게 된다(김미혜, 1982; 신혜정, 2007).

2) 한 부모 가정 유아

한 부모 가정의 부모는 가족 해체로 인한 가족 구성원의 역할 변화로 인해 불완전한 양육이 발생하게 됨으로써 자녀 양육에 어려움을 가진다(강병재, 2003). 한 부모 가정의 경우 양육하지 않는 부모와 연락하지 않는 비율은 65.3%로 매우 높았다(여성가족부, 2018). 또한 한 부모 가정의 41%는 저소득층이므로(이데일리, 2018. 09. 04.), 한 부모 가정의 불완전한 양육뿐만 아니라 경제적 어려움은 자녀의 사회·정서적 부적응에 영향을 미친다(Amato & Keith, 1991). 이러한 이유로 '3차 학교폭력 예방 및 대책 5개년 기본계획'에서는 한 부모 가정 자녀에 대한 사회성 함양 기회를 제공하고 있다.

한 부모 가정 유아는 일반 가정 유아에 비해 위축 행동과 산만함과 함께 특히 공격적이고 폭력적인 행동이 자주 나타나는 것으로 보고되고 있다. 작은 일에도 감정 조절이 안 되어 분노를 나타내는 등의 외현적 행동이 자주 나타난다고 하였다(문성희, 이대균, 2011; 김인숙, 이정화, 2004; 최순애, 2011). 오승환(2001), 조미희(1999)의 연구에서도 한 부모 가정 아동은 비행 등의 외현화 문제 행동이 많이 나타나며 특히 남성 한 부모 가정 자녀의 심리·정서적 어려움이 더욱 큰 것으로 나타났다.

한 부모 가정 유아의 경우, 부모 이혼이 자기의 잘못 때문이며 어머니로부터 버림받을지도 모른다는 유기공포(Kudek & Berg, 1987)와 두려움(Wallerstein. 1985)을 가지는 것으로 나타났다. 문성희, 이대균(2011)의 연구에서도 한 부모 가정의 자녀들은 부모의 이혼 과정 중에서 심리적 상처뿐만 아니라 한쪽 부모가 자기를 떠났다고 느끼므로 이러한 감정은 자기 이미지를 부정적으로 여기게 되어 심리적, 정신적, 육체적으로 고통과 상실감을 가진다고 하였다.

또한 한 부모 가정 부모의 경우, 자녀들과 함께할 수 있는 시간의 부족과 함께 자녀 양육 시 감정적, 비일관적 태도를 자녀에게 보이는 것으로 나타났으며(김미숙 외, 2000; 황은숙, 2007), 부모가 일, 사회적 관심사, 혹은 음주 등에 치중하는 동안 유아가 스스로 자신을 돌보는 것에 익숙해져 자신의 발달상으로 적합한 정도를 훨씬 넘어서는, 오히려 매우 독립적 생활에 익숙해져 있을 수 있다.

3) 조손 가정 유아

김혜선(2004)은 조부모들이 손자녀를 가족의 한 구성원으로 중요하게 여겨 애정적 관계를 형성하면서도 일반 가정 부모와 달리 잔소리와 간섭 등 유아의 독립성을 인정하지 않고 스스로 일을 해결할 기회를 주지 않는 비일관적인 양육 태도를 보인다고 하였다. 조부모들은 바람직한 양육 방법에 대한 지식의 부족으로 손자녀의 문제 행동을 위해 행동이나 대처 전략에서 규칙들과 한계를 설정해야 됨에도 불구하고 그러지 못하는 경우가 많기 때문이다.

이러한 이유로 조손 가정의 유아는 일반 가정의 민주적이고 자율적이면서 애정적이고 수용적으로 성장한 유아에 비해 우울, 불안, 위축 등 심리 정서적 부적응(Grych & Fincham, 1992; Fordhand et al., 1987), 낮은 사회적 능력을 보여 대인 관계에 문제가 있다고 하였다(Guidubaldi et al., 1984). 서현(2009)의 연구에서 유아들은 자신이 버려지고 가치 없는 존재라는 생각으로 인해 자아존중감이 낮고 소극적 대인 관계를 유지하고 교사에게 지나친 애정적 집착을 한다고 하였다. 김고은(2015)도 조손 가정의 유아는 교사가 지속적으로 자신에게 관심을 가져 주기를 원하고 교사에게 붙어 있으려고만 하는 등의 의존적 행동을 하며, 나이에 비해 너무 어리게 행동하거나 모든 것을 당장 들어주어야 하는 미성숙 행동을 보인다고 하였다.

학령기의 초등학교 4~6학년을 대상으로 한 이정이, 최명선(2007)의 연구에서도 조손 가정 아동의 경우 불안, 위축, 공격 행동에서 일반 가정 아동과 차이가 나타났으며 특히 미성숙 행동이 가장 많은 차이를 보였다. 박수경 등(2015)의 연구에서 유아의 사회적 기술은 일반 가정, 한 부모 가정, 다문화 가정, 그리고 조손 가정의 유아 순으로 낮게 나타났다. 특히 외현적 행동인 과잉 행동과 반사회적 행동과 내재적 행동에서 다른 가정 배경에 비해 높게 나타났다.

4) 저소득 가정 유아

사회·경제적 수준이 높은 부모는 애정적이고 자율적인 양육 태도를 보이나, 저소득 가정 부모의 경우 부모 중심적이고 자녀에 대한 보살핌이 적고 거부적이었으며, 비일관적인 양육 태도를 보였으며, 부모의 이러한 양육 태도는 유아의 문제 행동에도 영향을 미치는 것으로 나타났다(Lempers, Clark−Lempers, & Simons, 1989). 또한 Magnuson과 Shager(2010)는 기초적인 생활조차 힘든 저소득층의 부모는 무기력하며 좌절감을 가지고 있고 우울증도 있다고 하였다. 즉 가정의 빈곤은 여러 측면에서 유아의 사회·정서 발달에 부정적인 영향을 미치며, 유아기에 습득해야 할 발달 기술을 제대로 학습하지 못한 저소득층 가정 유아들은 일반 가정의 또래들보다 사회·정서적인 역량이 뒤떨어지는 것으로 나타났다(Duncan & Magnuson, 2005).

결과적으로 유아의 정서·행동 문제는 사회 계층과 밀접한 관계가 있으므로, 저소득층의 유아가 정서·행동 문제와 비행을 더 많이 보이는 것으로 나타났다(김경희, 황혜정, 1998). 1991년에서 2002년 사이에 수행된 저소득 가정 유아의 문제 행동에 관한 연구 30편을 살펴본 Qi와 Kaiser(2003)의 연구에서도 저소득 가정 유아의 문제 행동 유병률이 30% 정도로 추정되었으며, 이는 일반 가정 유아의 문제 행동 유병률 3~6%에 비해 상당히 높은 수치라고 하였다. 특히 유아기의 빈곤 경험은 다른 생애 시기보다 유아의 인지, 사회, 정서 발달에 오랫동안 지속적으로 부정적인 영향을 미치는 것으로 보고되고 있다(Mistry et al., 2008). Kozol(2006)은 저소득층의 유아가 다른 일반 유아보다 발달이 느리고 행동과 훈육의 문제를 보이는 것은 당연한 일일 것이라고 하였다.

저소득 가정 유아는 일반 가정 유아에 비해 품행 문제와 정서적 어려움, 사회적 관계의 문제에서 더 많은 문제 행동을 보였다. 심숙영(2012)의 연구에서도 저소득층의 유아들은 문제 행동, 부정적 학습 행동, 부정적 또래 놀이 행동이 많이 나타났다. 장현실(2009)의 연구에서 저소득 가정 유아는 일반 가정 유아에 비해 품행 문제, 정서적 어려움, 사회적 관계뿐만 아니라 집중하여 놀이하는 능력, 언어, 대소변 문제에서도 좀 더 문제 행동을 보인다고 하였다. 정미라 등(2009)의 연구에서 저소득 가정 유아는 공격 행동, 불안 행동, 산만 행동 중 산만 행동에서 차이가 있었고, 김명순 등(2002)은 저소득층 유아는 낮은 사회 인지 놀이 단계인 혼자 기능 놀이 참여 빈도가 높았다고 하였다. 또한 학령기에 이르러서도 기초적인 수학 및 과학 개념, 읽기와 쓰기 능력에서 성취 수준이 낮은 것으로 나타났다(김영숙, 1997). 이와 같이 저소득층 유아는 유아에 비해 행동적이고 정서적인 문제에서부터 학령기에 이르러 학업 기술도 낮은 것으로 나타났다.

앞에서 살펴본 다문화 가정, 한 부모 가정, 그리고 조손 가정, 저소득 가정은 일반 가정에 비해 모두 사회·경제적 취약성을 가지고 있다. 다문화 가정은 대체적으로 사회적, 경제적 기반이 취약하고 이로 인해 가정의 소득 수준이 낮으며 학습 환경이 열악하다(조영달, 2006). 보건복지부 통계에 따르면, 여성 결혼 이민자 가구의 절대 다수인 52.9%에서 최저 생계비 이하의 가구 소득을 가지는 것으로 나타났으며, 특히 18세 미만의 아동이 있는 가구의 경우에는 월평균 가구 소득에서 200만원 미만인 비율이 전체 다문화 가정의 50%에 이르고 있어 일반 가정 17.7%와 비교하여 큰 차이가 있는 것으로 나타나 다문화 가정의 빈곤율을 단적으로 보여 주고 있다(성지혜, 2015). 또한 한 부모 가구의 빈곤율은 양부모 가구의 3~3.5배 이상이었고, 특히 편모 가정의 유아는 가장 빈곤한 집단으로 나타났다(김진욱, 2010). 조손 가정의 경우도 이미 취업 연령을 지나 노년기의 조부모들의 경제 능력 부족으로 일반 가정에 비해 소득 수준이 낮다. 결과적으로 다문화 가정, 한 부모 가정, 그리고 조손 가정을 특별한 가족 형태 외에 저소득 가정으로서의 이중고의 어려움을 겪는 가족 형태라고 볼 수 있다.

3. 연령에 따른 유아의 문제 행동 특성

문제 행동을 보이지 않는 유아는 거의 없을 것이다. 4장에서 이미 설명하였듯이, 뇌 학자들은 유아기에 정서를 담당하는 변연계 영역을 통제하는 전두엽의 미성숙으로 인해 이성적으로 자신을 통제하지 못하여 문제 행동이 많이 발생한다고 설명하고 있다. 연령이 증가함에 따라, 이성적 뇌인 전두엽이 발달함에 따라 대부분의 유아들은 상황을 판단하거나 자신을 통제함으로써 상황에 적합한 행동을 점차적으로 습득해 나간다.

그러나 Campbell(2005)은 교사는 유아의 문제 행동이 뇌의 발달 과정에서 일시적으로 나타나는 연령 특징적인 문제인지, 성장 후에도 지속적으로 유지될 수 있는 심각한 문제 행동인지에 대한 실제적 지식을 가지고 있어야 한다고 주장하였다. 때로 심각한 위험 수준의 문제 행동임에도 불구하고 발달 시기에 일시적으로 나타나는 행동으로 가볍게 생각하거나 혹은 발달 시기에 나타나는 연령 특징적 문제 행동을 지나치게 심각하게 다루는 경우도 있기 때문이다. 교사는 연령에 따른 유아의 신체, 인지적, 그리고 사회·정서 발달의 변화 양상과 마찬가지로 문제 행동의 연령별 변화를 정확히 이해할 필요성이 있다. 이러한 지식은 교사와 부모가 문제 행동에 대한 조기 판별 및 문제 행동 예방 및 중재를 결정하는 데 선수적인 지식이다.

유수옥(2013)은 유아교실에서 2세, 3세, 4세, 5세 유아들이 자주 보이는 38개 문제 행동을 5개 군집으로 나누어 연령에 따른 변화를 살펴보았다.

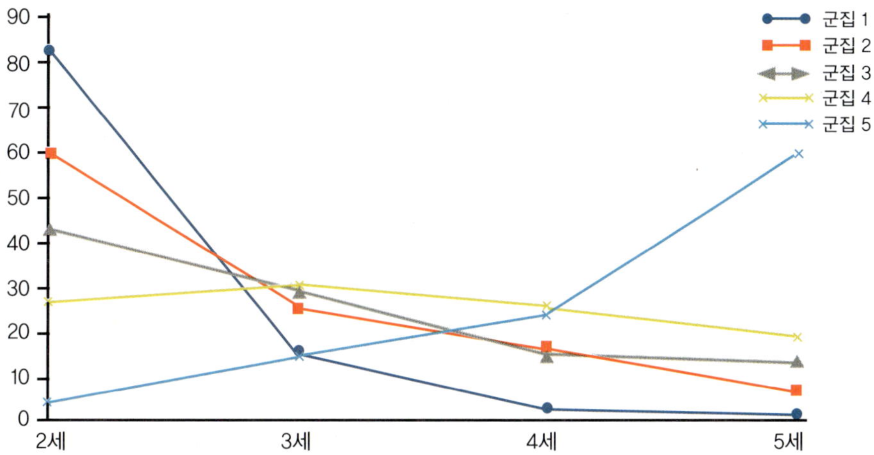

[그림 6-3] 연령에 따른 문제 행동 발생률 변화

〈표 6-1〉 군집에 따른 문제 행동 유형

구분	연령에 따른 변화	특징	문제 행동 유형
군집 1 (6개)	2세에 매우 높고, 급격하게 감소	미성숙한 행동	울기, 바닥에 드러눕기, 교사 따라다니기, 매달리기, 친구 깨물기, 자주 손가락 빨기, 낮은 주의 집중
군집 2 (16개)	2세에 높으나 점진적 감소	교실 문화 적응 행동	배회하기, 교실 밖 뛰쳐나가기, 교실 여기저기 뛰어다니기, 소리 지르기, 물건 정리하지 않기, 놀잇감 망가뜨리기, 어린 말투 사용하거나 칭얼거리기, 교사의 많은 관심 요구하기, 또래 대신 교사 상호작용 요구하기, 친구 때리기, 놀잇감이나 자료 던지기, 물건 함께 사용하지 않기, 극적 놀이에 참여하지 않기, 교사나 친구에게 말 걸지 않기
군집 3 (9개)	점진적 감소하나 5세에도 일부 유아 지속	교실 활동과 친구 방해 행동	일부러 물건 떨어뜨려 소리 내기, 친구 건드리기나 소음 내어 대집단 활동 방해하기, 위험한 물건 가지고 놀거나 높은 데 올라가기, 물건 마구 버리거나 낭비하기, 친구 작품 망가뜨리기, 자기 자극 행동, 한 가지 놀이 지속적으로 하기, 대집단 시간에 말하지 않거나 수줍어 하기
군집 4 (2개)	2세 때 낮지만 3, 4, 5세에도 지속	연령 증가와 관련 없는 행동	자위 행동, 친구에게 고통 주기(머리 잡아당기기, 찌르기 등)
군집 5 (5개)	연령 증가에 따라 5세 때 폭발적 증가	언어 매개 행동	거짓말하기, 뇌물 주기, 욕하기, 위협하기, 왕따시키기와 같이 주로 또래를 향한 부적절한 언어를 매개로 한 행동

〈표 6-1〉에서 보는 바와 같이, 유아들의 문제 행동은 2세에 가장 많이 나타나며, 연령이 증가함에 따라 군집 1, 2, 3, 4는 감소하는 반면 언어를 매개로 하는 군집 5는 증가함을 볼 수 있다. 군집 1의 문제 행동은 2세에 높은 발생률을 보이며 3세에 가장 급격한 감소를 보인다. 교사에게 매달리기, 친구 때리기와 같이 자기의 요구 사항이 관철되지 않았을 때 많이 나타나는 걸음마기 유아들이 많이 보이는 행동군이다. 군집 2의 문제 행동은 연령이 증가함에 따라 점진적으로 감소하며 5세경에 이르러서는 거의 발생하지 않는다. 유아교실에서 교사 및 또래와 상호작용 방법이나 교실 문화에 적응하는 과정에서 발생하는 문제 행동들이다. 즉 교실 배회하기, 물건 정리하지 않기, 교사의 많은 관심 요구하기, 놀잇감이나 자료 던지기 등의 문제 행동군이다. 군집 3은 연령이 증가함에 따라 점차 감소하나 일부 유아에게서는 5세에 이르러서도 발생하며, 교실에서 일부러 물건 떨어뜨려 소리 내기, 친구 건드리거나 친구 작품 망가뜨리기, 교실 규칙 위반 행동 등와 같은 좀 고의적인 교실 활동과 친구 방해 행동이다. 군집 4는 자위 행동, 친구에게 고통 주기(머리 잡아당기기, 찌르기) 등으로 연령 변화에 많은 영향을 받지 않는 문제 행동이다. 군집 5는 언어가 매개가 되는 거짓말이나 욕하기, 위협하기, 왕따시키기와 같은 문제 행동을 보인다. 연령 증가에 따라 증가하는 것으로 나타났다.

〈그림 6-3〉에서 보는 바와 같이, 군집 1은 3세, 군집 2는 4세, 그리고 군집 3은 5세에 이르러 문제 행동의 발생률이 감소하여 안정세가 나타나는 것을 볼 수 있다. 영유아는 자신의 요구 관철을 위해 군집 1의 '떼쓰기'나 '깨물기'와 같은 부정적인 방법 철회를 3세경에 가장 먼저 습득하고, '교실 뛰어다니기와 소리 지르기'와 같은 교실 문화 부적응 행동 철회를 4세경에, 그 후 '일부러 물건 떨어뜨려 소리 내기' 등과 같은 고의적인 교실 방해 행동 및 또래 방해 행동 등과 같은 교실 및 또래 문화 부적응 행동 철회를 5세경에 이르러서 습득하는 것으로 추론된다. 이는 그동안 가정과 교실에서 부모, 교사의 적극적인 지도와 또래 상호작용을 통해 습득되어진다고 할 수 있다. 뇌 연구자들은 이러한 변화

를 교사와 부모가 변연계의 정서 조절 기제와 전두엽의 행동 통제 부위 사이에 많은 교류가 발생하도록 지도하였으므로 연령 증가에 따라 문제 행동이 감소하였을 것이라고 설명한다.

일반적으로 연령이 증가함에 따라 군집 1, 2, 3과 같이 감소, 군집 4처럼 유지, 군집 5처럼 증가하는 문제 행동군이 있음을 볼 수 있다. 유아교사는 이러한 연령에 따른 문제 행동 발생의 전형적인 증가 및 감소를 염두에 두고, 유아가 보이는 문제 행동이 연령 특징적인지 혹은 심각한 문제 행동으로 발전될 행동인지를 고려하여 지도하여야 할 것이다. Campbell 등(2006)은 병원에 의뢰된 유아를 24개월부터 12세까지 장기 추적 연구한 결과, 낮은 발생률일지라도 연령이 증가해도 지속적으로 발생률이 유지되는 유아가 더 위험할 수 있다고 하였으며, 이러한 유아의 경우 12세까지도 문제 행동이 지속적으로 발생할 수 있다고 보고하였다. 연구자들은 반사회적이고 지속적인 문제 행동을 보이는 유아를 조기 발현형(early on-set)이나 평생 지속형(life-course persistent)이라고 부르고 있는데(Broidy et al., 2003; Campbell, 2006; Moffitt & Caspi, 2001), 낮은 비율이지만 5세까지 지속성을 보이는 군집 4의 유아들이 이 유형에 속할 수도 있다고 여겨진다. 자기나 또래를 대상으로 한 부적절한 행동인 자위 행동하기, 친구에게 고통 주기가 여기에 포함될 것이다. 군집 5는 5세에 가장 많이 발생하며, 또래를 대상으로 언어를 매개로 하는 부적절한 행동이 주를 이루는 것이 특성인데, 이는 언어 발달과 인지 발달이 어느 정도 이루어져야 가능한 행동이기 때문이다.

〈표 6-1〉은 교사가 유아의 활동 계획을 수립할 때 자주 참조하는 신체, 인지, 사회·정서 발달의 이정표와 같이 문제 행동을 판단할 때 참조할 수 있는 객관적인 자료로서 기여할 수 있을 것이다. 즉 어느 문제 행동군의 어떤 문제 행동들이 발달기에 나타나는 연령 특징적인 행동이고, 어떤 문제 행동이 좀 더 교사의 관심과 사려 깊은 지도가 필요한 행동이고, 어느 문제 행동이 좀 더 예방과 중재를 전문가와 함께 계획해야 하는 행동인가를 교사들이 판단하는 데 도움이 될 것이다.

4. 장애 유형에 따른 유아의 문제 행동 특성

모든 유아들은 장애의 유무와 상관없이 다른 사람에게 방해가 되거나 교실에서 수용할 수 없는 문제 행동을 나타낸다. 그러나 일반적으로 장애와 장애 위험이 있는 유아는 정상적으로 발달하는 유아에 비하여 사회·정서 발달이 지체되거나 일탈되어 있고, 발달 속도도 매우 느리다. 또한 어떤 특정 장애 조건이 장애 유아의 문제 행동의 발생 가능성을 증가시킬 수도 있다. 특정 장애 조건이 장애 유아들에게 특별한 조건과 상태를 부과한다는 사실에 근거하여 교사는 장애 유아의 효과적인 사회적 기술 및 문제 행동 지도를 위해서 각 장애 유형별로 나타날 수 있는 문제 행동 특성에 따른 좀 더 개별적이고 계획적인 접근이 필요하다.

장애 유아들이 나타내는 비전형적 또는 부적절한 행동들은 유아교실의 활동 흐름을 방해하기도 하고 때로는 매우 위험한 행동을 보이기도 한다. 그리고 장애 유아는 일반 유아보다 매우 다양한 문제 행동 유형을 보인다. 연령이 증가하여도 영아들이 주로 보이는 생떼 부리기, 울기, 교사에게 매달리기나 지속적인 관심 요구하기와 같은 행동도 오랫동안 지속되는 경향이 있다. 이는 장애로 인한 충동 통제의 어려움, 낮은 인내력, 불안, 그리고 적절한 의사소통 기술의 부족 때문에 발생한다. 또한 4장에서 이성적인 뇌가 정서적인 뇌보다 늦게 발달하므로 문제 행동과 학교폭력이 발생한다는 뇌 연구자들의 관점에서 보면 발달이 전반적으로 지체되고 있는 장애 유아에게서 다양한 문제 행동이 연령이 증가하여도 지속적으로 나타나는 것은 당연한 일일 것이다. 그러나 장애 유아들이 교실에서 보이는 부적절한 문제 행동은 인지, 의사소통, 사회적 기술 등이 지체된 그들이 다른 사람과 의사소통하려는 시도일 수 있다는 것을 유아교사는 염두에 두어야 한다.

유아교사는 장애 유아의 문제 행동에 대해 효과적인 교수를 제공하기 위해 다음과 같은 장애 유형별 문제 행동의 특성을 알아야 한다.

1) 시각장애 유아

대부분의 유아들은 다른 유아의 행동과 그에 따른 또래나 성인의 반응을 관찰하면서 어떤 것이 바람직한 행동이고 어떤 것이 바람직하지 않은 행동인가에 대한 주변 사람들의 판단을 학습한다. 그러나 시각장애 유아는 눈이 보이지 않으므로 관찰을 통하여 이러한 사회적 기술을 발달시키는 데 큰 어려움을 가진다(이경림, 2008). 차례 기다리기, 다른 사람에게 주목하기, 대화를 시작하고 계속하기, 같은 연령의 정안(正眼) 유아(일반 유아)가 흔히 사용하는 표현이나 행동을 이해하고 사용하기 등의 바람직한 사회적 기술을 발달시키지 못한다. 그리고 시각장애 유아는 다른 사람의 동작, 얼굴 표정보다 목소리나 말에만 의존하므로 다른 사람의 감정과 의도를 잘못 해석할 수 있다. 또한 주변 사물이나 상황을 보지 못하므로 자기, 다른 사람, 그리고 자신을 둘러싸고 있는 세상에 대한 지각 형성이 어려우므로 불안해하거나 공격적으로 행동한다.

시각장애 유아의 시력 손상이 클수록 비전형적이고 부적절한 행동의 출현율이 높으며, 정안 유아들의 일반적인 문제 행동과 다른 유형의 문제 행동을 보인다. 눈을 비비고, 머리를 돌리고, 안구를 돌리고, 손 제스처, 엄지 손가락으로 소리 내기, 그리고 몸 앞뒤로 흔들기와 같은 상동 행동(블라인디즘: Blindism)과 같은 반복적인 문제 행동을 자주 보인다(Farrenkopf, Howze, & Sowell, 1995). 이러한 행동은 스트레스나 무료함에 대한 반응으로 시작된 것이라고 하더라도 습관화되기 쉬우므로 적절한 지도가 필요하다. 시각장애 유아는 상동 행동으로 인해 다른 유아들에게 놀림을 받고 사회적으로 고립됨으로써 점차 환경으로부터 일탈하게 되고 신체적 자해 행동으로 연결되기도 한다.

2) 청각장애 유아

청각장애 유아의 경우도 일반 유아에 비해 문제 행동 출현율이 높은 것으로 나타났다(Van Eldik et al., 2004). 청력 손실은 유아의 초기 언어 발달에 심각하고 지속적인 영향뿐만 아니라 말과 언어 발달의 지체는 유아의 사회·정서 발달에도 커다란 영향을 미친다. 청각장애 유아는 들리는 세계 속에서 살면서 주위의 성인이나 또래들이 하는 말을 듣지 못하므로 지속적인 사회적 고립을 경험한다. 따라서 연령이 증가함에 따라 청력 손실이 심각한 유아는 다른 유아에 비해 사회적으로 덜 성숙해 가는 경향이 있다.

과거에는 청력 손실의 결과로 청각장애 유아의 의존적이고, 사회적으로 미숙하고, 불안하고, 자기중심적이고, 충동성과 같은 부정적인 행동 특성이 나타난다고 하였다. 그러나 최근에는 청각장애의 문제 행동은 청력 손실 그 자체에서 비롯되는 것이라기보다 주위 환경과의 상호작용 부족에서 비롯되는 것으로 보고 있다. 청각장애 유아는 청각장애 그 자체가 사회·정서 발달 지체의 원인이 아니고 다른 사람들과 충분한 의사소통과 사회적 상호작용을 하지 못하므로 발생한다는 것이다. 청각장애 유아들에게 자주 나타나는 생떼나 감정을 신체적 공격성으로 표현하는 것은 언어적으로 자신들의 좌절을 나타내지 못하기 때문이다. 이러한 이유로 청각장애 유아는 충동성, 공격성을 나타내며, 자아 개념이 낮다(Martin & Clark, 1996).

3) 지체장애 유아

지체장애 유아는 외모적으로 나타나는 차이로 인해 유아기에 또래나 환경과의 긍정적인 경험을 충분히 하지 못할 뿐만 아니라 장애로 인한 진단과 지속적인 치료에 대부분의 시간을 소비한다. 이러한 경험들은 유아의 정서적 안정감에 심각한 영향을 준다. 자신들의 외모로 인해 자신을 수용하지 못하거나, 자신을 일반 유아들이 수용하지 않을 것이라고 생각하는 경우가 많다. 또한 지체장애 유아는 신체적으로 남에게 많이 의존하므로 학습된 무력감을 느끼고 수동적인 성격이 될 가능성이 높고, 장애가 없는 유아보다 문제 해결 과제에 낮은 인내력을 보이기도 한다(Jennings, Conners, & Stegman, 1988). 또한 구강 근육의 문제로 발음이 부정확하여 자신의 말을 다른 사람들이 잘 알아듣지 못하므로 또래나 성인과 사회적 관계를 형성하는 데 어려움이 있다. 지체장애 유아들이 많이 사용하는 다양한 보장구들도 유아 또래들에게 이상하게 보여 차별을 받을 수 있다.

지체장애 유아는 신체적 장애에서 유발되는 동작의 제한, 자세 이상, 부모의 태도 등으로 인해 친구와 주변의 반응에 대해 신경과민이나 열등감을 가질 수도 있다. 그리고 운동 제한으로 요구 저지에 의한 좌절 문제가 생긴다. 그리하여 보상 작용으로 때로 난폭한 행동, 자폐적 태도, 혹은 수동적이 되어 정서적 불안정이나 부적응을 일으킬 수 있다. 지적장애를 수반하는 지체장애 유아의 경우에는 특히 짧은 주의 집중력, 높은 의존성, 자신감과 자기통제력 부족, 표현력 결여, 미성숙한 행동 등의 특성 등을 보이기도 한다.

4) 지적장애 유아

전반적으로 모든 발달 영역에서 지체를 보이는 지적장애 유아는 연령이 증가하여도 자신보다 연령이 어린 유아처럼 행동한다. 지적장애 유아는 정상적으로 발달하는 유아의 경우 문제 행동이 거의 보이지 않는 5세에 이르러서도 걸음마기 유아와 같은 문제 행동을 자주 보인다. 인지 발달의 지체로 미성숙하고 미숙한 사회적 기술을 보이며, 자신보다 연령이 어린 유아와의 상호작용이나 놀이를 선호하며 사회적 단서나 신체 언어의 의미를 잘 해석하지 못한다. 지적장애 유아는 행복, 슬픔, 화남, 두려움과 같은 정서 인식 능력이 낮으므로(Kasari & Bauminger, 1998), 또래나 주변 사람과의 상호작용에 상대적으로 어려움을 가진다(Mindes, 1982). 또한 다른 사람과 어떻게 상호작용해야 하는지 잘 모를 뿐만 아니라 방해 행동을 많이 하므로 놀이나 상호작용 대상으로 또래들이 선호하지 않는다. AAMR(2003)은 지적장애 유아의 문제 행동은 자해, 신체 공격, 기물 파괴, 충동 및 과잉 행동, 사회적 위축, 과도한 불복종이라고 하였다.

5) 학습장애 유아

학습장애 유아는 학습의 장애뿐만 아니라 사회적 능력에 결함을 가지고 있다. 학습장애 유아의 75%가 사회적 기술 결함을 가지고 있고 사회적으로 고립되어 있으며 또래에게 인기가 없는 것으로 보고되었다(Bryan, 2005; Murray & Greenberg, 2006). 이들의 사회·정서적 문제는 학습장애 정의에도 포함될 정도로 주요 문제로 인식되고 있다(이소현, 박은혜, 2011). 상황에 적합하게 감정을 표현하지 못하고 집단놀이 중에 지나치게 흥분하는 경향이 있으며(Kavale & Forness, 1996) 또한 상대방과의 대화 시 사회적 단서나 다른 사람의 감정이나 느낌 상태를 잘못 해석할 가능성이 있으므로 사회적 상호작용을 유지하기 어렵다. 또한 이들은 규칙 지키기, 하루의 일과나 환경 변화에 적응하는 데 어려움을 가지며, 몹시 안절부절하거나 폭발적인 정서를 보인다. 과제에 집중하지 못하고 지나치게 많이 움직이고 활동하는 등 과잉 행동도 보인다(Kotkin, Forness, & Kavale, 2001). 그러므로 주의력 결핍 과잉 행동장애(ADHD)는 학습장애와 동의어는 아니지만 학습장애와 함께 자주 나타나는 장애로 알려져 있다. 학습장애를 가진 유아의 10~25% 또는 70%까지도 ADHD를 함께 보이는 것으로 나타났다(DuPaur, 2007).

6) 정서·행동장애 유아

정서·행동장애 유아가 가장 공통적으로 보이는 행동은 반사회적 또는 외현적 행동이다. 다른 유아를 때리고, 남을 괴롭히고, 소리를 지르고, 요구를 거절하고, 울고, 그리고 파괴적 행동을 하는 등의 행동을 말한다. 공격성은 어른이나 또래에 대한 언어적 공격, 파괴, 적대시, 그리고 다른 사람에 대한 신체적, 언어적 공격 행동으로 나타난다. 사회적으로 용납되지 않는 공격성의 잦은 표출로 다른 유아들에게 자주 거부되기도 한다.

정서·행동장애 유아 중 어떤 유아는 전혀 공격적이지 않은데, 이들의 문제는 다른 사람과 사회적 상호작용이 거의 없다는 것이다. 외현적 행동 특성을 보이는 유아와 달리 반사회적 행동을 보이지도 않고 다른 사람을 위협하지도 않는다. 그러나 이러한 유아들은 또래와 노는 일이 거의 없고 친구를 사귀는 데 필요한 사회적 기술도 없이 백일몽을 꾸거나 공상에 빠지게 된다. Essa(2007)의 문제 행동에 포함된 교육 활동이나 사회적 활동에 참여하지 않기, 말하지 않기, 집단에서 부끄러워하기와 같은 행동을 교실에서 자주 보인다. 어떤 유아는 이유 없이 두려워하며 자주 배나 머리가 아프다고도 한다. 이와 같은 특성은 유아들이 또래와의 놀이나 활동에 참여할 수 있는 기회를 갖지 못하게 한다. 유아기와 아동기에 또래와 적절한 사회적 관계를 발달시키지 못하면 청소년기와 성인기에 우울증, 외로움과 같은 사회 부적응과 심리적인 문제를 야기하게 된다(Gresham, Lane, MacMillian, & Bocian, 1999).

학령기에 정서·행동장애로 진단되는 아동들의 많은 경우는, 이미 3~4세부터 다음과 같은 문제 행동 특성을 보이는 것으로 보고되고 있다. 영아기부터 잠을 잘 자지 못하거나 신경질적이고 칭얼거리는 행동을 자주 보이고, 사회적 상황에서 위축되거나 불순종 및 공격 행동을 보이며, 주의 집중 시간이 매우 짧을 뿐만 아니라 주변의 자극에 의해서 쉽게 산만해지고 충동적인 행동을 보였다(Gargiulo & Kilgo, 2012).

7) 자폐성장애 유아

우리나라에서 자폐성장애는 예전에는 정서장애의 범주에 포함되었으나 2007년 공포된 「장애인 등에 대한 특수교육법」에서는 자폐성장애를 정서·행동장애와 독립된 장애 영역으로 분류하고 있다. 자폐성장애 유아의 행동 발달 특성은 반복적인 상동 행동, 자해 행동, 공격 행동, 그리고 생떼 부리기 등이다. 특히 감각 자극에 대한 처리 및 반응이 민감하고 독특하며 과잉 자극을 받았을 때 불응이나 도망가기, 소리 지르기, 생떼 부리기 등이 나타난다(한국 특수교육학회, 2008).

자폐성장애 유아는 반복적으로 운동장 돌기, 장난감 차바퀴 계속 돌리기, 몸 앞뒤나 좌우로 흔들기, 손을 눈앞에서 흔들기 등과 같은 반복적인 자기 자극적 행동을 하며 어떤 경우에는 자기 머리를 벽에 박거나 손가락 물어뜯기와 같은 공격적인 자해 행동을 보이기도 한다. 동일한 것에 대한 집착이 강하여 시간표가 변경되거나 물리적인 환경이 변화되었을 때, 소리 지르기나 발 꽝꽝 대기와 같은 문제 행동을 보인다(Klinger & Dawson, 1996).

또한 자폐성장애 유아는 소리나 촉감에 대하여 지나치게 과민 반응을 보이는 경향이 있다. 예를 들면, 보통 사람들에게는 거의 들리지 않는 작은 사이렌 소리에도 쉽게 혼란을 겪거나, 시끄러운 활동에 참여하는 것을 매우 힘들어 한다. 특정 감촉을 거부하고, 듣지 못하는 것처럼 행동하고, 특정한 소리에 소리를 지르거나 귀를 막기도 한다. 이러한 상동 행동 및 자해 행동들은 주어진 과제를 회피하고 싶거나 사회적 관심을 끌고 싶거나 스스로 자신의 감각적 자극을 추구하는 등 다양한 의사소통적 기능일 수도 있다. 즉 그들 나름의 따분함이나 짜증 등을 다른 사람에게 알리는 것과 같은 어떤 특정한 의사소통 의도나 기능이 포함되어 있을 수 있다. 사회 인지 측면에서 보면 자폐성장애 유아는 다른 사람의 정서 상태를 추론하고 조망하는 능력이 부족하므로(Baron-

Cohen, 2013), 다른 사람의 사회적, 의사소통적, 감정적 행동들을 이해하고 예견하며 반응하는 데 어려움이 있고, 따라서 이러한 이에 따른 문제 행동이 발생한다고 할 수 있다.

Guralnick(1999)은 장애 유아의 문제 행동은 신경학상의 문제와 관련되어 있으며, 문제 행동 발생은 장애 유아의 인지 능력과 밀접하게 관련되어 있다고 주장하였다. 이러한 Guralnick(1999)의 주장은 발달 지체나 다운 증후군 유아보다 뇌성 마비와 자폐성장애 유아가 심각한 수준의 문제 행동을 지속적으로 많이 보인다는 Baker 등(2003)의 연구 결과에서도 지지되고 있다. 이러한 연구 결과들을 볼 때, 장애 유아의 문제 행동은 일반 유아의 문제 행동보다 더욱 다양하고 심각하고 장기적으로 지속될 가능성이 더 높다.

Chapter 7

문제 행동과 물리적 환경

1. 유아 행동과 물리적 환경
2. 바람직한 유아교실 구성의 기본 원칙
3. 예방적인 유아교실 구성

1. 유아 행동과 물리적 환경

물리적 환경이란 사람들 간의 사회적 교류나 상호작용이 발생하는 장소나 위치를 말한다(Wohlwill, 1983). 일반적으로 유아교실의 물리적 환경이란 교실 환경 구성을 의미한다. Garbarino(1989)는 인간의 행동은 환경의 입력(input)에 일치하려고 하는 경향성이 있다고 주장하면서 '환경적 압력(environmental press)'이란 용어를 사용하여 환경이 인간의 행동 형성에 작용하는 힘을 강조하였다. 교실 환경 구성자인 유아교사는 교실의 물리적 환경을 유아의 인지 발달뿐만 아니라 사회적 행동 발달에도 바람직한 영향을 미치도록 구성하여야 할 것이다. 즉 유아의 사회적 행동 발달을 최대한 지원하여 문제 행동을 예방할 수 있는 교실 환경을 구성해야 할 것이다(McLean, 1995).

교실은 유아 발달과 학습의 장이 되어야 하며, 유아 자신들이 중요한 사람으로 평가된다고 느끼며 소속감을 느끼는 환경이어야 한다. 유아가 아침에 교실에 도착했을 때, 교실 공간이 자신의 것이라고 느낄 수 있어야 한다(Poland, Pitcher, & Lazarus, 2005). 교사는 다정해야 하며, 교실 문 앞에서 유아를 친절하고 따뜻하게 유아의 이름을 부르면서 맞이하여야 한다. 뿐만 아니라 교재 및 교구를 포함한 교실의 물리적 환경도 편안함이 느껴지도록 배치하여 유아가 즉각적으로 선택하여 활동에 참여하도록 하여야 한다(Xu, 2006). 또한 교실의 교재 및 교구는 유아들의 안전을 염두에 두고 배치되어야 하고, 교사들은 유아의 모든 활동을 면밀하게 모니터링해야 한다. 즉 교사는 유아들이 교실과 일체감, 즉 '여기는 우리 교실이야.'라는 생각을 가지도록 물리적 환경 구성에 힘써야 한다(Hemmeter et al., 2006).

교실 크기, 공간 사용, 가구 배치, 벽면 구성 및 색, 조명의 수, 창문의 수, 놀잇감 배치와 같은 물리적 환경 구성은 유아의 발달과 학습은 물론 문제 행동 발생에도 영향을 미치는 것으로 보고되고 있다(Dodge & Colker, 1996). 전선옥(1989)의 연구에서 물리적 환경의 질이 높은 교실에서는 낮은 교실에 비하여 유아의 공상하기, 목적 없이 여기저기 배회하기나 흥미 영역을 이리저리 옮겨 다니는 행동이 덜 나타났으며, 신동주, 류진선(2006)의 연구에서도 물리적 환경의 질이 높은 교실에서는 긍정적 상호작용이, 낮은 교실에서는 부정적 상호작용이 더 많이 발생한 것으로 보고되었다.

Walling(1977)은 자유놀이 시간에 교실 중간의 넓은 개방 공간에 분리대와 명확한 통로 설치, 그리고 언어 영역에서 소란스러운 쌓기놀이 영역을 멀리 떨어져서 새롭게 설치하고 난 이후에 유아들의 난폭하고 공격적 행동의 감소가 현저하게 나타나고 역할놀이와 쌓기놀이 영역에서의 연합놀이가 증가하기 시작하였다고 보고하였다. 임영서, 강문희(2002)의 연구에서도 활동 영역 재배치, 통로 수정, 비품과 자료의 다양화, 조용한 공간 제공을 하였을 때, 뛰어 다니기, 공격적 행동이 감소하고 유아의 과제 집중, 과제 완수 행동, 그리고 문제 해결과 같은 긍정적 과제 수행 행동이 증가한 것으로 나타났다.

결과적으로, 위의 연구들은 유아교실의 물리적 환경을 사려 깊게 배치한다면 문제 행동을 예방하고 감소시키는 데 많은 도움이 된다는 것을 제시하고 있다. 즉 교실 환경 구성 방법을 통해 문제 행동을 예방할 수 있다는 것을 입증하고 있다(Katz & McClellan, 1997). 그러므로 적절한 시설 및 설비와 교재 및 교구가 갖추어진 유아교실의 물리적 환경 요인은 인적 환경 요인과 더불어 유아 발달과 교육의 질을 결정짓는 중요한 변인이라고 할 수 있다. 물리적 환경을 변화시키는 것은 유아의 행동을 변화시키는 것보다 확실히 더 쉬운 방법이며 역설적으로는 물리적 공간을 변화시키는 것이 유아의 행동을 변화시킬 수 있다는 것을 의미한다. 그러므로 유아교실에서 인적 환경인 유능한 교사와 함께 사려 깊게 계획된 공간에서 선정된 놀잇감을 포함한 유아교실의 물리적 환경 구성은 유아의 문제 행동에 변화를 가져올 수 있는 중요한 요소라고 할 수 있다.

2. 바람직한 유아교실 구성의 기본 원칙

유아교실의 공간 구성과 교재 및 교구의 작은 변화가 유아 행동에 많은 차이를 가져올 수 있음을 볼 수 있다. 교사는 교실 환경의 어떤 요소가 유아의 문제 행동을 증가시키고 어떤 요소가 문제 행동의 발생을 예방하는지 알기 위해서 주의 깊은 관찰자가 되어야 한다. 유아의 학습 특성과 개별 유아에 대한 지식을 사용하여 문제 행동을 예방하는 전반적인 교실 환경을 구성하여야만 한다.

1) 능동적인 학습자를 위한 교실 구성

유아기는 Piaget의 감각 운동기와 전조작기에 해당하므로 교재 및 교구와 같은 자신의 신체 및 오감을 사용하여 주변의 물리적 환경을 탐색한다. 유아는 능동적인 학습자로서 뛰고, 구르고, 맛보고, 흔들고, 냄새 맡고, 만지고, 그리고 말하기를 통해 자신을 둘러싸고 있는 세상을 탐색함으로써 세상에 대해 배운다. 또한 유아기는 발달 특성상 주변에 대한 끊임없는 흥미와 호기심, 왕성한 활동 능력을 가지고 적극적이고 탐색적으로 주변 환경을 탐색한다. 유아기의 이러한 특성 때문에 교실 환경은 유아들이 타고난 성향을 사용하여 탐색할 수 있도록 환경 구성을 해야 할 것이다. 유아가 타고난 이러한 성향을 사용할 수 없거나 저지당할 때 영유아는 자신의 욕구가 좌절됨으로써 문제 행동이 발생할 수 있다는 것을 교사는 염두에 두어야 한다.

2) 기대 행동을 안내하는 교실 구성

유아는 주의력과 인내심이 적다. 그러므로 교실 내에서 유아에게 어떤 시간에 어떠한 적절한 행동을 해야 하는가에 대한 안내가 필요할 것이다. Greenman (2005)은 모든 환경은 메시지를 가진다고 하였다. 도서관, 식당, 수영장을 생각해 봤을 때 각각의 장소는 그곳에서 우리가 어떻게 행동해야 하는지 정확하게 알려주고 있다. 유아들이 생활하는 유아교실도 마찬가지일 것이다. 즉 교실에서 교사가 의도한 기대되는 행동을 안내하기 위해 교실 내 배치, 장비, 교재 및 교구가 신중하게 계획되어야 한다. 때때로 교사의 미흡한 교실 구성이나 유아에게 안내를 제공하지 않았을 때, 유아는 어떻게 행동할지 몰라 당황할 수 있고 유아가 겪고 있는 어려움을 더 악화시킬 수도 있다. 예를 들어, 유아들은 선반 위에 교재 및 교구들이 아무렇게나 놓여 있을 때, 바람직한 사용법을 예측하지 못할 수도 있다. 또는 정리 정돈을 어떤 식으로 해야 할지 알아차릴 수 없다. 결과적으로, 의도된 것과 다르게 교재 및 교구를 사용하게 되거나 사용 후 정리 정돈의 문제도 발생할 수 있으며, 또래의 물건을 뺏거나 밀치는 등의 문제 행동이 발생할 수도 있다. 따라서 유아가 어디에 앉아야 하고, 어떤 활동을 해야 하는가에 대해 안내하고 선택할 수 있도록 함으로써 유아 스스로의 자율성을 높이고 결과적으로 문제 행동을 예방할 수 있도록 해야 한다. 어떤 유아는 교실에서 기대되는 행동에 대해 배우는 데 개별적 지원이 필요할 수도 있다.

3. 예방적인 유아교실 구성

1) 교실 공간 크기

교실의 공간 크기는 그 공간의 용도에 적합해야 한다. 이 공간이 의도하는 학습 활동 공간으로 크기가 너무 큰지 혹은 너무 작은지 다른 교실과 크기를 비교해 보는 것도 도움이 될 수 있다. 또한 협소한 공간에 많은 수의 유아가 있는 교실에서는 영역 간 이동 시 유아끼리 부딪치게 되고, 선반의 물건을 떨어뜨리거나, 의자를 넘어뜨리는 일이 발생할 수 있다. Phyfe-Perkens(1980)는 다른 유아에게 방해를 받지 않는 충분한 놀이 공간이 있을 때, 놀잇감의 숫자가 적절할 때, 소그룹 활동을 할 수 있는 적절한 작은 공간이 있을 때 유아들 간의 상호작용이 더욱 촉진된다고 하였다.

Smith와 Connolly(1980)는 유아당 0.42평, 0.7평, 1.4평, 2.1평의 공간 밀도에 관하여 연구하였다. 유아당 공간의 크기가 감소할 때, 놀이하는 동안 달리기, 쫓기, 거친 신체 활동의 양이 감소하였다. 그리고 유아당 공간 밀도를 0.7평에서 0.42평으로 변화시켰을 때 공격성 증가와 집단 활동의 감소가 나타났다. 이러한 연구 결과는 유아들의 쫓아다니기와 거친 신체 놀이가 교실에서 자주 발생한다면 넓은 개방된 공간 영역을 가구나 가림대 등으로 재배치하는 것이 문제 해소에 도움이 될 수 있다는 것을 보여 주고 있다.

유아교실의 역할놀이 영역, 쌓기놀이 영역, 조작 영역에서는 복잡한 사회적 상호작용이 많이 발생한다(Quay, Weaver, & Neel, 1986). 이러한 영역에서 유아들이 소그룹 활동이나 함께 놀이를 하면서 서로 격려할 수 있는 공간을 제공해 주는 것이 매우 중요하다. 또한 컴퓨터 영역은 한 명 이상 앉아서 작업할 수 있게 해 주고, 만약 모래 상자의 네 면을 모두 이용할 수 있다면 네 명의 유아들이 각각 자신의 공간을 갖고 모래와 장난감을 함께 공유하면서 놀이하도록 한다. 이러한 배치로 유아들은 더욱 좋은 또래 관계와 더 나은 사회적 협동 기술을 습득하게 될 것이다.

2) 공간 배치

교실 내의 통행 방식은 자주 문제 행동 발생의 근원이 될 수 있다. 교실의 중앙을 넓게 비워 두는 교실 배치는 유아가 한 활동에서 다른 활동으로 옮겨갈 때 뛰어가게 만들 수 있고 그로 인해 소음을 발생시킬 수 있다. 또한 잘 계획되고 구성된 교실에서 제시되는 이동 코스는 교실을 돌아다니는 데 있어서의 혼란스러운 이동을 줄일 수 있다. 이동 시 유아가 다른 유아의 활동을 방해하는 상황이 발생하면, 교사는 유아의 이동 경로를 분석하여 다른 유아를 방해하지 않고 조용하게 이동하도록 조정해야 한다.

또한 너무 개방된 공간은 달리기, 쫓기와 같은 혼란을 야기시킬 수 있다. Day(1983)는 유치원 교실의 개방성은 소란스러움, 공격성, 부적절한 행동을 유도한다고 하였다. 이러한 행동을 예방하기 위해서 길고 넓게 트인 공간을 분리대와 같은 가구로 전략적으로 배치하고, 놀이 영역별로 시각적인 경계(예: 바닥에 테이프 붙이기)를 표시하면, 유아들이 영역에 머무는 시간이 길어지고 소음이 줄어들었으며 교사들이 유아와의 상호작용에 더욱 잘 집중할 수 있었다고 하였다. 영역이 어디에서 시작하고 끝나는지를 유아가 명확하게 이해할 수 있고, 교사가 낮은 선반과 교구로 넓은 공간을 적절하게 나누어 구조화하고, 교사가 테이프나 발자국 표시들로 명확한 경계와 한 영역에서 다른 영역 사이의 잘 정비된 이동 경로를 설계해 준다면 유아들은 더 편안하게 느끼며 서로 협력적인 행동을 하게 될 것이며 방해하는 다른 친구들도 줄어들게 될 것이다.

3) 흥미 영역 배치

유아교실에서는 교실 공간을 흥미 영역별로 구분하여 유아의 활동 참여와 발달을 촉진시키고자 한다. 유아는 자유선택놀이 시간에 흥미 영역을 선택하여 자유롭게 또래나 교재 및 교구들과 상호작용을 한다. 그러나 교재 및 교구의 선택과 소유 문제 때문에 또래 간에 경쟁이나 갈등, 그리고 싸움이 발생할 수 있다. 특히 활동 수준과 소음 수준(예: 쌓기놀이 영역과 언어 영역)이 서로 다른 영역이 너무 가까이 배치되어 있으면 유아들 간에 갈등이 유발되고 문제 행동(예: 옆의 유아 방해하기)이 일어날 가능성이 높아진다. 교사는 언어 영역, 수·조작 영역, 쓰기 영역 등의 조용한 영역이 상대적으로 소란스러운 영역, 즉 소꿉놀이, 대근육 운동, 쌓기놀이 영역 등의 영역과 떨어져 있도록 배치해야 할 것이다. 만약 쌓기놀이 영역을 유아들이 활발하게 놀이하는 영역 옆에 배치하면 누군가가 다른 유아가 만든 작품을 건드리게 되어 화를 내거나 좌절할 수 있게 되는 원인이 될 수 있다. 그리고 미술 영역을 싱크대 근처에 배치한다면 유아들이 물이나 물감을 묻힌 붓을 들고 교실을 가로 질러 걸어가면서 유아들 간에 발생할 수 있는 다툼을 예방할 수 있을 것이다. 그리고 언어 영역 및 쓰기, 조작과 같은 조용한 활동을 하는 영역은 함께 배치하고 소음이 많이 발생하는 영역에서 멀리 배치한다.

유치원 교실에서 가장 밀도가 높게 나타나는 활동 영역은 일반적으로 쌓기놀이 영역과 조작 영역이다. 임영서, 강문희(2002)의 연구에서는 이 두 영역의 가구들에 바퀴를 부착하여 필요시 공간을 확대 또는 축소할 수 있도록 하였을 때, 조작 영역과 쌓기놀이 영역에서 유아들의 과제 이탈 행동이 많이 감소하였으며, 주의집중 문제와 돌아다니기 행동도 감소하는 것으로 나타났다.

남아들은 자주 주변을 돌아다니는 특성이 있다. Gartrell과 King(2003)에 따르면, 주의 깊게 계획된 바깥놀이 활동과 교실 내 대근육 운동(예: 오르기 기구, 레슬링 매트, 신체적 운동 영역, 실제 나무, 못과 망치 등으로 구성된 목공놀이 영역)은 남아들의 신체적 놀이를 만족시켜 주고 에너지를 부적절한 방법으로 사용하는 것을 예방할 수 있다. 그러나 쌓기놀이와 역할놀이 같은 신체 활동은 또한 또래 간에 갈등을 발생시킬 기회가 많으며 유아들이 손에 쥐고 있는 것들이 잠재적인 무기가 될 수 있기 때문에 교사는 가까이에서 세심한 주의를 기울이고 면밀하게 감독해야 한다(Quay et al., 1986).

4) 교재 및 교구

유아교실에서 유아의 문제 행동을 예방하는 한 가지 방법은 유아가 교구나 다른 유아와의 상호작용에 적극적으로 참여하도록 하는 것이다. 유아가 놀이 자료나 또래와의 상호작용에 몰두할 때 문제 행동 발생률은 눈에 띄게 감소하였다(McWilliam, 1991). 유아가 활동에 참여하지 않는 것은 놀잇감이나 활동에 지루함을 느끼기 때문이라는 것과 놀이 관련 상호작용을 시도하거나 유지하는 데 필요한 기술을 갖고 있지 않기 때문일 것이다.

유아가 교실 내의 물리적 환경과의 상호작용에 적극적으로 참여하도록 지원할 수 있는 방법은 여러 가지가 있다. 다음과 같은 교재 및 교구 배치는 유아의 문제 행동 예방에 도움이 될 것이다.

첫째, 교실에 있는 자료는 신기함이 유지되도록 교대로 제공한다. 만약에 동일한 놀잇감, 자료 또는 활동이 몇 주간 계속해서 제공된다면, 유아는 지루함을 느낄 것이고, 지루함을 느끼면 바람직하지 않은 행동을 할 수도 있다. 지루함을 예방하는 열쇠는 신기함을 유지하는 것이라고 할 수 있다. 주기적으로 새로운 장난감을 순환시키고 주제 관련 자료들을 추가함으로써 지속적으로 유아의 흥미를 끌 수 있으며 유아는 자료들을 좀 더 적극적으로 가지고 놀 수 있을 것이다. McGee 등(1991)은 장난감을 주기적으로 순환시켰을 때 유아가 장난감을 가지고 노는 비율이 71%에서 81%로 향상되었다고 보고하였다. 새로운 장난감은 다른 교실의 교사들과 장난감을 교환하거나, 부모에게 기증을 부탁하거나, 벼룩시장에서 구입할 수도 있다.

둘째, 어떤 유아는 자유선택 시간에 자료를 사용하거나 활동에 잘 참여하는 반면, 어떤 유아는 교실을 목적 없이 돌아다니기도 한다. 이런 유아들은 예방 차원에서 성인이나 또래가 주기적으로 피드백을 제공할 필요가 있다. 한 놀이 영역에서 다른 놀이 영역으로 이리저리 돌아다니는 유아는 놀이 영역에서 장난감을 적절하게 사용하는 능력이 부족하여 배회 행동을 하기도 한다. 어떤 유아의 경우에는, 다른 유아와의 상호작용하는 방법을 가르치기 이전에 먼저 놀잇감을 사용 목적에 적절하게 사용하는 법을 가르치는 것이 더 필요할 수도 있다. 유아가 놀잇감이나 활동에 지루함을 느끼는 것은 놀이 관련 상호작용을 시도하거나 유지하는 데 필요한 기술을 갖고 있지 않기 때문일 수도 있다는 것이다.

셋째, 유아의 문제 행동을 예방하고 독립성과 자율성을 길러 주고 싶다면, 선반을 잘 체계화하고 유아들이 쉽게 접근할 수 있도록 만들어야 한다. 재료와 도구들이 알기 쉽고 뚜렷하게 표시된 장소와 상자 안에 놓여 있을 때, 유아들은 각각의 물건들이 어디에 속해 있는지 알 뿐만 아니라 쉽게 정리할 수 있다. 대그룹 활동이나 이야기 나누기 시간에는 선반들을 닫아 두는 방법도 있다. 먼저, 유아가 손이 쉽게 닿는 곳(예: 장난감 선반, 책장)에 교구를 두지 않거나 선반을 뒤로 돌려놓거나, 천으로 가린다. 유아는 명확한 라벨 표시를 하였을 때, 스스로 자료를 발견하고 사용하고 반납하는 등의 자율적 행동이 증가하였다. 그리고 놀잇감이 상자와 선반에 있을 경우 유아는 많은 시간을 놀이에 보낸 반면, 상자에 넣어져 있을 때는 많은 시간을 놀잇감을 찾거나 고르는 데 보냈다.

그렇다면 유아는 교재나 장남감을 어느 장소에 두어야 하는지 어떻게 알 수 있을까? 정리 정돈 시간에 종종 교사와 유아 간의 갈등이 발생하기도 한다. 유아에게 정리 정돈이 너무 부담이 될 때 유아는 교사의 지시를 거스를 수도 있다. 교재들이 교실 바닥에 널려 있으면 혼란스러운 느낌을 주고 활동 속도와 자극 수준이 증가하였다. 교재가 선반 위에 질서 정연하게 놓여 있을 때, 유아는 교재를 존중하게 된다. 교재를 어디에 두어야 하는지를 표시하는 구체적인 지표(예: 선반에 부착된 그림)를 제공하는 것은 유아가 정리 정돈을 쉽게 하는 데 도움이 된다.

다음과 같은 교실 구성은 유아의 교재와 놀잇감에 대한 독립적 접근성을 증가시킬 것이다.

- 유아들이 지나다니는 통로를 발바닥 그림, 색깔이 다른 나무 바닥 재료를 사용하여 쉽게 식별하도록 한다.
- 활동 영역을 쉽게 이해하도록 바닥에 테이프를 붙이거나 카펫으로 명확히 구분된 공간적 단서를 제공한다.
- 유아의 눈높이와 키 높이에 맞춰 놀잇감을 배치하면 유아가 스스로 물건을 꺼내고 다시 갖다 두도록 할 수 있어 독립적 접근성을 증진시킬 수 있다.

유아들은 시각적으로 너무 혼란스럽거나 무질서하게 놀잇감과 자료들이 배치되어 있을 때 무엇을 선택할지 어찌할 바를 몰라 서성거리는 등 접근성이 감소될 수 있을 뿐만 아니라 문제 행동이 발생할 수 있다. 다음과 같은 놀잇감 정리도 유아들이 스스로 쉽게 자료들을 선택하는 것을 지원할 수 있다.

- 놀잇감과 자료는 항상 일정한 장소에 둔다. 유아들이 새로운 기술들을 연습하기 위해서는 특정 놀잇감을 지속적으로 사용하여야만 한다.
- 유사한 자료별로 선반에 함께 모아 둔다. 큰 자료들은 개방된 선반에 놓지만, 작은 블록들과 크레용과 같은 작은 자료들은 바구니에 담아 개방된 선반에 놓아야 한다.
- 놀잇감과 자료를 담은 바구니에 그림이나 사진 등을 붙여 표시해 놓음으로써 유아가 스스로 정리하고 선택할 수 있는 단서를 제공한다.
- 너무 많은 물건을 함께 놓지 않고 자료 사이를 띄워 놓는다(시각장애나 저시력의 유아는 자료들이 너무 가까이 있을 때 잘 고를 수가 없다).

좀 더 구체적이고 자세한 문제 행동 예방을 위한 교실 구성은 10장 높은 질의 지원적 교실 환경에서 더욱 세부적으로 다루고자 한다.

5) 반응성

유아교실의 물리적 환경은 유아의 시도에 반응적이어야 한다(Yoder, 1990). 유아들은 자신이 주변의 환경을 조절할 수 없다고 생각하면 무력감을 느낄 수 있다. Prescott(1981)는 교실 내에 감각적이고 촉각적인 부드러운 사물을 비치하는 것은 유아가 환경이 주는 반응성을 느낄 수 있기 때문에 중요하다고 하였다. 바닥깔개, 베개, 소파, 푹신한 의자, 잔디와 같이 유아가 그대로 앉을 수 있는 부드러운 장소는 유아에게 편안함을 주는 반응적인 자료들이다. 찰흙, 모래, 물놀이와 같은 촉감놀이는 유아들을 이완시키는 데 도움이 되고, 낙하산이나 타이어 그네와 같은 기구를 타는 것은 유아들 간의 협동을 필요로 하게 된다. 그리고 여러 가지 언어로 된 책이나 함께 듣고 춤을 출 수 있는 자신의 문화가 반영된 음악 테이프는 다문화 유아에게 매우 반응적인 교실 환경 구성이 된다.

교사는 유아들이 자신의 물리적 환경을 성공적으로 조절할 수 있는 경험을 할 수 있도록 계획하여야 한다. 유아의 시도에 놀잇감이 즉각적인 반응을 제공한다면 유아는 자신의 행동이 주변의 물리적 환경에 미치는 능력에 대한 인식이 증가하고, 동기화되어 놀잇감에 대한 시도를 지속적으로 할 것이다. 그러므로 교사는 유아의 시도에 즉각적이고 긍정적 강화를 제공해 주는 교수 자료나 손쉽게 스위치 작동으로 움직이는 놀잇감과 같은 반응적 교재를 충분히 제공하여야 한다. 건전지로 작동하는 장난감일 경우 스위치 작동이 잘 되는지, 건전지가 남아 있는지를 자주 조사하여야 한다. 또한 특정 활동 계획을 통해 환경의 반응성을 증가시킬 수 있다. 모래, 물, 점토, 핑거 페인트도 매우 반응적인 교수 자료이다. 이러한 반응적인 자료들은 놀이의 다양성을 확장하며 유아의 탐색을 더욱 촉진한다. 교실에서 제공하는 활동과 교재 및 교구가 유아의 발달 수준에 적합할 때, 유아에게 반응적인 교실 환경이 될 것이다(Brinker & Lewis, 1982; Olds, 1987).

6) 벽면 구성과 자리 배치

교실 벽에 유아들의 관심, 가족, 문화, 과거와 미래 등을 반영한 사진이나 그림을 전시한다. 전시품들은 교사가 가르치고 있는 것들이 무엇이며 유아들이 작업한 것이 무엇인지 보여 주어야 한다. 교사는 교실의 모든 유아들의 작품을 전시해야만 한다. Freiberg(1999)는 "몇 개의 작품만 전시하는 것은… 잘한 것만 전시가 필요하다는 생각을 가지게 한다."라고 말하고 있다(p. 167). 그렇다고, 벽면에 관광 상품 전시와 같은 방법은 피하는 것이 좋다. 교실 주위, 벽면 또는 놀이 영역에 시각적으로 너무 많이 산만하게 한꺼번에 전시하기보다는 주기적으로 전시 자료들을 제한하고 교대하여 전시하는 것이 좋다.

대집단 활동 시 유아들이 너무 가까이 앉지 않도록 자리를 배치한다. 모든 유아들은 서로 한 뼘 정도의 거리를 유지하면서 앉게 하고, 유아들이 앉은 자리에서 모든 활동을 잘 볼 수 있도록 배치한다. 각자 앉는 바닥의 위치에 작은 네모 카펫을 깔거나 사각으로 테이프를 붙여 유아가 자신의 공간을 시각적으로 알 수 있도록 하는 방법도 있다. 유아가 스스로 자리를 결정할 수 있도록 하는 것이 좋은 연습이기는 하지만 유아교육기관 첫날에는 교사가 자리를 배정해 주는 것이 좋다(Wong & Wong, 2001). 만약 유아들에게 자신들이 원하는 곳에 앉게 한다면 자신들만의 집단을 만들기 쉬우며 반면에 섞여서 앉히면 새로운 또래 관계를 형성하게 되고 사회적 기술을 증진시킬 수 있는 기회가 될 것이다.

또한 쉽게 산만해지는 유아는 집중할 수 있는 위치에 앉도록 하여야 할 것이다. 교사 앞에 앉히거나, 창문이나 문, 교사 책상과 같이 분주한 장소로부터 멀리 떨어져서 자리를 배치한다(Epstein, Atkins, Cullinan, Kutash, & Weaver, 2008). 산만한 유아를 집중을 잘하는 유아 옆에 앉힌다면 좋은 역할 모델이 될 것이다(US Department of Education, Office of Special Education Programs, OSEP, 2004).

7) 교실의 자극 수준

유아기에는 각자 자신의 여러 감각기관을 사용하여 주변 세상에 대해 배우지만, 유아 개개인에 따라 자신에게 입력되는 감각 자극을 처리하고 통합하는 것을 배우는 속도는 다르다. 이러한 이유에서, 유아들은 동일한 감각 자극이지만 각기 서로 다른 감각 자극 수준에서 자극을 수용한다(Thompson & Rains, 2009). 어떤 유아는 많은 자극의 양이나 다양한 유형의 감각 자극으로부터 즐거움을 얻지만, 어떤 유아는 이러한 다양한 자극을 피하려고 할 수도 있다. 높은 수준의 감각 자극을 추구하는 유아는 더 많은 자극을 받으려고 교실에서 수용되지 않는 방법으로 반응할 수도 있다. 그러나 감각 자극 수용 능력이 낮은 수준의 유아는 감각 자극을 회피하기 위해 부적절하게 반응할 수 있다(Miller, Robinson, & Moulton, 2004). 어떤 유아들은 자신의 감각 자극 수용 능력에 적합하지 않은 장소에 있는 것을 매우 힘들어 할 수도 있다.

교사는 특정 유아에게 미치는 교실 내 감각 자극의 직접적인 영향을 이해하기 위해 세밀하게 살펴보아야만 한다. 유아가 입력되는 다양한 자극을 어떻게 처리하는지 이해하려면 유아를 주의 깊게 지켜보아야 한다. 교사는 유아가 입력되는 감각 자극에 대해 회피하기, 공격성, 빙빙 돌기, 몸 흔들기, 또는 정서적 고통과 같은 과잉 반응 또는 과소 반응을 보이는지 주의 깊게 살펴보아야 한다. 또한 교실 환경의 감각 수준에 대한 판단은 교사 자신의 감각 수준 수용 능력에 따라서도 달라진다는 것을 염두에 두어야 한다(Dunn, 2001).

유아교실에는 다양한 여러 가지 수준과 유형의 감각 자극들이 존재한다. 교사는 먼저 자신이 계획한 교실의 소리, 빛, 촉감, 냄새에 대해 알아차리는 것이 중요하다. 교실은 조용한 공간과 활동적인 공간으로 나누어 구성되어야 하며, 또한 두 공간은 각기 다른 조명을 사용하는 것이 바람직하다. 또한 유아가 대집단이나 또는 혼자서 놀이할 수 있는 공간이 마련되어야 한다. 유아 행동과 감각 자극 간의 연결 관계를 이해하기 위해서, 교사는 자극 수준을 관찰한 후 조정하고, 그 후 다시 관찰을 실시하여야 한다.

각 유아는 교실의 감각 자극을 서로 다르게 처리하고 감각 자극에 대한 수용 능력도 매일매일 바뀔 수 있고, 하루 일과에 따라 다를 수도 있다. 예를 들어, 어떤 유아는 피곤할 때 과다 감각 자극을 더 힘들어 할 수 있다. 개별 유아의 감각 자극에 대한 인내력을 아는 것은 교사가 계획을 세우는 데 도움이 된다. 때때로 어떤 유아는 교실 환경의 과다 자극 감소를 필요로 한다. 유아들이 너무 많은 감각 자극으로 인해 고통을 받을 때, 문제가 있는 것으로 보이는 교실의 영역 분석을 통해 교재의 수를 줄이고 기존의 시각적 표시를 수정하는 것이 도움이 될 것이다.

Grandin(1995)의 주장에 따르면, 어떤 유아는 형광등이 여리게 깜박거리는 것을 감지할 정도로 예민하다. 조명과 관련하여 유아가 산만해지는 것을 예방하기 위해서 형광등 사용을 가급적 피하고 간접 조명을 이용하는 것도 진정 효과가 있다. 형광등을 쓸 수밖에 없는 상황이라면 되도록 자주 전구를 갈아 끼우도록 한다. 또한 유아들이 잠을 충분히 자지 못한 채로 등원했을 때, 교실 조명까지 흐리면, 유아들의 집중력은 현저하게 떨어질 수 있다. 교사는 보다 밝은 조명을 설치함으로써 유아들의 생체 리듬을 각성 상태로 유도하고 활동과 학습에 적극적으로 참여하도록 격려해야 한다.

다음은 교사가 교실의 감각 자극의 수준을 이해하고자 할 때 사용할 수 있는 척도로, 유아의 요구에 적합하게 환경을 조정하기 위한 첫 번째 단계이다.

〈표 7-1〉 감각 자극 수준 척도

감각 자극 수준 척도				
지침: 본 도구는 교실의 특정 영역이나 전반적인 교실 감각 자극 수준의 평가를 위해 사용할 수 있다.				
1 ← 2 → 3 ← 4 → 5 낮음 중간 높음				
소리 약간의 소음 음 높이와 크기가 같은 소음	→	**소리** 적당한 소음 음 높이와 크기가 약간 다른 소음	→	**소리** 시끄러운 소음 음 높이와 크기에서 큰 차이가 있는 소음
시각 벽에 몇 개의 그림	→	**시각** 벽 절반 정도의 그림	→	**시각** 벽 전체에 형태가 다른 그림
조명이 언제나 침침함	→	약간의 변화가 있는 적당한 조명	→	조명이 밝고 자주 변함
선반 위의 놀잇감이 질서 있게 있음	→	선반 위 놀잇감이 어느 정도 질서 있게 있음	→	선반 위의 놀잇감이 여기저기 있음
선반에 몇 개의 교재	→	선반에 적당한 양의 교재	→	선반에 많은 교재가 빈틈없이 놓여 있음
튀지 않고 서로 조화를 이루는 색	→	다양한 밝기의 다양한 색	→	매우 다양한 밝기의 다양한 색
같은 모양, 같은 색, 같은 디자인의 이름표	→	다양한 이름표(모양, 색, 종류, 디자인)	→	모양, 색, 디자인이 매우 다른 이름표
촉각 유사한 질감의 교재	→	**촉각** 다양한 질감의 교재	→	**촉각** 너무 다양한 질감의 교재
후각 거의 냄새 없음	→	**후각** 용품과 교재에서 조금 냄새(예: 청소용품, 미술용품, 환경용품)	→	**후각** 지독한 여러 가지 냄새

출처: Denno, D. M., Carr, V., & Bell, S. H.(2010). Addressing challenging behaviors in early childhood settings : teacher's guide. Paul Brookes publishing Co. Baltimore : Maryland. p. 90.

8) 개인적 공간

모든 유아들은 교실 주위를 돌아다니고 또래와 상호작용할 수 있는 공간뿐만 아니라 개인적인 공간을 필요로 한다. 유아교실에 개인적 공간이 없으면 유아들은 배회하거나 초조해하고 공격적 태도를 보일 수 있다. 때때로 유아들은 조용하게 있고 싶어 하므로 방해받지 않을 장소를 제공해 주는 것이 매우 중요하다. 유아들이 필요하다고 느낄 때 스스로 휴식을 취하거나 외부와의 상호작용을 통제하거나 제한하도록 하게 한다(임영서, 강문희, 2003). 예를 들어 카펫, 편안한 쿠션, 안락의자나 쿠션 소파 등을 제공해서 스스로 진정될 수 있도록 도움을 주는 것이다. 이렇게 마련된 장소에서 유아들은 휴식을 취하고 또래들과 이야기를 하거나 몸이 아픈 유아는 회복할 수 있는 기회를 가질 수 있다. 특히 연령이 어린 유아들은 부드러운 가구나 베개 같은 개인용품이 필요하다. 그러나 소음이 있는 교실은 산만해지거나 쉽게 흥분을 하는 유아들에게는 충분히 쉴 수 있는 조용한 장소가 될 수 없기 때문에 조용한 공간 대신 교무실에서 휴식을 취하도록 하는 것이 좋다.

문제 행동을 보이는 유아는 때때로 자신의 공간이 침입을 받았을 때, 쉽게 밀치는 행동을 할 수 있다. 이럴 때는 "나는 네가 너무 가까이 오는 것을 좋아하지 않아."라고 말할 수 있도록 지도한다. 이러한 대화는 유아가 다른 사람들의 공간 필요성에 대해서도 이해할 수 있는 계기가 되며, 다른 사람이 가까이 오는 것에 대한 인내심도 키울 수 있다. 유아들이 복잡하게 모여 있을 때에는 뜻하지 않게 부딪치거나 다른 친구의 작업을 망가뜨리고 좌절과 공격성을 유발하는 등 많은 오해를 불러일으킬 수 있으므로, 각 영역에서 놀이를 할 수 있는 인원을 제한하는 것도 좋은 방법이 될 수 있다.

9) 평가하기

교사는 바람직한 교실 배치를 마치고 나서, 교실의 전반적인 모든 것을 조사해 볼 필요가 있다. 또한 교사가 모든 유아를 볼 수 있다면 유아의 문제 행동을 저지할 수 있으며, 문제 행동을 유발하는 유아를 일찍 발견하여 문제 행동이 시작되기 전에 예방할 수 있다.

교사는 유아의 관점에서 공간의 사용을 평가해 보는 기회를 가져야 한다. 무릎을 꿇고 유아의 눈높이에서 살펴보면 어느 정도 흥미로운지, 유아들이 접근 가능한지 파악할 수 있다. 예를 들어, 시각적으로 너무 산만하지는 않는가? 복도가 달리기를 유발하지는 않는가? 흥미 영역이 명확히 구별되고 잘 정돈되어 있으며 공간적으로 충분한가? 벽에 전시된 작품이 유아의 눈높이에 맞는가? 공간이 복잡하지는 않는가? 등의 다양한 관점에서 공간을 평가해 보아야 한다.

PART III

학령기 학교폭력 예방을 위한 유아기 문제 행동 예방과 중재

Chapter 8

유아기 학교 차원 긍정적 행동지원 : 피라미드 모델(Pyramid Model) 교수법 출현

1. 문제 행동 지도 관점의 변화
2. 문제 행동과 학교폭력 지도 방법의 변화
3. 학교 차원 긍정적 행동지원(SW-PBIS)의 효과
4. 유아기 학교 차원 긍정적 행동지원
   : 피라미드 모델(Pyramid Model) 교수법
5. 가족에게 피라미드 모델(Pyramid Model) 교수법 안내하기

1. 문제 행동 지도 관점의 변화

1) 사후 처벌법의 비효과성

역사적으로 볼 때, 지금까지 교사는 문제 행동과 학교폭력이 발생한 후의 처벌적 접근에 주로 의존해 왔다. 교사는 학생의 문제 행동이나 학교폭력 행동 자체에 초점을 맞춰서 벌주기, 혼내기, 방과 후 교실에 남기, 복도에 세워 놓기, 타임 아웃을 통해 이미 발생한 문제 행동의 소거와 감소를 위해 전통적인 사후 처벌법을 사용하였다. 이러한 전통적인 사후 처벌법에서는 유아와 아동이 가정과 교실에서 부모와 교사의 지도와 다른 사람의 행동 관찰을 통해 이미 적절하게 행동하는 방법에 대해 배웠으므로 교육기관은 단지 적절한 행동을 강화하는 곳이라고 생각한다. 예를 들어 유아와 아동이 잘못을 하여 복도 한쪽에 세워 놓았을 때, 다음과 같이 가정할 수 있다.

① 유아와 아동은 교실에서 적절한 행동이 무엇인가에 대해 이미 알고 있다.
② 유아와 아동은 복도에 혼자 서 있는 벌을 받기보다는 교실에서 칭찬을 받고 싶어 할 것이다.
③ 유아와 아동은 벌을 받음으로써 앞으로 자신의 행동을 스스로 점검할 수 있는 가능성이 높아질 것이다.

이러한 가정은 유아와 아동은 벌을 받지 않기 위하여 교사가 요구하는 바람직한 기준에 맞추어 행동할 것이라는 믿음에 근거한다(Dobson, 1996).

그러나 최근에는 문제 행동과 학교폭력에 대한 사후 처벌적 전략이 유아와 아동에게 효과적이지 않다는 주장들이 제기되었는데, 그 이유는 다음과 같다.

첫째, 전통적인 처벌에 기초한 문제 행동 및 학교폭력 지도는 벌주기가 끝난 후에 그 효과가 장기적으로 유지되지 못한다(Weigle, Holland, & Kirk, 1996). 즉 벌주기와 같은 사후 처벌법 사용으로 문제 행동과 학교폭력이 더 이상 발생하지 않는다면 그 결과는 단순히 억압된 것이거나 단기 효과일 수 있다는 것이다.

둘째, 심각한 문제 행동을 보이는 유아와 아동에게 벌주기와 같은 사후 처벌은 오히려 문제 행동 발생 비율을 높이는 것으로 나타났다(Mayer, 2000). 일반적으로 전형적 발달을 하는 유아와 아동은 주변 사람으로부터 정적 강화를 받으려고 바람직한 행동을 하지만, 심각한 반사회적 행동을 보일 위험이 있는 유아와 아동은 단지 현재의 혐오적인 결과를 피하는 것에만 급급하여 새로운 바람직하지 못한 행동 패턴을 개발할 수 있다. 오히려 유아와 아동은 부적 강화를 통하여 자신들이 원하는 것을 제공해 주는 결과를 가져오므로 바람직하지 않다(예: 복도에서 벌을 받으면서 싫어하는 교실 활동에서 제외됨).

셋째, 지속적으로 문제 행동과 학교폭력을 보이는 유아와 아동에게 문제 발생 시마다 지속적으로 벌을 준다면, 이들은 교실에서 즐겁게 지내지 못할 것이다. 결과적으로 지속적 문제 행동과 학교폭력을 보이는 많은 유아와 아동들은 벌을 매일매일 지속적으로 받아야만 하는 것이다.

넷째, 교사들은 전통적인 사후 처벌법을 사용할 때 문제 행동과 학교폭력의 발생 이유인 환경적 조건에 대해 거의 고려하지 않는다는 것이다. 문제 행동과 학교폭력 발생의 환경적인 원인을 무시하고, 사후 처벌법만 사용한다면 문제 행동과 학교폭력이 발생하는 이유가 지속적으로 남아 있기 때문에 단기적인 억압의 효과를 보일 수는 있지만 문제 행동을 중단시키지는 못한다는 것이다. 환경적인 조건이 변화되지 않는 한 문제 행동과 학교폭력을 보이는 유아와 아동은 자신의 필요를 충족시키기 위해 이러한 행동을 계속할 가능성이 높다.

물론 어떤 유아와 아동은 사후 처벌법을 통해 사회적으로 적절하거나 바람직한 행동을 습득할 수도 있다. 그러나 정서적, 사회적, 인지적 결함이 있거나 사회적으로 적절한 대체 행동을 가지고 있지 못한 유아와 아동은 부적절한 문제 행동과 학교폭력을 지속적으로 보일 수밖에 없다는 것이다. 또한 신체적 처벌의 효과가 오랫동안 지속되므로, 신체적 처벌을 많이 받은 유아나 아동은 청소년기에 더 공격적이 된다고 보고하고 있다(Gershoff, 2002). 결과적으로 부정적이고 처벌 중심의 방법은 문제 행동과 학교폭력을 지도하는 데 효과가 없을 뿐만 아니라 어떤 유아나 아동에게는 더욱 공격적으로 행동하게 하고 벌주는 교사와의 관계를 더욱 악화시킬 수 있는 것이다(Shores et al., 1993).

이러한 사후 처벌법의 비효과성 외에, 1980년대 긍정적 심리학의 등장으로 혐오적인 체벌 방법 대신 좀 더 긍정적인 지도 방법을 원하는 사회적 분위기가 생성되었다. 긍정적 심리학은 제2차 세계 대전 이후 그동안 지나치게 병리적 측면에만 집중했던 심리학에 대한 반성으로부터 시작되었다. 인간에게는 부정성과 함께 긍정성도 존재하는데, 주로 부정성에 초점을 맞추어 행해 왔던 사후 처벌법을 지양하고 이제는 긍정성에 초점을 맞추어 보자는 발상이 사회에서 제기되었다. 긍정적 심리학의 목적은 나쁜 것을 고치려고 하기보다는 긍정적 특성을 확립시키는 데 중점을 두어 변화를 촉진하는 데 있다(이훈진, 2009). Seligman과 Csikszentmihalyi(2000)의 주장으로부터 시작된 긍정적 심리학의 사회 분위기 속에서 긍정적인 방법을 사용하면서도 유아와 아동의 문제 행동과 학교폭력을 개선할 수 있는 대안적 접근으로 '긍정적 행동지원(PBIS)'이 출현하였다.

2) 긍정적 행동지원(PBIS)의 출현

긍정적 행동지원(Positive Behavior Intervention & Support: PBIS)은 특수교육에서 중도 장애인들이 보이는 심각한 행동(예: 자해 행동, 자기 자극 행동, 공격 행동)을 중단시키기 위해서 사용되어 온 매우 처벌적인 행동수정과 같은 사후 처벌법에 대한 대안으로 등장하였다(Evans & Meyer, 1985). 긍정적 행동지원(PBIS)은 먼저 문제 행동의 이유를 이해한 후 문제 행동이 왜 발생하는지에 대한 가설에 따라 개인의 독특한 사회적, 환경적, 문화적 배경에 적합하게 종합적인 중재를 계획해 나가는 문제 해결 접근 방법이다. 긍정적 행동지원(PBIS)의 가장 중요한 목표는 사후 처벌법과 같이 단기간에 문제 행동을 감소시키는 것이 아니라 대체 행동을 습득하도록 지도하는 것이다(이소현 외, 2008). 즉 문제 행동에 기여하는 환경을 변화시키고, 대상 유아와 아동에게 문제 행동을 대체할 수 있는 기술을 가르치는 교육적이고 대상을 존중하는 행동지원이다(Carret al, 2002).

긍정적 행동지원(PBIS)이 특수교육계에 소개된 이후, 다양한 장애의 다양한 문제 행동을 보이는 학생들을 대상으로 가정, 학교, 지역사회에서 성공적으로 사용되어 왔다. 미국에서는 1997년 공포된 「장애인교육법」(IDEA '97', 공법 105-17)에서 장애 아동의 개별화된 교육 계획(IEP)을 개발할 때 대상 문제 행동이 학생 자신 및 다른 사람의 학습을 방해할 경우 긍정적 행동지원(PBIS)을 사용하도록 요구한다.

생태학적 관점에서 긍정적 행동지원(PBIS)은 전통적인 사후 처벌법과 달리 문제 행동과 학교폭력에 대한 다음의 두 가지 가정을 가지고 있다.

첫째, 어떤 상황에서, 어떤 사람이 행동하는 방법은 그 사람과 환경 조건 간의 상호작용 기능을 가지고 있다고 가정한다(Janney & Snell, 2000). 즉 문제 행동이 주의집중장애, 자폐성장애, 정서·행동장애, 지적장애 등에 의해서 발생하거나, 학교폭력이 강압적인 가정 환경이나 과잉보호를 하는 부모 때문에만 발생하는 것이 아니라는 것이다. 유아나 아동을 둘러싼 생태학적 요인이나 특정 환경적 사건 및 조건이 행동을 일으키거나 지원하기 때문에 발생한다고 가정한다.

둘째, 문제 행동이나 학교폭력은 대상 유아나 아동에게 유용한 목적이나 기능을 제공한다고 가정한다. 유아가 보이는 문제 행동 자체는 자신이나 다른 사람에게 바람직하지 못하고 때로는 해로울 수도 있지만 문제 행동을 보이는 유아나 학교폭력 아동 자신의 입장에서는 '부적응적(maladaptive)'이지 않다는 것이다. 즉 현재 상황에서 문제 행동과 학교폭력은 대상 유아 및 아동 자신에게 바람직한 성과를 가져다 줄 수 있는 '역할'을 한다는 것이다. 예를 들어, 자신이 특정 행동을 함으로써 어려운 상황을 회피하도록 도와주거나 교사의 도움을 받도록 해 주거나 지루하다고 느껴질 때 어떤 상호작용을 할 수 있도록 한다. 유아가 친구를 때리면 멀리서 교사가 와서 관심을 보이며, 학교폭력 아동의 경우에는 피해학생을 힘으로 통제하거나 돈을 빼앗음으로써 다른 학생들이 자신을 힘이 있다고 느끼게 하거나 피해학생의 돈을 획득하여 자신의 요구를 충족시켜 주는 것이다. 또한 문제 행동과 학교폭력을 지속적으로 사용한다는 것은 자신의 필요를 충족시키기 위한 다른 효과적인 수단을 가지고 있지 못하다는 신호이기도 하다(이소현 외, 2008).

이러한 위의 두 가지 가정의 시사점은 유아와 아동의 문제 행동과 학교폭력을 이해하기 위하여 제일 먼저 환경을 먼저 바라보아야 한다는 것과 이들이 자기의 요구를 충족시키기 위해 문제 행동과 학교폭력 행동을 계속하므로 이들이 자신의 요구를 충족할 수 있는 바람직한 행동 기술을 가르쳐야 한다는 두 가지이다. 유아와 아동이 보이는 문제 행동 및 학교폭력 발생을 환경적 조건과 그 행동의 목적 측면에서 이해한다면 긍정적 행동지원(PBIS)의 주된 목표는 문제 행동을 하는 유아를 처벌하는 것이 아니라 발생하는 문제 행동 및 학교 폭력을 예방하는 것이다. 예방은 문제가 되는 행동에 기여하는 환경적인 조건을 변화시키고, 문제 상황에서 원하는 성과를 얻어 낼 수 있는 대체적인 방법과 미래의 문제 상황을 변화시키는 데 필요한 대체 기술들을 유아와 아동에게 가르치는 것이다. 결과적으로 예방과 교수를 통해 변화된 환경과 새롭게 습득된 기술에 의해 문제 행동과 학교폭력 발생은 자연적으로 감소하게 된다는 것이다.

즉 긍정적 행동지원(PBIS)의 출현은 유아 및 아동의 문제를 발생시키는 근본적인 환경을 변화시키는 것과 이들에게 적합한 새로운 대체 행동 기술을 직접적으로 가르쳐야 한다는 두 가지 새로운 변화를 제시하고 있다.

과거 전통적인 사후 반응 접근법에서는 발생 전의 예방 대신 발생 후의 처벌에, 직접적인 기술 지도 대신에 약간의 교사 지도나 친구들과의 상호작용을 통하여 스스로 문제 행동을 감소시켜 나갈 것이라고 가정하였다. 그러나 긍정적 행동지원(PBIS)에서는 학업적 기술만이 아니라 행동적 기술을 가르치는 데 초점을 두고 있다. 교사가 교실에서 학업 기술을 가르치듯이 유아와 아동에게 상황에 적합한 사회적 기술이나 대체 행동 기술을 가르쳐야 한다는 것에 중점을 두고 있는 것이다.

2. 문제 행동과 학교폭력 지도 방법의 변화

- 학생들이 읽기를 못할 때, 교사는 읽기를 가르친다.
- 학생이 수영을 못할 때, 교사는 수영을 가르친다.
- 학생이 어떻게 적절하게 행동하는지를 모를 때,

교사는 – 벌을 준다?

혹은

– 적절한 행동을 가르친다?

Walker 등(1995)과 Vaughn 등(2000)은 유아와 아동에게 필요한 사회적 기술을 효과적으로 가르치는 방법은 학습 내용을 효과적으로 가르치는 것과 별로 다르지 않다고 하였다. 목표 사회적 기술을 명시적으로 표현하고 교사의 분명한 시범 후에 충분한 연습 기회를 다양한 상황에서 제공해 주며, 수행 결과에 대한 피드백과 일반화에 주력한다는 점은 교과 내용을 가르치는 것과 다르지 않다는 것이다.

최근 전 세계적으로 학교에서 문제 행동과 학교폭력 발생이 증가함에 따라 교과 내용을 가르치듯이 바람직한 행동을 학교에서 가르치는 것이 시도되었다. 이에 따라 특수교육에서 심각한 문제 행동을 보이는 장애 아동에게 실시하던 개별적인 긍정적 행동지원(PBIS)을 학교의 모든 학생을 대상으로 하는, 학교 차원 긍정적 행동지원(School Wide–Positive Behavior Intervention & Support: SW–PBIS)으로 확장·개발하였다(Sugai et al., 2000). 학교 차원 긍정적 행동지원(SW–PBIS)은 문제 행동 위험군에 제한하지 않고 모든 학생들을 대상으로 긍정적 행동 습득과 향상을 위한 교육 기회를 제공하는 접근법으로, 2009년 현재 미국 전역의 1만 개 이상의 초·중등학교들이 시행하고 있다(Sugai, 2007;

Sugai & Horner, 2008). 앞의 3장에서 우리나라 학교폭력의 예방 및 대책을 위한 효과적인 중재 방법으로 학교폭력 발생의 다양한 원인을 고려하고, 각 학교와 교실 문화에 적합하게 개발하여, 교사가 예방 차원에서 사회·정서적 역량을 개발시키며, 그리고 가정, 학교, 혹은 사회의 종합적, 협력적 접근을 하는 학교 차원 긍정적 행동지원(SW-PBIS)을 소개한 바 있다.

학교 차원 긍정적 행동지원(SW-PBIS)은 학교에서 필요한 긍정적인 기대 행동을 제시하고, 긍정적인 행동에 대한 동기나 보상을 제공하며, 문제를 일으킬 만한 환경(예: 학교 식당, 교실, 시간표, 복도, 운동장)을 변화시키고, 필요 시 적절한 사회적 기술을 지도하는 것에 강조점을 둔다. 학교 차원 긍정적 행동지원(SW-PBIS)의 다층 지원 체제는 행동지원의 연속체 내에 3단계의 세 가지 수준의 지원이 있으며, 학교의 '모든 학생'를 대상으로 하므로 예방적 접근을 취하고 있다. 모든 학생들과 교직원을 대상으로 문제 행동의 출현을 예방하고 적절한 행동을 가르치는 1차 예방, 1차 예방에 반응하지 않는 학생들을 대상으로 더 강도 높은 중재를 적용하는 2차 예방, 1차 예방 노력과 2차 예방 노력에도 반응하지 않는 가장 심각한 문제 행동을 보이는 학생들을 대상으로 기능 평가에 기반한 개별화된 행동 중재를 적용하는 3차 지원으로 구성되며, 학생의 반응에 따라 점차 지원의 강도를 높여 나간다(Scheuermann & Hall, 2017).

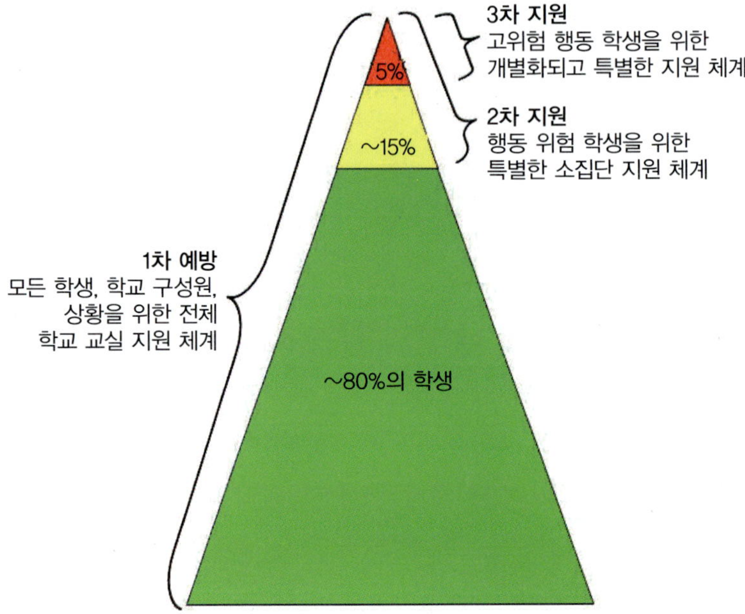

[그림 8-1] 학교 차원 긍정적 행동지원(SW-PBIS) 3단계 지원 모델

3. 학교 차원 긍정적 행동지원(SW-PBIS)의 효과

1) 학생에게 나타난 성과

학교 차원 긍정적 행동지원(SW-PBIS)의 효과는 행동과 학업에서의 향상으로 크게 나누어 볼 수 있다.

Taylor-Green과 Kartub(2000)의 연구에서 중학교에서 학교 차원 긍정적 행동지원(SW-PBIS)을 실시한 후 미국에서 학교폭력 발생률로 간주되고 있는 교장실에 불려 가는 훈육 의뢰 수가 일년 내에 42%가 감소하였으며, 그다음 해에도 계속 유지되었다. 6개의 초등학교에서 학교 차원 긍정적 행동지원(SW-PBIS)

을 실행한 Nakasato(2000)의 연구에서도 교장실 훈육 의뢰 수가 의미 있게 감소되었다.

Stichter 등(2004)은 일과, 명확한 기대, 일관성 있는 수행과 같은 학교 차원 긍정적 행동지원(SW-PBIS)의 1차 보편적 예방을 실시한 후에 초등학교에서 행동장애 아동의 행동이 개선되었고, Newcomer와 Powers(2002), Powers(2002)는 2차 예방의 소집단 사회적 기술 프로그램 실행 후에 학생의 문제 행동이 감소된 것으로 나타났다. 또한 Kartub 등(2000)의 연구에서는 긍정적 행동지원(PBIS)이 복도, 버스, 운동장과 같은 비교실 환경에서의 문제 행동 감소에도 효과가 있다고 보고하였다.

최근 연구들은 물론 학교 차원 긍정적 행동지원(SW−PBIS)을 실행하는 학교에서 학생들의 행동이 향상될 뿐만 아니라 학업 성적이 향상되는 결과를 보여주고 있다. Luiselli 등(2005)은 초등학교에서 3년간 학교 차원 긍정적 행동지원(SW−PBIS)을 실행하였을 때, 훈육실 의뢰 수와 정학 수가 감소되었을 뿐만 아니라 읽기와 수학 점수가 향상되었으며, 중학교 학생들을 대상으로 한 Lassen 등(2006)의 연구에서도 훈육실 의뢰 및 정학 수 감소 외에 수학 점수가 향상된 것으로 나타났다.

강삼성, 이효신(2013)과 윤예니(2009)는 학생들을 대상으로 한 학교생활 만족도 조사를 통하여 학교 차원 긍정적 행동지원(SW−PBIS)의 효과를 살펴보았다. 두 연구에서 모두 학생들의 학교생활 만족도가 크게 향상되었다. 학교생활 만족도란 학교라는 환경적 공간에서 학생들이 교사, 또래 집단과 인간관계를 맺으며 교육 활동을 하는 데 충분한 정도를 알아보고 적절한 학교생활을 해 나가는 데 필요한 물리적, 심리적 환경의 정도를 평가하는 것이다(원진숙, 2006). 이는 교사가 문제 행동과 학교폭력에 사용되는 시간이 감소하자 수업에 사용할 수 있는 시간이 연간 761시간 늘어났다는 결과(Scott, 2001)에 비추어 볼 때, 교사들이 학생들의 문제 행동을 지도하는 시간이 줄어들면 수업에 더 많은 시간을 투자함으로써 학생들의 학업 성취를 향상시킬 수 있었다는 것으로 해석할 수 있다.

2) 교사에게 나타난 성과

학교 차원 긍정적 행동지원(SW-PBIS)의 긍정적인 효과가 학생에게만 한정되지 않고 교사에게도 나타났다는 많은 연구들은 학교 차원 긍정적 행동지원(SW-PBIS)을 실행했을 때 교사 효능감 향상을 보고하고 있다(Kelm & McIntosh, 2012; Nelson, 1996; Ross & Horner, 2007). 또한 Nelson(1996), Kelm과 McIntosh(2012)의 연구에서 학교 차원 긍정적 행동지원(SW-PBIS)을 실행하는 학교 교사가 실행하지 않는 학교 교사보다 효능감이 더 높았으며, Ross 등(2012)은 학교 차원 긍정적 행동지원(SW-PBIS)의 실행 충실도가 높은 학교의 교사들은 낮은 학교의 교사들보다 교사 효능감이 더 높았고 정서적 소진감은 더 낮았다고 보고하였다.

3) 학교 분위기에 나타난 성과

학교 분위기란 다른 학교와 구분되는 학교의 특성으로, 물리적 상황에서 사회·심리적 현상까지 포함한 학교의 전반적 환경의 질을 말한다(Caldarella et al., 2011). 학교 분위기는 교사의 생산성, 수행, 협력, 의사소통, 만족도, 소진에 영향을 미치고(DuFour, 2007; Grayson & Alvarez, 2008; Kruse & Louis, 1997), 학생의 학업과 행동에도 영향을 미치는(Aveyard et al., 2004; Brand et al., 2008; Garrison, 2004) 중요한 요인이다.

김미선, 송준만(2006)은 초등학교 6학년을 대상으로 학교 차원 긍정적 행동지원(SW-PBIS)을 4개월 동안 실시한 후 관리상의 훈육 지도 빈도와 학교 분위기 조사를 통해 변화를 알아보았다. 학교 차원 긍정적 행동지원(SW-PBIS)의 실행 후 3월에는 52건 발생하던 훈육 지도가 7월에는 1건으로 줄어들었다. 또한 학생들이 인식한 학교 분위기 조사에서 학생들은 학교 차원 긍정적 행동지원(SW-PBIS)의 실행 후 학생 간의 관계, 교수 환경, 학습과 평가, 태도와

문화, 안전과 같은 학교 분위기가 유의하게 좋아졌다고 인식하였다. 대안 학교 중등학생을 대상으로 한 여희영(2010)의 연구에서도 학교 차원 긍정적 행동지원(SW-PBIS)의 실행 이후 학생들이 인식한 학교 분위기 점수가 유의하게 높아졌다.

문제 행동과 학교폭력을 다루기 위한 접근법은 다양하지만 학교 차원 긍정적 행동지원(SW-PBIS)은 매우 효과적인 방법으로 인식되고 있다. 이러한 이유로 학교 차원 긍정적 행동지원(SW-PBIS)은 현재 미국 연방 정부의 지원을 전폭적으로 받으면서 실제 교육 현장에서 활발하게 실시되고 있는 접근법이다. 긍정적인 훈육 방법을 사용하면서도 학생의 행동 개선과 학업 성취라는 두 가지 목적을 모두 달성할 수 있는 대안적 접근으로 학교 차원 긍정적 행동지원(SW-PBIS)이 주목받고 있다.

그동안 우리나라 학교폭력에 대한 개입은 가해학생에 대해서는 폭력 억제와 처벌에 초점을, 피해학생에게는 학교폭력 위험 요소를 줄여 주고 보호 요인을 강화해 주는 개인 중심으로 이루어져 왔다. 하지만 최근에는 학교폭력을 피해학생이나 가해학생에 대한 개인적 개입을 넘어서서 주변학생을 포함하는 교실 문화와 집단적 현상으로 이해하고 학급 전체에 개입을 해야 한다는 주장이 제기되고 있다(Salmivalli et al., 2011). 이러한 이유로 학교폭력 예방 및 대책을 위한 프로그램으로 전체 학생을 대상으로 하여, 학교 구성원 간의 존중과 신뢰를 바탕으로 한 협력과 돌봄의 관계를 형성하는 교실 문화와 학교 분위기를 형성하는 학교 차원의 긍정적 행동지원(SW-PBIS)이 추천된다.

4. 유아기 학교 차원 긍정적 행동지원 : 피라미드 모델(Pyramid Model) 교수법

최근 학령기의 학교폭력 발생 증가와 함께 유아교실에서 문제 행동을 보이는 유아의 수가 증가하고 있다. 최근 학교폭력이 시작되는 초등학교 시기 이전부터 유아교실에서 발생하는 다양한 문제 행동에 대해 체계적인 조기 중재를 제공해야 한다는 주장들이 강력히 제기되고 있다. 유아기의 심각한 문제 행동은 학교폭력과 유사한 형태라는 연구자들의 분석과 유아기의 심각한 문제 행동이 초·중등학교에서의 적응과 학업, 심지어 성인기에 직업, 범죄 및 자녀 양육 문제로까지 연결된다는 연구 결과들이 보고되고 있기 때문이다(Brendtro & Long, 1995; Kazdin, 1985; Odgers et al., 2008; Reid et al., 2004). 유아기에 보이는 대부분의 문제 행동은 아직 고착화되지 않은 경우가 많으므로 유아기는 변화될 수 있는 최적의 시기이다(박은수, 2011). 따라서 유아기의 문제 행동 예방과 중재는 훗날의 학교폭력을 예방하고 미래의 사회 적응에 크게 기여할 수 있는 효과적인 전략이라고 할 수 있다.

이러한 이유로 우리나라는 '2차 학교폭력 예방 및 대책 5개년 기본계획(2010~2014년)'에서 대상을 유아기까지 하향화하여 포함하였고, 학교, 사회, 가정에서 경미한 폭력 행위에 대해서도 적극적인 대처를 강조하고 있는데, 이는 유아기부터 학교폭력의 예방에 중점을 두어야 한다는 의지를 보여 주고 있는 것이다(교육과학기술부, 2010). 유아의 문제 행동 예방과 중재를 체계적으로 일찍 시작하면 할수록 현재 및 미래의 학업, 사회·정서 발달에 미치는 부정적 영향을 최소화할 수 있을 뿐만 아니라 미래의 사회적 비용을 감소시킬 수 있는 것이다.

학교 차원의 긍정적 행동지원(SW-PBIS)의 문제 행동과 학교폭력 감소의 효과성에 힘 입어 유아교육 관련 연구자들은 유아교실에서 빈번하게 발생되고 있는 다양한 문제 행동 지도를 위해 효과적인 중재 방법으로 학교 차원 긍정적 행동지원(SW-PBIS)을 도입하여 유아에게 적용하고자 하였다. 학교 차원 긍정적 행동지원(SW-PBIS)과 같이 3단계의 연속체를 가진 프로그램 차원 긍정적 행동지원(Program Wide-Positive Behavior Support: PW-PBIS)을 개발하여 유아들에게 실시하였다. 연구 결과는 초·중등학교에서 실시되고 있는 학교 차원 긍정적 행동지원(SW-PBIS)의 성과만큼 매우 효과적인 것으로 나타났다. 헤드스타트 프로그램에서 12주 동안 사회적 기술 중재를 받은 유아의 적응 행동이 증가하고 문제 행동이 감소한 것으로 나타났다(Serna et al., 2000). 또한 사회적 기술의 직접 교수와 촉구 및 칭찬은 유아의 사회적 성취의 개선과 관련된다는 것을 발견하였다(Tankersley et al., 2007) 그리고 Smith(2004)의 연구에 따르면 프로그램 차원 긍정적 행동지원(PW-PBIS)은 행동장애 위험 유아의 외향적이고 공격적인 행동 비율을 현저하게 감소시키는 것으로 나타났다.

그러나 몇몇 유아교육자들은 학령기 아동이 아닌 학령 전의 유아에게 적용할 수 있는, 즉 유아교실에서 좀 더 효과적으로 사용되기 위해서는 프로그램 차원 긍정적 행동지원(PW-PBIS)에 좀 더 몇 가지 특징이 고려된 프로그램이 개발되어야 한다고 주장하였다. 이러한 특징은 유아교육기관의 구조와 철학과 관련된 특성, 유아교육기관에서 이용할 수 있는 자원과 전문가, 유아의 발달적 및 행동적 요구, 그리고 사회·정서적 역량을 증진시키고 유아의 문제 행동을 지도하는 데 사용할 수 있는 발달에 적합한 실제(Developmentally Appropriate Practice: DAP)와 관련된 특징들이다. Fox와 Little(2001)은 유아의 발달 연령, 유아의 요구뿐만 아니라 유아의 인지 능력과 문제 행동의 발달적 특성이 고려되어야만 한다고 주장하면서 새로운 프로그램 개발을 시도하였다. 초·중등학교의 학생들을 위한 학교 차원 긍정적 행동지원(SW-PBIS)을 학령 전 유아의 환경에 맞추고 유아의 발달을 고려하여 그에 적합하게 교수와 지원 전략을 수정해야 한다고 하였다(Stormont, Lewis, & Beckner, 2005).

Fox와 Little(2001)은 유아의 사회·정서적 역할을 증진시키고 유아의 문제 행동을 이해하고, 예방하고 지도를 할 수 있는 체제인 피라미드 모델(Pyramid Model)을 개발하였다. 피라미드 모델(Pyramid Model)은 교사와 양육적이고 반응적 관계 수립하기, 높은 질의 지원적 교실 환경 만들기, 사회적 기술과 정서 발달 증진시키기, 집중적이고 개별적인 중재 제공하기의 체제로 구성되어 있다([그림 8-2] 참고). 피라미드(Pyramid) 안에서 설명되는 실제의 4단계는 모든 유아의 사회·정서 발달을 증진하고 문제 행동 예방과 중재를 위해 계획되었다.

즉 피라미드 모델(Pyramid Model)은 모든 유아의 사회·정서적 역량을 지원하는 2단계로 구성되어 있는 보편적 증진, 문제 행동 위험 유아를 중점적으로 하는 지원하는 2차 예방, 그리고 지속적으로 사회적으로나 행동적으로 문제를 보이는 유아에 대한 중재를 목적으로 하는 3차 중재를 포함하는 4단계로 구성되어 있다. 특히 2단계의 보편적 증진에 높은 질의 지원적 교실 환경과 양육적이고 반응적인 관계 형성이 포함되어 있는 것이 피라미드 모델(Pyramid Model)과 학교 차원 긍정적 행동지원(SW-PBIS)과의 차이점이라고 할 수 있다(Fox et al., 2003; Hemmeter, Ostrosky, & Fox, 2006).

피라미드 모델(Pyramid Model)의 역할은 교실에서 유아의 성공을 증진하는 데 있다.

- 모든 유아가 학교에 오는 것을 즐거워할 수 있는 환경을 만들어 준다.
- 유아의 참여를 증진시키는 환경을 구성한다.
- 유아에게 무엇을 해야 하는가를 가르치는 데 초점을 둔다.
- 기대 행동과 일과를 가르친다.
- 유아가 문제 행동 대신에 사용할 수 있는 기술을 가르친다.

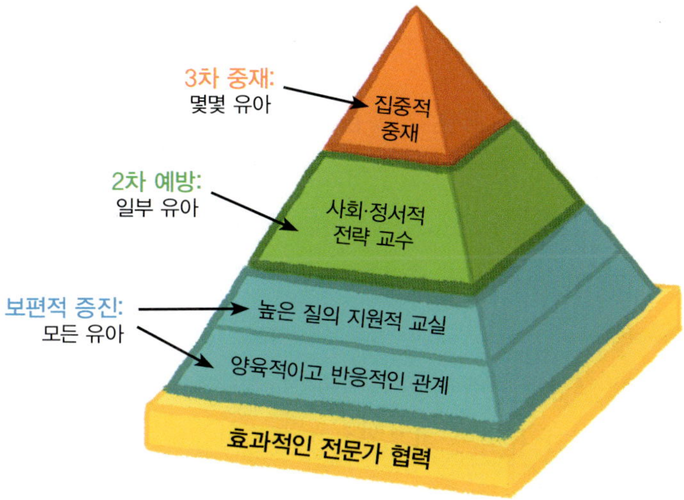

[그림 8-2] 피라미드 모델: 사회·정서적 역량 증진과 문제 행동 지도

다음에 제시하는 예는 유아교실에서 피라미드 모델(Pyramid Model)을 어떻게 실시하는가를 보여 주고 있다.

- 4세 반을 담당하는 진달래 반 유 교사는 등원 시간에 모든 유아와 부모에게 반갑게 인사하는 데 많은 시간을 사용한다. 유 교사는 부모와 유아의 하루 일과와 유아가 가정에서 있었던 일에 대하여 간략하게 서로 이야기를 나눈다. 유 교사는 교실의 모든 유아와 양육적이고 지원적인 관계를 형성하는 데 최선을 다한다**(수준 1)**.
- 유 교사는 교실에서 유아의 참여와 사회적 상호작용이 증진되도록 교구 및 교재를 주의 깊게 배치하였다. 유아가 어려움을 가질 때, 유 교사는 교실 구성이나 활동 구조가 어려움을 발생시키지 않도록 하기 위해 물리적 환경을 가장 먼저 조사한다**(수준 2)**.
- 교실의 몇몇 유아는 또래와 놀이할 때, 화가났을 때나 실망했을 때 그리고 사회적 문제를 해결할 때 교수를 필요로 하는 것 같다. 유 교사는 영희에게 특별한 사회적 기술을 가르칠 수 있는 전략과 활동을 포함하도록 교육 과정을 수정하였고, 이러한 활동이 영희에게 진보를 가져온다고 확신하고 있다**(수준 3)**.
- 유 교사는 자주 소리를 지르고 다른 유아를 때리는 철수와 같은 유아의 요구를 충족시킬 수 있는 자신의 능력에 대하여 염려한다. 원장님의 도움으로 유 교사는 철수의 가정을 방문하고 가정과 교실에서 실시할 수 있는 긍정적 행동지원(PBIS) 계획을 개발하기 위해 부모 및 팀과 협력을 하였다**(수준 4)**.

1) 양육적이고 반응적 관계 형성

효과적인 유아교육 프로그램은 가족은 물론 교사와 유아 간의 관계가 긍정적이고 지원적인 관계에 기초해야만 한다(Bredekamp & Copple, 1997). 유아를 위해 개발된 피라미드 모델(Pyramid Model)에서 보편적 증진의 첫 단계인 유아가 교사와 양육적이고 반응적인 관계를 형성하는 것은 유아의 사회·정서적 역량 증진과 문제 행동 예방에 필요한 실제의 기초이며, 이 단계는 학령기 아동을 위한 학교 차원 긍정적 행동지원(SW-PBIS)에는 없는 단계이다. 양육적이고 반응적인 관계는 교사가 유아와 반응적이고 긍정적인 상호작용에 참여하고 가족 및 동료와 파트너십을 발달시키는 데 초점을 맞춘다. 이 단계는 교사가 유아의 놀이에 참여하고, 유아와의 대화를 확장하고, 유아의 적절한 행동을 격려하는 긍정적이고 설명적인 피드백을 제공한다. 또한 유아의 긍정적 행동과 사회·정서적 성취가 가정과 지역사회에서도 이루어질 수 있도록 가족과도 협력하여야 한다(Kontos, 1999; National Research Council, 2001; Pianta, Steinberg, & Rollins, 1995).

2) 높은 질의 지원적 교실 환경 준비

보편적 증진의 두 번째 단계는 모든 유아의 사회·정서적 역량 증진을 위해 교실 활동과 일과에 유아 참여를 지원하는 교수 실제이다(Jolivette et al., 2001; National Research Council, 2001; Peisner-Feinberg et al., 2000). 이 단계에는 발달에 적합한 실제(DAP)와 활동 간의 균형 잡힌 시간표를 포함하는데, 교사는 유아에게 교실 시간표에 대하여 명확하게 가르치고, 전이를 구조화하고, 적은 수의 규칙과 행동 기대를 가르칠 뿐만 아니라 선택의 기회 및 명백한 지시를 제공하고, 그리고 유아가 흥미를 느끼고 참여할 수 있는 활동을 제공하는 것을 포함한다.

3) 사회·정서적 교수 전략 사용

피라미드 모델(Pyramid Model)의 2차 예방에서는 소집단으로 사회적 기술과 정서적 역량의 명시적 교수를 제공한다(Coie & Koeppl, 1990; National Research Council, 2001; Webster-Stratton, Reid, & Hammond, 2001). 2차 사회·정서적 교수 전략 중재의 실제 목적은 문제 행동 발달 위험이 있는 유아나 사회·정서적 발달이 지체되었지만 집중적인 개별화된 지원은 필요하지 않은 유아에게 교수를 제공하는 데 있다. 6장에서도 설명하였듯이 유아가 가지는 문제 행동의 발달적 특성 때문에 어떤 문제 행동이 위험 수준인가 아닌가에 대한 명확한 판단이 어려울 수 있다. 유아는 대부분 어느 시점에는 모두 문제 행동을 보이기 때문이다. 유아교육의 1차적인 목적은 유아들이 집단 상황에서 성공적이 되도록 사회적 기술과 정서적 역량을 가르치는 것이다. 그러므로 피라미드 모델(Pyramid Model)은 모든 유아를 위한 사회·정서적 기술과 사회적 상호작용이나 사회적 조절에 어려움을 가지고 있거나 문제 행동이 발달할 위험이 있는 유아에게 개별적, 소집단으로 목표 기술을 지도하고 가르친다.

교사는 유아에게 자기와 타인의 정서를 판별하고 표현하기, 자기조절하기, 사회적 문제 해결하기, 상호작용 시도하기와 유지하기, 협력적 반응하기, 실망이나 화 가라앉히는 전략, 그리고 우정 기술(예: 도움 요청하기, 차례 지키기, 칭찬하기)을 가르친다. 사회적 기술과 정서적 역량의 교수는 교실의 계획된 활동이나 일과 전반에 걸쳐서 삽입 교수를 사용하는 체제적이고 포괄적인 접근을 필요로 하며 이러한 역량을 확실히 발달시킬 수 있는 명시적 교수를 필요로 한다(Grisham-brown, 2007; Grisham, Hemmeter, & Pretti-Fromtczak, 2005).

4) 집중적인 개별화 중재 계획

교사의 양육적이고 반응적인 관계 구축, 높은 질의 지원적 교실 환경 제공, 그리고 명시적인 사회·정서적 교수 전략을 사용하더라도 어떤 유아는 지속적으로 심각한 문제 행동을 보일 가능성이 있다. 지난 10년간 많은 연구들은 긍정적 행동지원(PBIS)이 심각하고 지속적인 문제 행동 지도에 효과적인 중재 접근이라는 것을 증명하였다. 피라미드 모델(Pyramid Model)은 지속적으로 심각한 문제 행동을 보이는 유아에게 긍정적 행동지원(PBIS) 계획의 실시를 포함한다 (Fox, Dunlap, & Cushing, 2002).

긍정적 행동지원(PBIS) 과정은 팀 회의를 통하여 유아의 요구에 대해 의논하고 기능적 평가 과정을 통해 정보를 수집하여 전략을 개발한다. 교사와 가족은 유아에 대한 관찰 자료를 제공하고, 면담에 참여하여 유아의 문제 행동에 대한 기능 평가가 이루어지도록 협조해야 한다. 기능 평가 후, 가설이 설정된 행동지원 계획은 선행 사건 예방과 문제 행동을 대체하는 대체 기술 지도, 그리고 문제 행동이 강화되거나 유지되지 않도록 할 수 있는 계획을 포함한다. 행동지원 계획은 교사와 가족에 의해 실시되며 행동 전문가나 상담사는 교사에게 코칭을 하며 가정에서 이루어질 때에는 가족에게도 코칭을 해 준다. 협력팀은 계획 실시와 유아 성과를 검토하기 위해 정기적으로 모임을 갖는다.

지금까지 간략하게 피라미드 모델(Pyramid Model)의 보편적 증진 실제, 2차 예방, 3차 중재에 대한 설명을 기술하였다. 다음 9장에서는 양육적이고 반응적 관계, 10장에서는 높은 질의 지원적 교실 환경, 11장에서는 사회·정서적 교수 전략, 12장에서는 집중적이고 개별화된 긍정적 행동지원(PBIS)에 대하여 더욱 상세히 설명하고자 한다.

5. 가족에게 피라미드 모델(Pyramid Model) 교수법 안내하기

피라미드 모델(Pyramid Model)을 효과적으로 실시하기 위해서는 다른 교사, 가족에게 피라미드 모델(Pyramid Model)을 이해시켜야 한다.

다른 교사나 가족에게 피라미드 모델의 원리와 실제를 알리는 구체적인 방법의 실제는 다음과 같다.

- 피라미드 모델 교수법에 대해 소개하고 현재 실행 중에 있는 구체적인 실제를 소개하는 편지를 부모에게 보내기
- 주요 원리와 실제를 나타내는 그림이나 내용을 유아교육기관과 교실에 게시하기
- 피라미드 모델에 대해 설명하는 가족의 날 행사 개최하기
- 피라미드 모델 교수법의 최신 정보를 업데이트하고 회의 중에 질의 및 응답 시간을 가지기
- 사례, 이슈, 질의 및 응답 등이 있는 뉴스 레터를 만들고 배부하기

〈표 8-1〉 피라미드 모델에 대한 가정 통신문

피라미드 모델 교수법
부모님께, 우리 유치원에서는 피라미드 모델을 지속적으로 개발하고 있습니다. 이 모델은 유아의 사회 · 정서적 기술을 증진시키고 문제 행동을 예방하고 중재하기 위해 계획된 예방적인 프로그램입니다. 피라미드 모델의 첫 번째 요소는 첨부된 행동 발생 보고서입니다. 이 보고서의 주요 목적은 유아 행동에 대한 자료를 수집하는 것입니다. 이 보고서는 교사들이 여러분 자녀의 교실에서 필요한 중재와 전략에 집중하도록 도울 것입니다. 사건이 발생하게 되면 부모님께서는 이 보고서의 사본을 받게 될 것입니다. 물론 교사는 사소한 사건을 다룰 것입니다. 형식의 제일 윗부분을 보면 사건의 발생 빈도를 알 수 있습니다. 사건의 발생 횟수는 교사가 문제 행동을 보이는 특정 아동을 발견하고 그러한 유아들을 지원할 수 있는 계획안을 수집하는 데 정보를 제공할 것입니다. 피라미드 모델의 두 번째 요소는 유아의 사회적 기술에 지속적이고 정기적으로 집중하는 것입니다. 각 교사는 놀이, 이야기, 게임 및 다른 활동을 통해서 다음과 같은 것을 가르칠 것입니다. 친구 사귀기, 규칙 따르기, 갈등 해결하기, 정서 인지, 타인과 잘 지내기, 자존감, 교실 문화에 적합한 기술 등입니다. 부모님께서는 자녀의 담당 교사로부터 이러한 수업에 대한 정보를 받을 것입니다. 어머니께서 좀 더 질문이나 설명이 필요하시면, 담당 교사에게 이야기해 주시기 바랍니다. 우석 어린이집 원장 ○ ○ ○

출처: Stormont, M., & Lewis, T. J. (Eds.)(2007). Implementing positive behavior support systems in early childhood and elementary settings. Corwin Press. p. 331.

〈표 8-2〉 문제 행동 발생 보고서

유아 이름 ________	의뢰 교사 ________	교실 ________
날짜 ________	발생 시간 ________	
• 문제 행동(가장 많이 일어나는 행동에 표시)		
1. 공격성	5. 부적절한 언어	9. 뛰쳐나가기
2. 눕기	6. 방해	10. 소유물 손상하기
3. 자기 상해	7. 불응하기	11. 안전하지 않은 행동
4. 상동적/자기 자극 행동	8. 놀리기	12. 그 외 ________
• 문제 행동 발생 장소(하나 표시하기)		
1. 교실	4. 복도/비상 계단	7. 버스 승하차
2. 놀이터	5. 화장실	8. 도서관
3. 현장 관찰	6. 식당	9. 그 외 ________
• 활동		
1. 등원	6. 소집단 활동	11. 자조 기술
2. 노래 부르기	7. 식사 시간	12. 하원
3. 대집단	8. 조용한 시간/낮잠	13. 전이
4. 흥미 영역	9. 실외놀이	14. 그 외 ________
5. 자유놀이	10. 특별한 활동	
• 포함된 사람들(모든 사람 표시)		
1. 아무도 없음	4. 부모	7. 모르는 사람
2. 직원	5. 보조교사	8. 그 외 ________
3. 또래	6. 교사	
• 가능한 동기		
1. 과제나 요구 피하기	4. 원하는 것 얻기	7. 성인 관심 얻기
2. 또래 피하기	5. 원하는 활동 얻기	8. 잘 모름
3. 성인 피하기	6. 또래 관심 얻기	9. 그 외 ________
• 결정/결과(적용되는 모든 곳에 표시)		
1. 과제 재지시	6. 교육 과정 수정	11. 신체적 안내
2. 물건 이동	7. 언어적 질책	12. 신체적 제지
3. 보상 제거	8. 자리 변화	13. 다른 방 보내기
4. 특권 제거	9. 부모 접촉	14. 원장실 보내기
5. 타임 아웃	10. 다른 프로그램 권고	15. 집에 보내기
		16. 그 외 ________

출처: Hemmeter, M. L., Fox, L., Jack, S., & Broyles, L.(2007). A program-wide model of positive behavior support in early childhood settings. Journal of Early Intervention, 29(4), p. 344.

Chapter 9

양육적이고 반응적 관계 형성

1. 문제 행동과 유아-교사 관계
2. 양육적이고 반응적 관계 형성을 위한 실제적 전략
3. 특별한 요구를 가진 유아와 양육적이고 반응적 관계 형성하기
4. 교실의 다른 성인과 긍정적 관계 형성하기

피라미드 모델

: 사회·정서적 역량 증진과 문제 행동 지도

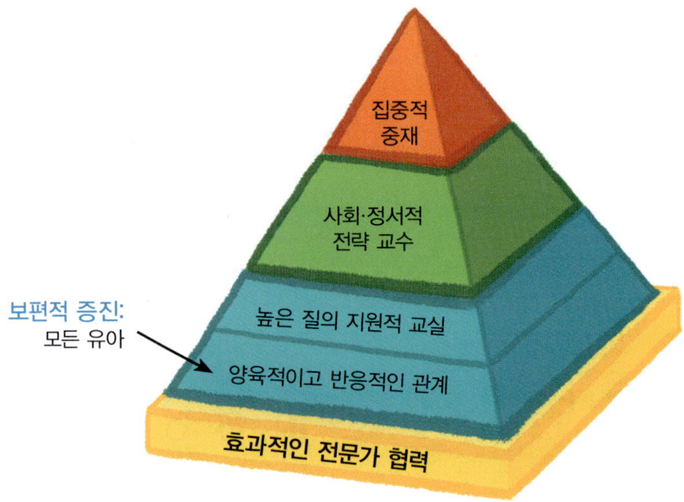

유아의 사회·정서적 역량 증진과 문제 행동 예방 및 중재에 효과적인 프로그램으로 알려진 피라미드 모델(Pyramid Model)에서는 가장 기본적이고 1차적인 보편적 증진으로 양육적이고 반응적인 관계 형성하기를 제시하고 있다.

1. 문제 행동과 유아-교사 관계

1) 양육적이고 반응적인 유아-교사 관계 형성의 중요성

다음은 성인의 유아에 대한 양육적이고 지원적 관계 형성이 유아의 문제 행동 발생에 미치는 영향을 살펴볼 수 있는 예들이다.

현정이 엄마와 30개월 된 딸 현정이는 아파트 근처에 있는 공원에서 다른 부모 및 자녀들과 한두 시간씩 함께 노는 것이 오랫동안 계속되어 온 일과이다. 그렇지만 현정이 엄마와 현정이가 공원에 온 지 약 10분가량 되었을 때, 현정이 엄마는 갑자기 다시 집에 돌아가야 하는 급한 전화를 받았다. 현정이는 친한 친구인 미란이와 재미있게 요리놀이를 막 시작하고 있는 상황이었다. 현정이 엄마는 현정이에게 "미안하지만 지금 엄마와 함께 집으로 가야 한단다. 지금 우리 출발해야 한단다."라고 말했다. 현정이는 흐느껴 울며 말하였다. "나는 지금 미란이와 재미있게 놀고 있잖아." 현정이 엄마는 몸을 구부려서 현정이를 안았다. 그리고는 꼭 안아 주었다. "우리 집에 미란이를 곧 놀러오라고 하자."라고 하면서 달랬더니, 현정이는 "알았어."하고 엄마와 함께 집으로 왔다.

10년 동안 어린이집 교사를 한 윤 선생님은 거친 유아들을 잘 다루는 교사로 유명하다. 범수는 과잉 행동, 부정적 행동, 그리고 교사와 또래에 대한 공격성이 심해서 윤 선생님 교실에 배치되었다. 두 달 정도 되었을 때 원감 선생님은 조심스럽게 윤 선생님에게 다가와서 범수가 어떠냐고 물었다. "아주 잘합니다. 친구들이 범수하고 잘 놀아요." 원감 선생님은 깜짝 놀라면서, 범수를 만나 보고 싶어했다. 윤 선생님은 모든 유아들에게 말하였다. "범수 보아라. 대집단 시간에 아주 얌전히 잘 앉아 있다. 범수는 오늘 너무 잘한다." 범수가 이야기에 대한 질문에 대답할 때, 윤 선생님은 "범수가 대답을 잘하네. 오늘 정말 선생님 말을 잘 듣는구나."라고 말하였다. 그리고는 "범수야, 간식 먹으러 갈 때의 예쁜 걸음을 모두에게 보여 줄 수 있겠니?"라고 하였다. 간식 시간에는 친구가 범수에게 주스를 달라고 하였을 때, 범수는 친구에게 주스를 잘 전달해 주었다. 윤 선생님은 주의 깊게 보고 있다가, "범수, 아주 착하게 친구와 나누어 먹네."라고 말하였다.

출처: Joseph, G., & Strain, P. (2004). Building Positive Relationships with Young Children. Young Exceptional Children, 7(4), p. 21. p. 323.

위의 두 사례는 유아의 문제 행동이 충분히 발생할 수도 있는 상황이다. 그렇지만 위의 두 사례에서 두 유아는 부모와 교사의 의사에 순응하고, 서로 충분히 의사소통하고, 현재 상황을 수용하고, 엄마와 교사의 인정을 받으려고 하는 것을 볼 수 있다. 두 사례에서 유아–성인(부모, 교사) 관계가 긍정적 관계로 정착되었음을, 부모와 교사가 그동안의 양육과 교육을 통해 대상 유아가 바람직한 행동을 하도록 지도하였음을 볼 수 있다.

유아교실에서 유아–교사 긍정적 관계를 수립하는 것은 교수 행위의 필수적인 과제이고 기본적인 요소이다. 다양한 인간관계 중 유아–교사 관계는 유아의 성장과 발달에 매우 큰 영향을 미치며 유아교육의 질적 측면에 있어 서로 중요한 요소이다. 유아는 교사와의 관계가 안정되었을 때, 교실 환경에 대해 적극적 탐색을 하고, 긍정적 정서를 가지고, 다른 사람과의 유능한 사회적 상호작용을 증진시킨다. Webster-Stratton(1999)은 모든 유아는 사랑, 양육, 안전, 그리고 반응적인 상호작용을 제공하는 친밀하고 서로 의존적인 사회적 맥락 내에서 잘 발달하고 잘 성장한다고 하였다. 학령기 초기의 학문적 및 행동적 문제와 관련된 위험 요인과 보호 요인에 대해 검토한 Huffman 등(2000)은 학령 전 유아기의 긍정적인 경험과 교사와의 따뜻하고 열린 관계가 중요한 보호 요인이라고 보고하고 있다.

긍정적인 유아-교사 관계 형성이 가장 기본적으로 형성되어야 하는 이유로 다음 세 가지를 제시할 수 있다.

첫째, 최근에는 가족 구조의 변화, 취업모의 증가, 유아교육에 대한 관심 확대 등으로 인해 가정에서 유아가 부모와 접촉하는 시간이 줄어드는 반면, 영아기부터 유아교육기관에서 교사와 생활하는 시간이 증가하고 있다. 이러한 사회적 상황에서 유아-교사 관계는 유아-부모 관계만큼 중요할 수 있다. 특히 최근에는 많은 유아들이 연장 보육이나 종일반에 다니므로 하루의 많은 시간을 부모 대신 교사라는 새로운 성인을 만나 관계를 형성한다. 이러한 이유로 유아는 부모 대신 교사와의 긍정적 관계 형성이 매우 중요하다(Smith, 1996).

둘째, 영아의 사회·정서 발달에 관한 많은 연구들은 생후 초기의 영아와 양육자와의 관계를 강조하면서 초기의 영아-양육자 간의 관계가 훗날 유아의 사회적 행동 발달에 영향을 미친다고 주장하였다(Ladd & Golter, 1988). 영아기의 주된 사회적 상호작용 행동 대상인 어머니와의 관계를 기반으로 하여 유아기에 이르러 또 다른 사회적 대상인 또래로 이동해 나가는데, 이는 성인과의 관계에서 습득한 차례 교대하기와 같은 사회적 기술을 또래와의 상호작용에 적용하고 일반화하기 때문이다. 또래 관계는 유아-성인(부모, 교사) 관계를 기반으로 해서 발달되는 파생적인 관계라고 할 수 있다.

셋째, 생후 초기에는 뇌의 여러 부위 중 변연계의 발달이 활발하다. 즉 전두엽과 같은 이성적 뇌보다 변연계와 같은 정서적 뇌가 활발히 발달하는 시기이므로 이성적 뇌보다 정서적 뇌 발달을 위한 적절한 환경 제공이 필요하다. Garner(2003)는 생후 초기에 양육자의 온정 어린 양육으로 안정 애착이 형성된 유아는 웬만한 스트레스에도 잘 견디며 코르티솔(cortisol) 분비가 적은 것을 발견하였다. 설사 코르티솔이 분비되어 스트레스 반응이 일어난 경우에도 훨씬 더 신속하고 효율적으로 대처하는 것으로 나타났고, 초등학교 시기에도 스트레스에 직면하더라도 문제 행동이 별로 나타나지 않고 회복력 또한 높았다.

현대 사회에서는 부모와의 따뜻한 상호작용 기회의 부족을 교사와의 따뜻한 상호작용으로 대체해야만 하는 시대적 상황이다. 이러한 이유로 교사들은 유아교실에서 유아들과 학업적 측면을 위한 인지적 활동 촉진뿐만 아니라 사회·정서적 측면을 위해 유아와 정서적인 유대 관계를 반드시 형성해야 한다. 이는 유아의 사회적 뇌 발달에 필수적인 것이며, 또한 문제 행동 유아에 대한 교사의 양육적이고 반응적인 관계 유지는 학교폭력 예방의 기초인 것이다.

2) 유아-교사 관계의 질

교사와의 긍정적 관계는 유아에게 오랫동안 지속되는 이익을 가져다 주는 것으로 나타났다(Hamre & Pianta, 2001). 교사와 긍정적 관계를 가지고 있는 유아의 경우 유아교실에 오는 것을 더 좋아하고 활동 참여도 많고(Hamre & Pianta, 2001; Ladd, 2001), 또래들과 잘 어울리고 좀 더 복잡한 놀이를 추구하며, 사회적 기술 수준이 높고, 자신의 감정을 더 잘 조절할 수 있는 것으로 나타났다(Howes & Richie, 2002). 무엇보다도 교사와 긍정적 관계일 때, 유아의 문제 행동이나 공격적 행동이 적은 반면(Peisner-Feinberg et al., 2001), 교사와 부정적인 관계를 맺었던 유아들의 경우 문제 행동이 더 많이 발생하는 것으로 보고되었다.

Wu(1992)와 Mitchell(1996)의 연구에서도 교사와 안정적인 관계를 형성한 유아는 또래 관계가 좋았으며, 친사회성을 보였고, 공격적 행동 비율이 낮았다. 또한 민혜영(1998)의 연구에서, 교사와 유아 간의 따뜻하고 긍정적인 관계를 형성하는 유아들의 경우 부정적 관계를 유지하는 유아들에 비해 부모, 교사, 또래로부터 더 높은 사회성 발달 평정을 받았다. 이러한 이유로 Howes와 Richie(2002)는 유아와 교사와의 초기 관계의 질적 측면은 유아의 또래 관계와 같은 사회적 관계, 문제 행동, 그리고 학령기의 학교생활에서의 만족과 성취에 대한 중요한 예측 변인이라고 하였다.

Pianta 등(1995)은 유아-교사 관계의 질을 〈표 9-1〉처럼 친밀감(closeness), 갈등(conflict), 그리고 의존성(dependency)으로 분류하여 설명하고 있다.

〈표 9-1〉 유아-교사 관계의 질

친밀한 유아-교사 관계 • 유아-교사 간에 존재하는 온정적 및 개방적 의사소통을 하는 관계 • 교사를 유아에게 정서적 지지 및 안정감과 같은 잠재적인 지원을 하는 자원으로 기능
갈등적인 유아-교사 관계 • 유아-교사 간에 조화로운 상호작용과 라포가 결여된 관계 • 교사와의 관계에서 많은 어려움과 갈등을 경험한 유아는 교사에게 도움을 받아야 할 상황에서도 교사를 지지원으로 활용하지 않음 • 교사와의 관계가 긴장원으로 작용함으로써 유아에게 분노와 불안을 유발시키고, 소외감이나 외로움, 유아교육기관에 대한 부정적인 태도 및 공격적 행동을 증가시킬 수 있음
의존적인 유아-교사 관계 • 유아가 교사에게 지나치게 의존성을 보이는 것으로 교사에게 '매달리는' 관계 • 다른 사람과의 강렬하고도 지속적인 정서적 결속인 애착과 달리 의존성은 자신만을 위해 교사에게 의지하는 것 의미함 • 의존적 유아는 사회적 관계 및 환경에 대한 탐색을 주저하므로 유아교육기관의 적응에 있어 부정적인 태도나 외로움을 보일 수 있음

출처: Pianta, R. C., Steinberg, M. S., & Rollins, K. B.(1995). The first two years of school: Teacher-child relationships and deflections in children's classroom adjustment. Development and Psychopathology, 7(02), 295-312. p.327.

유치원이나 어린이집에서 유아-교사 관계가 긍정적이었던 유아는 초등학교에 들어가서도 교사와 긍정적인 태도로 관계를 맺으나, 교사와 갈등적인 관계였던 유아는 초등학교에 들어가서도 교사와 갈등적인 관계를 유지하였다(Pianta와 Steinberg, 1992). 이진숙(2002)의 연구에서도 교사와 보다 친밀한 관계를 맺은 유아는 사회적 기술이 우수하고 문제 행동을 적게 보인 반면, 교사와 갈등적인 관계를 맺은 유아는 사회적 기술이 낮고 유아교실에서 행동상의 문제를 보이는 경향이 높았다. 또한 의존적인 유아-교사 관계의 유아는 외현적 문제 행동보다는 내재적 문제 행동과 유의미한 관련이 있었다. Sroufe와 Fleeson(1986)은 교사 의존성이 높은 것으로 평가된 유아는 또래와의 사회적 유능감이 낮다고 보고하였다. 유아-교사 관계의 갈등은 유아에게 스트레스로 작용하여 분노와 불안감을 유발시키고 소외감이나 외로움, 유아교육기관에 대한 부정적인 태도와 공격적인 행동을 증가시킬 수 있다. 유아가 의미 있는 타인인 교사와 따뜻하고 애정적인 유대를 맺음으로써 유아는 교육기관에 대해 보다 긍정적인 태도와 정서를 갖게 되며, 교사와의 개방적 의사소통을 통해 유아교실에서의 생활에 적극적으로 참여하게 되고, 적응에도 도움을 받는다고 하였다(Bridget & Robert, 2001).

일반적으로 지속적인 문제 행동을 보이는 유아들과 교사와의 관계는 갈등 관계이다. 교사는 문제 행동을 지속적으로 보이는 유아에게 화를 내고 벌을 주는 경향이 있고 유아가 지속적으로 문제 행동을 보이면 더 냉정하게 대하고, 유아에 대한 반응과 격려가 적어진다(Silver et al., 2005; Coie & Koeppl, 1990). 교사의 이러한 냉정한 행동을 보고 교실 내의 다른 유아는 점차 문제 행동 유아에게 거리감을 형성하게 된다. 교실 내의 문제 행동 유아를 둘러싼 적대적 감정들로 인해 유아의 문제 행동은 지속되고 교사에게 불응하거나 또래에게 공격적인 행동이 반복된다.

그러나 유아에게 지원적인 교사는 이러한 반복적인 순환을 변화시킬 수 있다. 이 장의 첫 페이지의 사례에서 보았듯이 윤 선생님은 범수에게 양육적이고 지원적인 관계 형성을 통해 심각한 문제 행동을 보였던 범수의 행동을 이전 교사와 달리 좀 더 긍정적인 관계로 변화시킬 수 있었다. 유아와 지원적 교사와의 친밀한 관계는 위험군에 놓여 있는 유아들의 공격적 행동을 감소시킬 수 있는 것이다. 자신에게 의미 있고 배려를 하는 교사가 있을 때 유아는 교사가 말하거나 의도하는 것에 초점을 맞추며, 자신이 좋아하는 교사로부터 좀 더 긍정적인 관심을 얻을 수 있는 방법들을 찾는다(Lally, Mangione, & Honig, 1988).

하지만 교사가 문제 행동을 많이 보이는 유아와 긍정적 관계를 형성하는 것은 쉽지 않다. 교사를 화나게 하고, 좌절하게 하고, 교사로서 자신이 많이 부족하다고 느끼게 하는 유아와 긍정적 관계를 형성하는 것은 매우 어렵지만 이러한 유아들이 교사의 긍정적 관계를 가장 필요로 하는 유아이다. 그러므로 교사는 좌절하고, 문제 행동 유아를 야단치거나 벌을 주고 자신의 행동에 대해 죄의식을 가지는 대신 문제 행동 유아와 사전 예방적으로 긍정적 관계를 수립하는 것이 더 생산적일 것이다. 교사가 문제 행동을 보이는 유아와 긍정적 관계 형성을 하기 위해 미리 시간을 투자하는 것은 후에 더욱 복잡하고 시간이 많이 드는 문제 행동 평가와 중재 전략을 실시할 때 소비하는 시간을 절약하게 해 준다. 1온스의 예방이 1파운드의 치료보다 훨씬 더 효과적인 것이다.

2. 양육적이고 반응적 관계 형성을 위한 실제적 전략

교실에서 교사의 긍정적 관계 형성을 위한 전략은 유아의 문제 행동을 예방할 수 있으므로 교사가 유아와 양육적이고 지원적인 관계를 발달시키는 데 사용할 수 있는 실제적인 전략을 살펴보고자 한다(Joseph, & Strain, 2004).

1) 유아에 대해 알기

교사가 유아와 의미 있고 긍정적인 관계를 형성하기 위해서는 우선적으로 유아의 선호, 흥미, 배경, 그리고 문화에 대한 전반적인 이해가 필수적이다. 유아교실에서 다양한 유아들이 무엇을 선호하고 어떤 놀이를 하는가를 관찰하고, 부모와 다른 교사와 서로 정보를 교환하는 것이 필요하다. 앞의 6장의 다양한 가정 배경, 연령, 장애 유형에 따른 문제 행동 특성에 대한 실제적 지식은 교사가 지도하는 유아를 좀 더 이해하는 데 도움이 될 것이다. 교사는 이러한 정보에 기초하여 유아와 적절한 내용의 대화를 하고, 유아의 놀이를 지원하고, 그리고 유아의 흥미를 존중하면서 의사소통을 해 나가야 한다.

2) 많은 상호작용 기회 계획하기

어떤 유아의 경우, 교사와 양육적이고 지원적 관계를 발달시키는 것이 어려운 과제일 수 있다. 과거에 이전 교사와의 부정적인 관계 역사와 유아의 문제 행동이 때로는 교사와의 친밀한 관계 형성을 방해하기 때문이다. 교사는 관계란 즉각적으로 형성되는 것이 아니고, 수천 번의 상호작용을 통하여 이루어진다는 것을 인식하여야만 한다. 그러므로 유아교사는 긍정적 관계 수립을 위해 하루 일과에 최대한 자연스럽고 우연적인 교수 기회를 미리 계획하여야 한다. 적어도 하루에 20~30번 정도 긍정적이고 지원적인 언어적 진술과 신체적 격려를 유아에게 제공해야 할 것이다. 또한 교사는 일주일에 한 번 유아와 적어도 5~15분의 개인적 시간을 일대일로 함께 보내는 것을 계획하여야 한다. 교사는 규칙적으로 만나는 시간을 미리 계획하고 강화나 체벌을 사용하지 않는 것이 좋다.

3) 긍정적으로 반응하기

교사가 유아의 감정이나 행동에 긍정적으로 반응하는 것은 문제 행동을 보이는 유아와의 관계를 증진시킬 수 있는 또 하나의 방법이다. 최선의 방법은 유아와 개인적인 시간을 마련하여 긍정적 상호작용을 하는 것이다. 교사는 일과 내에서 유아가 간식 시간에 또래에게 도움을 주는지, 점토놀이를 하는지, 혹은 바깥놀이를 위해 신발을 제대로 신고 나가는지 등의 유아가 어떻게 행동하는지를 주의 깊게 지속적으로 관찰한다. 교사는 이러한 관찰에 기초하여 유아에게 새로운 상호작용 시도, 유아 행동 수용, 그리고 유아가 교사에게 가지는 갈등과 긴장에 대처할 수 있을 뿐만 아니라 유아와의 긍정적인 경험을 만들 수 있다. 이를 위해 다음과 같은 방법이 도움이 될 것이다(Driscoll & Pianta, 2010).

- 교사는 가르치기, 지시하기, 강화하기 또는 유아의 수행에 대해 초점을 두지 않고 유아에게 중립적이고 객관적인 태도로 대한다. 스포츠 해설자처럼 유아가 무엇을 하고 있는지와 유아 감정에 대해서만 설명한다.
- 교사는 유아에게 여러 가지 교구를 제시해 준 후, 유아 자신이 그중에서 교사와 무엇을 함께 할 것인지 선택할 수 있는 기회를 제공한다.
- 교사는 다음과 같은 메시지를 유아에게 전달한다(예: "○○아, 너는 중요해.", "선생님은 계속 ○○이와 잘 지내고 싶어.", "선생님은 ○○이가 도움을 요청하면 언제든지 도와줄 수 있단다."). 이러한 메시지들을 유아에게 계속 보냄으로써 유아가 교사에 대해 가지고 있는 부정적인 생각과 기대를 수정할 수 있게 한다. 그리고 교사가 언제나 자신을 안전하게 보호해 주고 위로의 안식

처로서 자신을 도와줄 수 있는 사람이라고 여길 수 있도록 한다. 교사는 대화를 통해 유아의 일상 속에서 이러한 메시지들을 전달해 준다(예: "선생님이 ㅇㅇ를 도울 수 있어서 다행이다. 교사는 너희들을 도와주는 사람들이란다.").

유아가 어떤 것에 대해 노력하고, 생각하고, 그리고 문제 해결을 시도할 때 교사가 다음과 같은 언어적인 긍정적 피드백이나 격려 언어를 제공하는 것은 많은 도움이 될 것이다(Driscoll & Pianta, 2010; 박경자 외, 2009).

〈표 9-2〉 교사의 긍정적 피드백 및 격려 언어

교사의 긍정적 피드백
1. 네가 그 문제를 해결했다니, 잘했다. 2. 너는 이미 어떻게 해야 잘할 수 있는지 잘 알고 있구나! 3. 네 자신을 자랑스러워해도 된단다. 4. 아주 멋진 생각이야! 5. 너는 아주 잘 해냈구나! 6. 이것은 아주 좋은 방법이야! 7. 정말 고맙다. 8. 너는 친구 이야기를 아주 주의 깊고 신중하게 듣고 있구나!
교사의 격려 언어
1. 문제 해결을 아주 잘하네. 2. 아주 훌륭한 생각을 가지고 있네. 3. 네가 원하는 방법으로 그림을 그리기 위해 노력을 많이 했구나! 4. 네가 만든 것 중에 가장 좋아하는 것이 무엇인지 말해 줄래? 5. 이렇게 잘하는 것을 보니, 다 큰 애 같다. 6. 하이 파이브하자. 7. ○○이가 아주 열심히 하는구나! 8. ○○이가 얼마나 잘했는지 보자! 9. 그건 참 재미있는 방법이구나! 10. ○○이가 얼마나 발전되었는지 살펴보자. 11. ○○이에게 응원 삼창을 해 주자.

4) 유아와의 관계에 시간과 관심 투자하기

유아와 긍정적 관계 형성을 위해서는 유아에게 특별히 많은 관심과 시간을 투자해야 한다. 교사는 유아가 문제 행동을 보일 때가 아닌 다른 시간에 유아에게 관심을 가지고 시간을 투자하여야 할 필요가 있다. 유아와의 긍정적 관계 형성에 대한 비유로 돼지 저금통이 있다. 교사가 유아와 긍정적 관계를 형성하기 위해 유아 관계 돼지 저금통 안에 저금을 한다고 생각하는 전략이다. 반대로 교사가 유아에게 위협적으로 요구를 하고 잔소리를 하거나 비난할 때면 그것은 마치 출금을 하는 것이라고 생각하는 것이다. 유아-교사 관계 돼지 저금통에 아무런 저금이 없는 유아에게, 교사가 잔소리하고 비난을 한다면 관계는 더욱 악화될 것이다. 교사는 개별 유아와의 상호작용 시 대상 유아와의 관계를 표상하는 돼지 저금통을 다시 한번 머리에 떠올리는 것(예: 내가 저금을 하는 건가 아니면 출금을 하는건가? 혹은 오늘 내가 철수의 돼지 저금통에 저금을 했는가?)이 도움이 될 수 있다.

〈표 9-3〉 유아-교사 긍정적 관계 형성 전략 : 돼지 저금통

저금하기	출금하기
• 적극적 경청	• 안 돼라고 말하기
• 기다리기	• 하지 말라고 말하기
• 관찰하기	• 중단시키기
• 똑같이 모방하기	• 요구하기
• 혼자 말하기	• 지시하기
• 평행 말하기	• 비난하기
• 반성적 사고	• 큰 목소리로 말하기
• 확장하기	• 협박적으로 요구하기
• 시범 보이기	

다음 〈표 9-4〉와 〈표 9-5〉는 유치원의 하루 일과 내에서 유아와 좀 더 긍정적이고 친밀한 관계를 형성하는 구체적인 전략이다(Driscoll & Pianta, 2010; 박경자 외, 2009).

〈표 9-4〉 유아-교사 친밀한 상호작용 전략

1. 유아 등원 시, 개별 이름을 불러 주고, 웃으면서 만나서 반갑다는 것을 유아에게 전달한다("안녕, 민준. 민준이 왔구나. 너무 반갑다.").
2. 유아의 이름을 자주 불러 줌으로써 대상 유아를 존중하고 있다는 것을 보여 준다.
3. 부드럽고 애정 어린 접촉(토닥거리기, 안아 주기, 하이 파이브 등)을 사용한다. 이러한 접촉은 유아에게 따뜻함과 안심을 제공한다. 또한 유아가 이러한 접촉을 편하게 생각하는지도 확인하는 것이 좋다. 특히 과제를 마쳤을 때 유아를 껴안거나, 악수를 하거나, 등을 두드리거나 하이 파이브, 그리고 엄지 척을 한다.
4. 유아가 무엇을 좋아하고, 무엇을 중요하게 생각하며, 자신에게 있어서 무엇이 긍정적인 감정을 갖게 하는지에 대해 관심을 기울인다. 이러한 기회를 통하여 유아에 대한 생각을 열심히 한다고 생각할 수 있게 반응한다. 이러한 대화들은 두 사람 사이의 간격을 채워 줄 것이다.
5. 교사는 유아를 지켜보며 유아의 이야기에 귀를 기울이고 있다는 메시지를 전한다("네가 어제 본 공룡 발자국이 그렇게 크구나! 나도 다음에 가 봐야겠다.").
6. 유아의 잘하는 면에 집중하여 유아가 적절히 행동을 했을 때에는 더 많은 시간과 관심을 제공한다.
7. 유아가 사람, 활동, 그리고 상황에 접근하는 것을 존중하며 격려한다.
8. 새로운 일을 하려는 유아의 시도를 인정한다.
9. 유아가 성취한 것과 노력을 인정해 준다.
10. 유아의 친사회적 행동에 대해 긍정적으로 언급한다.
11. 유아의 놀이에 참여하고, 놀이하는 동안 유아의 주도와 흥미를 따른다.
12. 유아가 특별한 것을 가져오면 집단놀이 시간에 친구들과 공유하게 하여 스타가 되게 한다.
13. 유아가 좋아하는 책을 찾아보게 한 후 그 책을 유아 전체에게 읽어 준다.
14. 유아에 대한 모든 것을 모아서 각자 책으로 만들어 대집단 시간에 서로 이야기한다.
15. 유아와 이야기할 때 유아의 언어 발달 수준에 맞춰서, 간단하고 유아가 이해하는 언어를 사용한다.
16. 유아의 언어적, 비언어적 의사소통을 알아차린다.
17. 유아와 스낵을 먹으면서 대화를 한다.
18. 유아의 가정 언어를 배운다.
19. 유아에게 가족 사진을 가져오게 하여 그 사진을 다른 유아와 함께 공유하는 기회를 준다.
20. 유아의 가족 정보(함께 사는 사람, 형제와 강아지의 이름과 나이 등)에 대해 숙지하고 유아에게 말을 한다("주말에 사촌 언니 성희와 함께 무엇을 했니?").
21. 유아 가족과 유아가 좋아하는 것에 대하여 큰 포스터를 만들게 한다.

〈표 9-5〉 개인적이고 친밀한 상호작용 전략

1. 유아와 개별적으로 게임하기, 버스를 타고 옆에 앉기, 그리고 유아의 손을 자주 잡아 준다. 2. 교사는 유아에 대해서 신경을 쓰고 생각하고 있다는 것을 말해 준다. 만약 유아가 결석을 할 때에는 전화를 해 주거나 편지를 보내 주며 유아가 관심을 가질 수 있는 것들을 교실에서 소개해 준다("네가 좋아할 것 같은 책을 찾았어."). 3. 교실 밖 유치원의 다른 곳에 볼 일을 보러 갈 때, 유아의 손을 잡고 함께 데리고 간다. 4. 유아가 기분 나쁜 날, 하원 시 유아의 손을 잡고 위로해 준다("오늘은 기분이 나쁜 날이구나! 아마 내일은 좋은 날이 될 거야."). 5. 유아가 원에 오지 않았을 때, 다른 유아나 교사들이 얼마나 너를 그리워했는지에 대해 말해 준다. 6. 유아의 집으로 가정 방문을 가거나 유아 앞에서 부모에게 유아가 오늘 잘했다고 말해 준다.

또한 교사는 유아뿐만 아니라 유아 가족과의 관계에 있어서도 저금통의 예금과 출금에 대하여 생각하여야 한다. 다음과 같은 유아의 가족과의 관계에 대한 질문은 교사가 유아 가족과 긍정적 관계를 형성하는 데에 도움이 될 것이다.

① 당신은 가족과 개인적으로도 잘 알고 있는가?

- 가족은 교실에서 매일 일어나는 일에 대해 아는가?
- 당신은 유아 가정에서 무슨 일이 일어나고, 그 일이 당신이 지도하고 있는 유아에게 어떤 영향을 미치는가에 대해 어떻게 아는가?

② 당신은 가족에게 자녀의 사회·정서 발달을 증진시킬 수 있는 정보를 제공하는가?

③ 당신은 관계 형성이 어려운 가족에게 어떻게 저금을 할 수 있는가? 이러한 노력은 왜 중요한가?

5) 민감하고 반응적인 양육자로서의 교사

교사는 심각한 문제 행동을 자주 보이는 유아와 거리를 유지하려는 경향과, 부정적으로 안 된다고 말하거나 무시하는 감정을 가지기 쉽다. 교사는 유아가 소리를 지르기나 물건을 집어 던진 후에 어떤 반응을 하기보다 유아의 몸짓, 단어, 목소리, 행동 등(예: 낮잠 시간에 어깨가 뻣뻣해지거나 이를 악물거나 이갈이를 하는 행동, 또래를 때리는 행동)의 신호를 미리 살피는 민감하고 반응적인 교사가 되어야 한다(Honig, 2002). 이러한 신호들은 유아의 감정이 불안하고 불편하다는 것을 나타내는 것이므로, 교사는 미리 이러한 신호를 파악하여 보살핌을 제공하는 것이 필요하다.

〈표 9-6〉 유아들의 문제 행동 발생 신호

교사는 문제 행동의 초기 단계인 불안을 포착함으로써 문제 행동을 예방할 수 있다. 유아들에게는 다양한 신호가 나타난다. 유아가 무슨 생각을 하고 있는지, 무엇을 느끼는지 알 수 없다면 유아에 대해 자세히 알거나 가까이에서 지켜봄으로써 추측할 수 있다.

- **심리학적 신호**

  눈물, 잦은 소변, 이 악물기, 홍조, 창백함, 경직, 빠른 숨쉬기, 땀, 손장난, 토하기, 악쓰는 목소리

- **행동**

  눈 아래로 뜨기, 결석, 머리 꼬기, 손가락 빨기, 머리 모양, 옷차림, 손톱 물어뜯기, 투덜대기, 소리를 내거나 침묵하기, 소리 지르기, 자위 행위, 억지 웃음, 낄낄거림, 울기

- **생각**

  '아무도 나를 사랑하지 않는다.', '아무도 나를 원하지 않는다.', '나는 좋은 아이가 아니다.', '나는 친구가 아무도 없다.', '아무도 나하고 놀려고 하지 않는다.', '나는 무엇을 잘할 수 없다.', '나는 엄마가 왔으면 좋겠다.'

- **감정**

  걱정, 괴로움, 문제, 두려움, 걱정, 흥분, 기대, 슬픔, 짜증, 불평, 불안함, 좌절, 혼돈, 공황 상태

출처: Butchard, N., & Spencler(2000). Working effectively with violent and aggressive states. Winniepeg, MB; WEVAS Inc. p. 118-119.

6) 감정에 대해 솔직하게 이야기하기

감정에 대해 솔직하게 이야기하는 것은 교사와 어려운 관계에 있는 유아들과 관계를 형성하는 데 중요하다. 폭력이나 학대 또는 스트레스를 받는 가정의 유아

들은 종종 분노, 불안, 슬픔, 좌절, 또는 두려움 등과 같은 부정적인 감정을 소리를 질러서 표현한다. 교사는 유아의 이러한 감정을 수용하고 인정해 주고 유아가 자신의 감정을 유아의 언어로 말할 수 있도록 해 주어야 한다. "나는 그것이 너를 화나게 했다는 것을 알아.", "그건 아마도 무서웠을 거야."라고 이야기해 준다. 유아가 말하는 동안 경청하고 교실 내에서 그것을 극복할 수 있도록 도움을 주어서 유아-교사의 관계를 강화한다(Pianta, 1999). 교사는 유아의 감정 코치로 행동하며, 자기통제의 모델이 되어 줌으로써 유아가 자신을 스스로 안정시킬 수 있는 능력을 발전시키고 자신의 감정을 적절한 방법으로 조절하고 표현할 수 있도록 도움을 줄 수 있다(Howes & Ritchie, 2002; Pianta, 1999). 그러나 5장의 문제 행동과 학교폭력의 이론적 모델에서 설명하였듯이 교사는 유아가 과거 경험을 이야기하는 것이 마치 유아의 문제 행동 발생에 대한 당위성을 인정해 주는 것처럼 행동해서는 안 될 것이다. 이러한 점을 염두에 두고 교사는 유아의 이야기를 잘 들어주어야 할 것이다.

만약 교사의 다양한 노력에도 불구하고 유아와의 관계가 부정적으로 유지된다고 느껴진다면, 교사 회의를 통해 다른 교사와 함께 의논을 하거나 자신이 특정 유아에 대한 관점을 다시 반성적으로 생각해 보는 것이 유아-교사 간 긍정적 관계 형성에 도움이 될 것이다(13장의 '반성적 교사' 참고).

3. 특별한 요구를 가진 유아와 양육적이고 반응적 관계 형성하기

교사가 심각한 장애, 언어 지체, 혹은 다문화나 이민자 가정 등과 같은 특별한 요구를 가진 유아와의 긍정적 관계를 형성하기 위해서는 다른 의사소통의 수단, 즉 그들과 사용할 수 있는 의사소통 수단을 사용해야 할 것이다. 심각한 언어 장애나 언어 지체 유아와의 상호작용은 장애를 가지지 않는 유아와의 의사소통 상호작용과 많이 다를 수 있다. 심각한 장애 유아의 경우, 의사소통적 교환은 구체적인 주제(즉각적인 요구를 충족하거나, 물건을 요구하거나, 유아의 직접적인 환경에 대한 의견 말하기에 초점 두기)를 포함하고, 좀 더 단순하고, 짧은 구, 그리고 주고받는 언어적 교환이 적은 언어를 사용해야 한다. 대안적 의사소통 전략의 예에는, 전기 음성 출력 장치나 그림 교환 체제(Picture exchange communication system: PECS) 사용하기, 사인 언어나 제스처 사용하기, 본래 유아의 가정 언어로 말하기, 그림 사용하기, 간단한 문장으로 말하기 등이 포함된다.

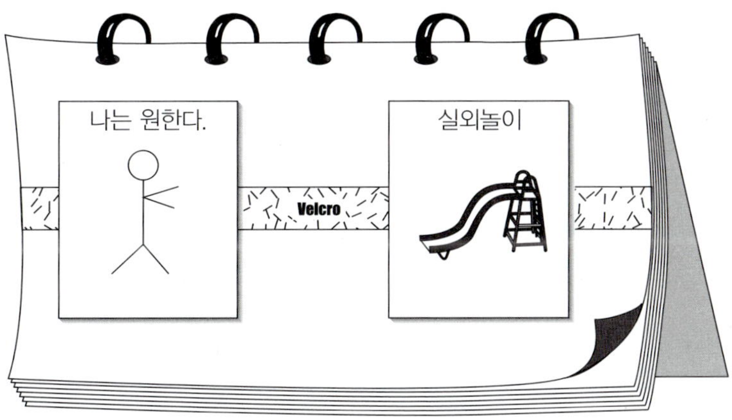

[그림 9-1] PECS 카드

4. 교실의 다른 성인과 긍정적 관계 형성하기

유아교사는 유아와 긍정적 관계를 형성해야 할 뿐만 아니라 교실의 다른 성인들도 유아와 긍정적 관계 형성을 하도록 지원해야 한다. 또한 교실 밖의 부모와 정신 건강 분야의 전문가나 치료사와 같은 성인도 유아의 사회·정서적 능력을 형성하는 데 중요한 파트너가 될 수 있다. 서로 유아의 성공을 확실시하고 문제 행동을 예방하기 위해 함께 협력하여 일해야 한다.

유아교실 내의 다른 성인들이 유아와 긍정적 관계를 형성할 수 있도록 지원하는 방법은 다음과 같다.

첫째, 교실에서 유아교사, 특수교육보조원, 치료사들이 서로에게 말할 때, 모든 대화는 긍정적이고, 지원적이고 유아 및 교실 활동과 관련되어야 한다. 교실 내에서 성인은 유아가 포함되지 않거나 교실과 관련되지 않은 개인적 주제(예: "새로운 드라마 봤나요?")로 서로 이야기해서는 안 된다.

둘째, 교실의 성인들은 적어도 서로에게 긍정적인 피드백을 제공해야 한다. 긍정적인 피드백은 교실에서 잘 진행되고 있는 것이나(예: "나는 너희들이 쌓기놀이 영역을 정말로 잘 정리해 놓아서 너무 좋구나."), 유아와의 상호작용에 대한 긍정적인 것(예: "대집단 활동에서 흥미 영역 활동으로의 전이 동안 다문화 유아인 다희에게 시각적 시간표를 보여 준 것은 순조로운 전이를 도와주는 좋은 전략이었어요.")이 될 수 있다.

셋째, 유아교실에서 수업(특별 활동이나 특강)을 하는 교사는 유아에게 말을 걸거나 유아의 활동에 참여함으로써 유아에게 아는 체를 해야 한다. 어떤 사람이 교사와 이야기를 하거나 유아를 데리고 나올 목적으로 교실에 들어갔을지라도 유아에게 아는 체를 하거나 유아 활동에 간략하게 참여해야 한다. 이것은 단순 자료 전달이나 수리와 같은 목적으로 교실에 조용하게 들어가는 성인도 포함되는 것은 아니다. 즉 유아가 양육이나 전달 목적으로 교실에 들어가는 성인에게 상호작용을 시도하면 성인은 유아에게 반드시 반응을 해야 한다.

넷째, 교사는 교실에서 유아에게 주의를 집중해야 하고 자신의 욕구는 다른 사회적 맥락에서 충족해야 한다. 어떤 교사는 영아가 어려서 잘 이해하지 못한다고 여기고 다른 교사와 길게 대화를 하기도 한다. 교실에서 전화 대화는 짧게 하고, 필요한 메시지나 카톡은 위급한 경우에만 하도록 한다. 교실에서 개인적인 통화를 해서는 안 된다. 교사끼리의 대화 빈도나 시간도 제한하여야 한다.

Chapter 10

높은 질의 지원적 교실 환경

1. 높은 질의 지원적 교실 환경의 필요성
2. 높은 질의 지원적 교실 환경 전략들
3. 특별한 요구를 가진 유아를 위한 지원적 교실 예방 실제

피라미드 모델
: 사회·정서적 역량 증진과 문제 행동 지도

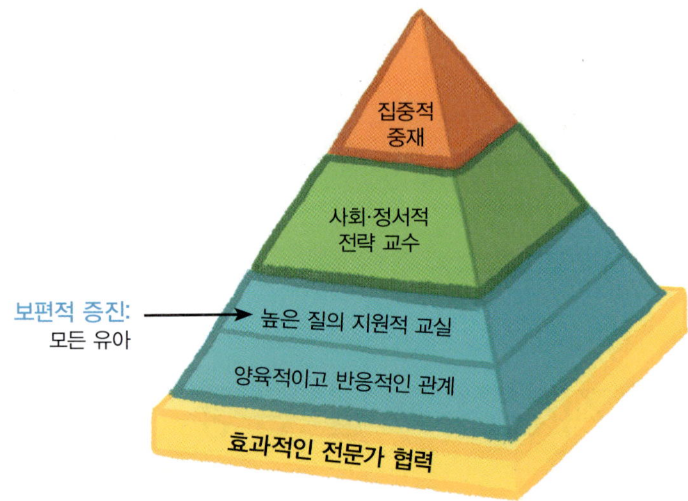

피라미드 모델(Pyramid Model)의 모든 유아를 대상으로 하는 보편적 증진에는 양육적이고 반응적인 관계 형성과 높은 질의 지원적 교실 환경의 두 단계가 포함된다. 이 장에서는 문제 행동 발생과 직접적으로 관련 있는 유아교실의 일과 및 규칙과 관련된 실제에 대해 살펴보고자 한다.

1. 높은 질의 지원적 교실 환경의 필요성

높은 질의 지원적 교실 환경은 유아들이 유아교실에서 수행해야 하는 매일의 일과와 요구되는 기대를 이해하고, 활동 참여를 증진하고, 교실 규칙과 행동 기대를 지도함으로써 문제 행동 발생 가능성을 감소시키도록 돕는 교실 환경을 말한다. 즉 문제 행동은 사람과 환경 조건과의 상호작용이라는 긍정적 행동지원(BPIS)에서의 가정에 전제하여 유아교실에서 환경과 적절하게 상호작용을 하도록 예방하는 지원적 교실 환경을 말한다.

일반적으로 문제 행동을 보이는 유아들은 다음과 같은 상황에 대해 잘 모를 수 있다.

- 교실에서 자신들이 무엇을 수행해야 하는지 모른다.
- 교실에서 자신들이 언제 그것을 해야 하는지 모른다.
- 교실에서 자신들이 어떻게 그것을 해야 하는지 모른다.

유아교실에서 유아의 문제 행동은 위와 같은 어려움에 기인한 불안이나 혼란, 그리고 좌절 등과 관련되어 발생할 수 있다. 유아가 교실 기대, 규칙, 그리고 언제 어떻게 행동해야 하는 것에 대해 잘 안다면 문제 행동이 덜 발생할 가능성이 있다. 교사가 유아에게 집단 및 개인적으로 교실에서의 일과와 기대에 대해 가르치고, 시간표를 통하여, 그리고 활동 자료에 변화를 주거나 교육 과정 수정을 통해 유아의 교실 활동 참여를 증진시킨다면, 문제 행동을 예방하거나 발생 가능성을 감소시킬 수 있다(Strain & Hemmeter, 1997). 이 장의 핵심은 유아에게 교실과 교사의 기대를 알게 하는 것이다. 유아들은 교실에서 자신이 무엇을 해야 하고, 언제 어떻게 해야 하는지, 그리고 다음에는 무엇을 해야 할지에 대해 알고 있을 때 문제 행동이 발생하지 않고 적절하게 행동할 수 있다.

입원 첫날부터 교사는 유아들에게 교실에서 무엇을 기대하고 있는지 말해 주고 각 활동이 시작되기 전에 이를 상기시키는 것이 바람직하다. 만약 유아가 교사가 말한 것을 기억하지 못하더라도 교실 환경이 예측 가능하거나 벽에 붙은 시간표나 교사가 무엇을 해야 할지 상기시켜 주는 지원적 환경이라면 문제 행동을 보일 가능성이 적어지며 좀 더 자유롭게 교실 환경을 탐색하고 또래들과 어울릴 수 있을 것이다. 교사는 유아교실에 질서를 만들고 유지하기 위해 많은 노력을 하는 동시에 유아 스스로 자기조절과 사회·정서적 기술을 발달시키도록 사려 깊은 지원적 교실 환경을 구성하고자 노력해야 한다(Elias & Schwab, 2006).

유아 문제 행동 발생 가능성을 감소시킬 수 있는 교실 예방 실제에는 물리적 환경, 시간표, 일과, 전이, 교실 규칙 정하기, 자료 수정과 편의 제공, 그리고 교사 행동이 포함된다. 그러나 위의 일곱 가지의 교실 예방 실제 중에서 7장에서 문제 행동과 관련된 일반적인 물리적 환경 구성을 다루었고, 13장에서는 교사행동 변인을 좀 더 심도 있게 다루고자 한다. 이러한 이유로 이 장에서는 문제 행동 발생과 직접적인 관련이 있는 시간표, 일과, 전이, 지시 제공하기, 참여 증진을 위한 활동, 교실 규칙과 기대 행동 가르치기 등에 대해 살펴보고자 한다.

2. 높은 질의 지원적 교실 환경 전략들

1) 시간표, 일과, 전이 계획

(1) 시간표

시간표 계획과 시간표에 따라 어떻게 교육을 실시하는가는 유아교실에서 문제 행동을 예방할 수 있는 중요한 방법 중의 하나이다(Strain & Hemmeter, 1999). 잘 계획된 시간표에는 교사 주도 활동과 유아 주도 활동, 대집단 활동과 소집단 활동, 정적 활동과 동적 활동, 그리고 실내 활동과 실외 활동이 균형 있게 계획되어 있어야 한다. 그리고 교사는 계획된 활동에 유아가 적극적으로 참여하고, 유아가 매일 시간표를 익힐 수 있도록 충분히 일관성을 가지고 실시함으로써, 유아가 예측 가능한 기대로 하루를 시작하도록 하는 것이 중요하다. 사려 깊지 않게 조직된 시간표, 일관성 없는 일과, 너무 많은 전이, 그리고 유아가 많은 시간 활동에 참여하지 않을 때 문제 행동이 발생할 수 있기 때문이다(Harms, Clifford, & Cryer, 2005).

시간표는 유아 참여가 극대화될 수 있도록 계획하여야 한다. 그러므로 시간표는 유아의 흥미, 능력, 그리고 선호를 고려하여 계획하여야 한다. 가장 좋은 시간표는 일과와 기대가 각 유아 개인의 일과를 반영하여 계획되었을 때이다. 또한 유아가 이해할 수 있는 방법으로 유아에게 시간표에 대해 가르쳐야 한다. 효과적으로 시간표를 가르치기 위해서는 대집단 시간과 개별적 시간을 마련하여 시간표를 소개하고 가르쳐야 한다. 대부분의 유아들은 언어적 설명을 통해 시간표에 대해 이해를 하지만 어떤 유아는 신체적 촉구, 또래 지원, 개인용 그림 시간표와 같은 좀 더 다양한 지원과 집중적 촉구를 통해 시간표에 대해 배울 수 있다.

교사는 다음과 같이 시간표를 체계적으로 가르치고 이해시켜야 할 것이다.

① 교사는 벽에 유아 눈높이에 맞춰서 하루의 활동 순서를 알려 주는 시간표를 붙여 놓는다. 시간표는 유아가 이해하기 쉬운 그림이나, 펜으로 그린 선으로 된 삽화 그림, 혹은 실제 사진과 같은 시각적 상징을 포함하여야 한다.

② 시간표는 활동을 균형 있게 배치하여야 한다. 교사는 시간표에 정적 활동과 동적 활동, 적극적 활동과 수동적 활동, 대집단 활동과 소집단 활동, 교사 주도와 유아 주도 활동이 균형 있게 계획되어 있는지 확인한다.

③ 교사는 유아에게 자주 언어적으로 교실 벽에 있는 시간표의 전체나 부분을 상기시키면서, 주목하게 한다. 특히 현장 학습과 같은 특별 행사에 대하여서는 유아 모두가 함께 있는 대집단 시간에 미리 알려 준다.

④ 교사는 어떤 때는 시간표가 바뀔 수 있다는 것을 대집단 활동 시간에 미리 알려 준다. 비가 자주 오는 계절이라면 실외놀이를 하지 않는다는 것을 알리기 위해 실외놀이와 같은 활동의 시각적 자료 위에 아무 상징을 넣지 않은 하얀 종이 띠를 붙이거나 게임 활동의 상징물로 대체할 수 있다.

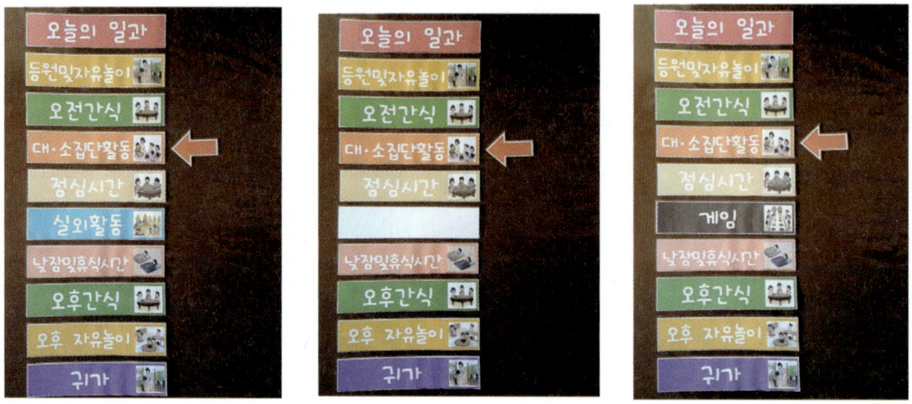

[그림 10-1] 시간표의 예

⑤ 좀 더 언어적으로 추가적 지원이 필요한 유아(예: 장애 유아, 다문화 가정 유아)의 경우 개별적 촉구를 통하여 활동을 준비시킨다. 유아가 자주 어떤 일을 해야 하는지 혼란스러워하거나, 활동을 시작한 후 한참이 지났는데도 교실을 목적 없이 둘러보고 있을 때, 그리고 새로운 활동으로 전이하지 않는 유아에게는 시간표에 대한 개별적 설명을 제공하는 것이 필요할 수 있다.

⑥ 시간표를 이해하기 어렵거나 일과 수행에 어려움이 있는 유아에게는 개인적으로 구성된 시간표를 제공해 준다. 시각장애 유아에게는 촉각적인 단서가 있는 시간표를, 자폐성장애 유아에게는 시각적 상징이 있는 개별 시간표를 제공한다.

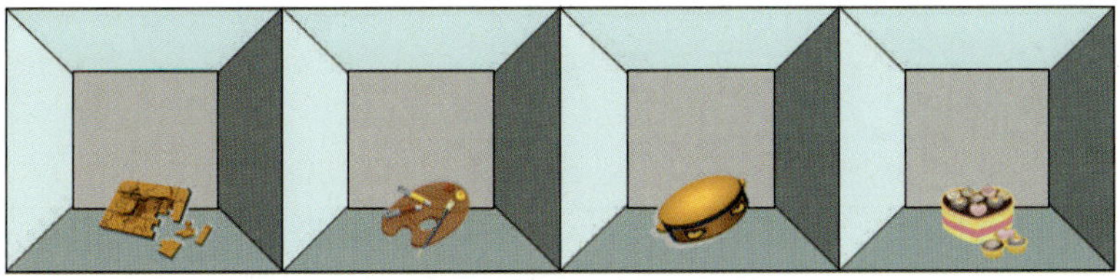

[그림 10-2] 시각장애 유아를 위한 촉각 시간표

교사는 먼저 유아가 시간표에 적응하도록 한 다음, 점차 유아 스스로 시간표에 따라 행동하도록 가르쳐야 한다. 유아가 지금 활동을 마친 후 다음에는 무슨 활동을 해야 하는가를 아는 것은 유아들이 교실에서 안정감을 느낄 뿐만 아니라 자신이 다음에 무엇을 해야 되는가를 미리 아는 데 도움을 준다. 유아가 하루를 예측 가능하고 일관성 있는 기대를 하면서 시작하고 생활해 나가도록 지도하는 것이 중요하다. 교사는 일과에서 변화가 있을 때 유아가 이해할 수 있는 방법으로 이야기해 주는 것이 중요하다. 갑작스러운 일과의 변화를 적절하게 알려 주지 않을 때, 어떤 유아의 경우에는 문제가 발생하고 격렬한 문제 행동으로 이어질 수도 있다. 그리고 영아는 유아보다 하루의 일과를 학습하는 데 더 오랜 시간이 걸린다. 이들은 기억하는 능력이 부족하기 때문이다. 6세 이하의 유아는 새로운 일과 계획에 적응하는 데 한 달 정도 걸린다고 생각해야 한다.

(2) 일과

유아교실의 일과 계획은 유아가 자율적으로 행동하도록 지원하여 준다. 수행해야 하는 일과는 예상되고, 그 일과 수행에 대한 기대도 분명하다. 손 씻기, 화장실 가기, 양치질하기와 같이 모든 유아교실에서 일상적으로 이루어지는 일과는 필요성에 대한 이해를 토대로 명확한 수행 방법 안내, 지속적인 연습이 이루어져야 한다(Oshikanlu, 2006). 매일 반복되는 일상과 일과는 유아로 하여금 안정감을 느끼도록 하며, 무엇을 계속해야 하고, 어떻게 수행해야 하는지에 대해 교사가 안내해야 할 필요성이 적으므로 교사 지시에 대한 의존성은 감소하고 상대적으로 유아의 독립성은 증가한다. 다음은 유아가 혼잣말로 하루 일과를 되뇌어 보면서 정서적 안정감을 찾아가는 사례이다.

> **일과 계획의 예측성**
>
> 일과의 예측 가능성은 영아에게 정서적 안정감을 제공해 준다. 불쾌한 또래를 만난 뒤, 네 살된 지영이는 일과 계획을 몇 차례나 되풀이하여 혼자 말한다. "먼저 우리는 놀이를 한 다음, 손을 씻고, 그 다음 간식을 먹고, 그 후에 이야기를 듣고, 그러고 나서 밖으로 나가고, 그러고 나면 엄마가 나를 데리러 오지." 이렇게 몇 차례 암송을 한 후에 지영이는 더 명랑해진 것 같았고, 남은 일과에 편안하게 참여할 수 있었다. 어린 유아는 시간 개념을 이해하기 전에 하루 일과의 순서를 이해할 수 있다.

출처: 유수옥 외(2015). 영유아 교육현장 장애유아 통합교육 전략.

(3) 전이 활동

전이 활동은 문제 행동을 보이는 유아에게 특별히 어려움이 있으며, 특히 자유놀이나 소집단 활동에서 전체 집단 활동으로의 전이 시 더 어려움을 가질 수 있다. 가능한 한 교사는 하루 동안의 전이 횟수를 적게 계획하는 것이 바람직하며 일반적으로 유아교실에서 전이 활동에 소비하는 시간은 하루에 거의 15% 이상으로 나타났다(Carter & Doyle, 2006).

다음은 교사가 전이 활동 시 유아의 문제 행동이 발생하지 않도록 예방할 수 있는 전략들이다(Lamm, Grouix, Hansen, Patton, & Slaton, 2006; Hemmeter, Fox, & Snyder, 2013).

① 교사는 전이 활동이 있다는 것을 교실 전체 유아를 대상으로 전이 이전에 예고한다. 적어도 전이 1분 전에 곧 전이를 한다는 것을 다시 사전 촉구한다.

② 교사는 유아에게 전이의 단계와 기대에 대해 명시적으로 가르친다. 유아가 전이 동안 무엇을 해야 하는지에 대해 설명해야 한다. 예를 들어, "밖에 나가기 전에 너의 사물함에 가서 겉옷을 꺼내 입어라." 혹은 "우리는 흥미 영역으로 이동한다. 선생님이 너의 이름을 부르면 너는 매트를 치워라. 선생님이 너의 이름을 부르면 흥미 영역으로 가서 네가 하고 싶은 것을 해라."

전이 시간이 끝나면 어디로 가야 하고, 무엇을 해야 하는지 각 유아에게 알려 주어야 한다. 이러한 언어적 안내가 모호할 때 유아는 종종 두려움과 불확실함을 느낀다.

③ 교사는 유아들이 전이에 적극적으로 참여할 수 있는 다양한 전이 전략을 사용하는 것이 효과적이다. 전이 전략에는 전등 껐다 켜기, 언어적 진술, 노래, 게임, 동작, 혹은 다른 신호나 단서 등의 다양한 것이 포함될 수 있다. 다음의 활동 계획하기는 전이의 한 부분이다.

- "대집단 활동으로 이동할 시간이다."라고 말하고, 대집단과 같은 다음 활동으로 전이하기 위해 차례를 기다리면서 유아는 전 활동에서 배운 것에 대한 질문에 대답을 할 수 있다.
- 특정 노래 부르기를 하면 유아들은 곧 그것이 무엇을 의미하는지, 다음 활동의 전이 전략을 준비할 수 있는 시간이 얼마나 남았는지를 자연스럽게 알 수 있다. 또한 전이 활동 중에 노래 부르기나 음악을 틀어 준다면, 전이 과정에 긍정적이고 활기찬 분위기를 불어넣을 수 있다.
- 갈색 양말을 신은 유아, '김'으로 시작하는 성을 가진 유아, 생일 등으로 분류하여 소집단으로 나누어 전이 활동을 실시할 수 있다.
- 간식을 먹기 위해 손 씻기를 할 때, 한 유아가 친구들의 손에 비누를 묻혀 주면 다른 유아는 수건을 나누어 주도록 일을 지정해 줄 수 있다.
- 전이 시간을 다른 것을 학습하는 시간으로 활용한다. 알아 맞히기 게임을 하거나 '자신이 좋아하는 이야기'를 다른 친구에게 이야기해 주라고 한다.

④ 교사는 전이 활동에 적절하게 참여하는 유아에게 긍정적이고, 행동을 묘사하는 피드백을 제공한다. 단지 "잘했다!"라고 말하는 대신 9장에서 설명하였듯이, "○○이는 간식 먹은 후에 혼자 다 치웠구나."와 같은 긍정적이고 설명적인 칭찬을 제공한다.

⑤ 어떤 유아에게는 전이에 대해 개별적인 방법으로 교수를 제공한다. 전이 시작 전에 전체 유아에게 하는 지시와는 다르게 추가적인 방식으로 개별 유아에게 교수를 제공한다. 여기에는 추가적 교수, 촉구, 제스처, 시각적 자료 혹은 언어적, 신체적 지원의 형태가 포함된다.

⑥ 교사는 전이 시간 동안에 좀 더 지원을 필요로 하는 개별 유아를 지도한다. 교사는 개별 유아에게 다음 활동이나 영역의 시각적 그림을 제공하고 유아가 교실의 다른 영역으로 이동하도록 안내하기 위해 등을 미는 등의 부드러운 신체적 접촉을 제공할 수 있다. 어떤 유아에게는 다른 흥미 영역으로 놀잇감을 가지고 가도록 허락할 수도 있다. 교사는 유아를 안아 올려서 다른 목적지에 데려다 놓아서는 안 된다.

순조롭고 쉬운 전이를 위한 추가적인 기술은 다음과 같다.

- 적응이나 변화에 느린 유아에게는 더 많은 시간을 제공한다.
- 정리할 놀잇감이 많은 유아의 경우에는 다른 유아보다 먼저 시작하게 하여, 전체 집단과 같은 시간 안에 마칠 수 있도록 한다.
- 어떤 유아들은 줄 앞에 서기, 문 잡아 주기, 원장 선생님께 편지 전해 주기 등 전이 시간 동안 수행할 수 있는 과제가 주어졌을 때 더 잘 수행한다.
- 어떤 유아는 자신들을 안내해 줄 또래 지원을 필요로 한다.
- 전이 시간은 우주 비행사처럼 복도를 떠다니기, 어미를 따라가는 다섯 마리의 오리 노래 부르기, 발걸음 세기, 리더의 행동 따라하기, 자신이 최근에 읽은 책의 주인공이 되어 보기 등과 같이 교육적으로 재미있게 만든다.

2) 지시 제공하기

유아가 교사의 지시를 이해하고 지시에 따라 적절하게 반응할 수 있는 것은 유아의 발달과 능력 신장에 매우 중요하다. 교사가 유아에게 무엇을 해야 한다는 것을 이해하도록 명확한 지시를 제공한다면, 유아는 좀 더 유아교실의 기대에 적절하게 반응할 수 있을 것이다. 교사가 바람직하고 명확한 지시를 제공하는 방법은 다음과 같다.

① 단순하고, 짧고, 그리고 특별한 지시를 사용한다. 무엇을 해야 하는가에 대해 추가적인 단어 없이 짧고은 지시를 사용한다. 유아의 연령에 따라 지시의 길이와 개수의 차이가 있을 수 있지만 한 번에 세네 가지 지시문을 넘지 않고 구체적이고 직접적으로 지시한다. 가령, "놀이하던 각 적목을 모양대로 정리하세요."라고 말하고 교사는 유아가 이해하였다는 것을 확신할 때까지 유아 근처에 머문다. 그다음 "모든 적목을 교구장에 정리합시다."라고 말한다. 유아가 수행하는 것을 보면서 필요하다면, 교사는 쌓기놀이 영역으로 가서 어떻게 정리하는지 시범을 보인다.

② 교사는 "무엇을 하지 말아야 한다."보다 "무엇을 해야 한다."에 대해 말하는 지시를 사용한다. 교실에서 교사는 대부분 "무엇을 하지 마라."라고 지시를 한다(예: "친구 사물함에 가방을 넣으면 안 된다.", "친구 어깨를 건드리지 마라."). 교사는 유아에게 무엇을 해야 하는가에 관해 말해야 한다.

③ 교사는 지시를 잘 수행하는 유아에게 지속적으로 긍정적이고 설명적인 칭찬을 제공한다. 지시를 잘 수행하는 유아에게는 단지 "잘했다."라고 칭찬하기보다는 "○○이와 네 친구 △△는 적목을 서로 도와 가면서 잘 정리하는구나."라는 긍정적이고 설명적 칭찬을 해 준다.

④ 교사는 활동 시작 시 활동 기대에 대한 지시를 제공한다. 가령, 미술 활동 시작 전에 교사는 "물감 칠하기 전에 앞치마를 입어야 한다. 그리고 붓으로 그림에 물감을 칠해야 한다."라고 지시를 제공한다. 또 다른 활동 기대와 관

련하여 "우리는 실외놀이터에 나가서 미끄럼틀을 타고 나서는 그네 주변을 돌 거야."라고 지시를 제공한다.

⑤ 교사는 적극적으로 활동에 참여하지 않고, 관심이 없고, 과제를 수행하지 않는 유아에게 생산적 활동을 하도록 재지시하여야 한다. 가령, 유아가 흥미 영역 활동 시간에 쌓기놀이 영역을 선택하였지만 쌓기놀이 영역으로 가지 않고 교실을 배회할 때, 교사는 "너는 오늘 쌓기놀이 영역을 선택했으니, 쌓기놀이 영역으로 가서 무엇을 가지고 놀 것인가 찾아보지 않겠니?"라고 재지시를 제공한다.

⑥ 교사는 유아가 제공한 지시를 이해하고 있는가를 다시 확인한다. 소집단 유아를 대상으로 확인할 때, "민희는 놀던 자료 정리하고 나서 무엇을 할 거니?"라고 말할 수 있다.

⑦ 교사는 좀 더 지원이 필요한 유아에게는 지시를 개별화하여 제공한다(예: 추가적인 촉구, 언어적 지시와 함께 비언어적 촉구, 그림 촉구). 지시를 작은 단계나 단계별 구성 요소로 쪼개어 제공하거나 언어적 촉구를 반복할 때 제스처를 추가하여 제공한다. 교사는 대집단을 대상으로 같은 언어적 촉구를 단지 반복하거나 좀 더 지원을 필요로 하는 유아에게도 같은 촉구를 여러 번 반복하여 제시해서는 안 될 것이다.

3) 참여 증진을 위한 활동

유아가 교재 및 교구 활동, 그리고 또래 및 성인과의 상호작용에 적극적으로 참여하는 것은 조기 학습에 결정적이며 인지 발달의 통로가 된다. 더욱이 교실 활동에 적극적으로 참여하는 유아는 문제 행동을 보일 가능성이 낮다. 유아는 활동에 흥미를 잃었을 때, 활동이 너무 길거나 과제나 활동이 요구하는 것을 자신이 이해하지 못할 때, 교실 활동에 덜 참여하게 되고, 다른 유아가 하고 있는 활동이나 또래나 교사를 방해하는 행동을 더 많이 보인다(예: 울기, 다른 유아 때리기, 집단 떠나기). 문제 행동 발생은 교사가 유아 활동을 어떻게 계획하는가 뿐만 아니라 활동 내용 및 구조와도 관련되어 있다. 교사는 유아의 개별적 요구를 파악하여, 진행되고 있는 활동의 맥락 안에 유아의 요구를 포함하여 지도할 수 있는 전략을 사용하여야 한다. 활동 계획안에 유아의 개별적인 목적과 요구가 포함된다면, 유아가 그 활동 안에 좀 더 참여할 가능성이 있으므로 문제 행동을 예방할 수 있는 하나의 중요한 전략이다. 교사는 문제 행동 유아의 개별적인 반응 양식, 다른 유아와는 다른 주의 집중 시간, 그리고 개별적 흥미를 고려하여 교육 활동을 계획하여야 한다.

많은 유아교실에서 대부분의 시간을 대집단인 교사 주도 활동(이야기 나누기 시간)이나 유아 주도 활동(자유놀이, 실외놀이)에 사용하고, 소집단 활동에는 비교적 적은 시간을 보낸다. 사실 일반 유아교실에서 교사의 수 부족으로 소집단 활동 실시가 현실적으로 어렵지만 특히 소집단 활동은 문제 행동 유아들이 적극적인 활동 참여를 하게 할 수 있는 매우 이상적인 집단 구성이다. 소집단 활동이 교사가 개별 유아에게 좀 더 개별화 교수를 할 수 있고 또래 상호작용의 기회를 더 많이 제공하기 때문이다.

대집단 시간은 주로 유아들에게 이야기하거나 책을 읽어 주는 활동에 사용한다면, 언어 발달이 늦은 유아나 주의력 집중 장애가 있는 유아는 흥미를 잃기 쉽다. 유아의 발달 수준에 적합하지 않은 활동이나 자료일 경우 참여를 거부하거나 짜증을 내는 행동을 유발할 수 있다. 유아가 활동에 흥미를 잃게 되면, 그 활동 영역을 떠나려 할 것이고, 그것이 여의치 않으면 드러눕거나 다른 유아에게 집적거릴 가능성이 높아진다. 반대로 영재 유아의 경우에도 반복적인 책 읽기가 지루하여 드러눕거나 일어서서 돌아다닐 수 있으므로 소품을 이용하여 이야기 속의 인물을 재연해 보는 기회를 주거나 추가적인 도움이 필요한 친구를 돕거나 지시를 제공하는 또래 교사의 역할을 하게 한다.

다음은 유아 참여 증진을 위한 교실 활동 계획하기에 대한 예이다.

① 교사는 유아와 이야기하거나 활동을 할 때, 최대한 유아 눈높이에 맞추어서 의사소통해야만 한다. 즉 가능한 한 신체적으로 유아의 키 수준에 맞추는 노력을 해야 한다. 교사도 유아들이 앉는 의자를 사용하거나, 대집단 시간과 집단 활동 시 유아와 함께 바닥에 앉는다.

② 교사는 유아의 발달에 적절한 활동을 제공함으로써 모든 유아가 활동에 참여하도록 지원해야 한다. 교사는 유아의 연령, 흥미, 경험, 발달적 수준에 적합한 활동을 제공함으로써, 유아가 반응하기, 이야기하기, 놀이하기, 자료 사용하기 등과 같은 활동에 적극적으로 참여하도록 한다.

③ 교사는 유아에게 활동 참여 증진을 위해 활동 선택이나 자료 사용에 관한 일반적인 안내를 한다. 즉 쌓기놀이 영역 주변을 돌아다니지만 적목을 가지고 놀지 않는 유아 집단에게 "너희들은 이 적목으로 높은 탑을 만들 수 있단다. 해 볼래?"라고 말한다.

④ 교사 주도 활동(대집단 시간)은 모든 유아들이 활발하게 참여할 수 있는 기회를 가지도록 구조화되어야 한다. 대집단 활동은 유아가 교사나 친구에게 반응하고, 자료와 상호작용할 수 있는 많은 기회를 제공하도록 계획해야 한다. 대집단 시간 동안 몇몇 유아가 활발하게 참여하지 않더라도 많은 유아가 모든 시간 동안 활발하게 참여할 수 있는 기회들은 계획되어야 한다.

⑤ 교사는 유아가 활발하게 참여하여 흥미 영역 활동을 하도록 개별 유아를 지원한다. 활동에 참여하지 않는 유아를 참여하도록 하기 위해, 유아의 관심을 끌 수 있는 새로운 자료를 제공하거나 플레이 도나 풍선놀이와 같은 새로운 활동을 시작하도록 개별 유아를 지원하여야 한다.

⑥ 교사는 모든 유아들에게 대집단 활동, 소집단 활동, 그리고 흥미 영역 활동뿐만 아니라 간식과 부르고 싶은 노래도 선택할 수 있는 많은 기회를 제공한다. 유아는 자신이 선택한 활동을 할 때 참여가 증진되어 활동에 집중함으로써 문제 행동이 발생하지 않을 것이다.

[그림 10-3] 간식 및 노래 선택판

⑦ 교사는 유아에게 현재 활동에 활발하게 참여하고 있는 것에 대하여 자주 긍정적으로 언급한다.

- 유아가 적절한 행동에 참여할 때 유아에게 관심을 보인다. “세리야, 적목 정리하는 래희를 도와주고 있구나.”
- 유아에게 설명적인 피드백을 제공한다. “와우, 정민아, 너는 오른쪽 선반에 적목을 아주 잘 정리해 놓았구나.”
- 유아에게 명백한 지시를 준다. “유리야, 이제 놀기를 중단하고 놀잇감을 상자에 정리해야 할 시간이다.”
- 유아에게 선택의 기회를 준다. “오늘 대집단에서 함께 앉을 친구를 한번 선택해 봐라.”
- 유아의 노력을 인정한다. “와! 너는 오늘 정말 어려운 퍼즐을 잘 맞췄다.”

⑧ 교사는 한 활동에서 유아가 문제 행동을 보이거나 대집단이나 소집단 활동에서 흥미를 잃었을 때는 교수나 활동을 수정하여 유아가 활발하게 재참여하도록 지원해야 한다. 교수나 활동 수정에는 어려움을 가진 유아를 교사 옆에 앉아 있게 하거나, 참여하도록 추가적인 시각적 상징이나 매우 흥미로운 사물을 제공하거나 혹은 가장 먼저 참여하도록 허용하는 것을 포함한다.

4) 교실 규칙과 기대 행동 가르치기

유아에게 교실 규칙과 기대 행동을 가르치는 것은 유아교실 내의 질서와 생산적인 교실 환경을 유지하는 동시에 유아가 교실에서 자기통제, 자율성, 주도성, 능력을 발달시킬 수 있는 바람직한 기회를 제공한다(Wastson & Battistich, 2006). 유아에게 교실 규칙과 기대 행동 가르치기의 핵심은 유아가 교실과 교사의 기대를 알게 하는 것이다. 유아가 왜 교실에서 규칙이 필요한지를 이해하고 있을 때, 교실과 교사의 기대도 이해할 수 있고, 교실 내에서 발생하는 문제 행동도 예방할 수 있다.

유아에게 교실 규칙이 무엇인지 가르치고, 규칙이 무엇을 기대하는지 이해하도록 도와주고, 교사, 보조교사, 그리고 다른 교실 교사들이 함께 일관성 있게 규칙에 반응한다면 유아는 교실 규칙을 잘 지킬 수 있을 것이다. 또한 가족에게 교실 규칙과 기대를 알려 줌으로써 교사는 가족과 긍정적인 관계 형성을 시작하는 계기가 되며 이러한 관계 형성은 유아의 문제 행동이 발생하였을 때 서로 협력하여 지도하는 데 도움이 될 수 있다.

[그림 10-4] 교실 규칙

(1) 규칙 정하기

교사는 대집단 활동 시간에 유아와 함께 교실이나 특정 활동에 관한 규칙을 만들 수 있다. 교사는 유아들이 제안하는 아이디어를 포스트잇에 기록한 후 모든 유아가 볼 수 있도록 보드판에 붙여 놓는다. 그리고 선정된 규칙의 이름을 붙이고, 유아가 규칙을 시범 보이도록 한다. 중간에라도 바꾸는 것이 필요한지 의논해야만 한다. 유아 스스로 교실 규칙을 정하는 데 참여하는 것은 유아의 규칙 이해를 돕고 유아의 내적 통제를 증진시킬 수 있다. 규칙의 수는 제한되어야 한다(5개 이하의 기대, 활동 당 5개 이하의 규칙).

규칙 개발을 위한 원칙

- 긍정적인 용어로 규칙 기술하기
- 최소한의 규칙 수 유지하기
- 다양한 상황을 고려한 규칙 만들기
- 규칙이 연령에 적합한지 확인하기
- 유아들에게 규칙 가르치기
- 규칙에 따른 행동의 예 제시하기
- 규칙을 일관성 있게 실시하기

(2) 정확하게 진술된 규칙 제시하기

좋은 규칙은 교사가 가치 있다고 여기고 유아가 수용할 수 있는 정확한 행동을 분명하게 알려 준다. 교사가 다양한 해석이 가능한 언어를 사용하면 유아는 혼돈을 느낄 수 있다. 즉 "잘 행동해라.", "얌전하게 행동해라.", "착하게 행동해라."라는 말은 사람들마다 다른 의미를 가질 수 있다. 유아와 교사가 서로 다르게 이러한 일반적인 표현을 해석할 수 있다. 유아는 교사가 지시한 것을 잘 따르려는 노력을 했는데도 결과가 기대에 미치지 못하면 좌절하므로 '교실에서 조용히 하기' 같은 구체적인 말을 규칙에서는 사용하여야 한다. 교사와 유아 둘다 똑같이 규칙의 의미를 이해했을 때 규칙은 정확하게 정의된 것이다(Malott & Suarez, 2004: 2007). 그리고 규칙은 긍정적으로 진술하여야 한다. "큰소리로 말하지 않는다."가 아니고 "작은 목소리로 말한다."이고, "친구에게 소리 지르지 않는다."가 아니라 "친구에게 친절하게 대한다."와 같은 긍정적인 규칙을 정한다.

교실에서 지켜야 할 규칙

- 걸어 다녀요.
- 놀잇감 소중히 다루기.
- 차례 지켜 물 마시기.
- 친구와 놀잇감 나누기.

도서 영역에서 지켜야 할 규칙

- 작은 목소리로 말해요.
- 책을 발로 밟지 않아요.
- 책을 던지지 않아요.
- 책을 찢지 않아요.

운동장 규칙

- 내 순서를 기다린다.
- 예쁜 말을 한다.
- 친구를 밀지 않는다.
- 손으로 줄을 꼭 잡아요.
- 발이 먼저 땅에 닿게 한다.

[그림 10-5] 각 상황별 규칙의 예

(3) 규칙 가르치기

교사와 유아가 교실 규칙을 함께 개발한 후, 유아가 교실 규칙을 잘 사용하도록 체계적으로 지도하는 것이 중요하다. 교사는 대집단, 소집단 활동 동안에 규칙에 대하여 손인형, 동영상, 역할극, 시범 보이기, 그리고 교실 토론을 통해 가르칠 수 있다. 교사는 유아에게 규칙 위반 결과에 대해서도 이야기해 준다. 그리고 소집단과 대집단 시간에 규칙을 따랐을 때와 안 지켰을 때의 결과에 대해 토론을 할 수 있다. 어떤 유아는 규칙을 배우고 이해하기 위해서는 좀 더 많은 시간이 필요할 수 있다.

교실 규칙이 유아교실에 적합한 행동이라면 기대 행동은 사람들이 행동하기를 원하는 일반적인 방법이다. 그러므로 행동 기대는 모든 유아와 교사에게 적용될 수 있다. 즉 행동 기대의 예는 존중하기, 친구와 함께 놀기, 평화적이기, 공손하기, 책임감 있기, 솔직하기, 친절하기, 그리고 규칙 잘 지키기 등이다. 행동 기대를 활용하는 것은 단순히 문제 행동이 발생한 후의 반응이라기보다 교실에서 유아에게 무엇을 요구하는가에 대해 초점을 맞춤으로써 행동을 지도하는 사전적 조치이다. 예를 들어, 교사는 친구와 놀고 싶을 때 친구를 건드리거나 때리는 유아에게 행동 기대를 말해 줌으로써 적절한 행동을 하도록 재지시할 수 있다(예: "우리는 친구와 놀고 싶을 때, '친구야, 우리 놀자.'라고 말을 해야 한단다."). 적절한 행동을 명시하고 교사는 기대 행동 사용을 가르치고 지원하는 것에 초점을 둔다.

다음은 교사가 규칙과 기대 행동을 가르치는 활동들이다.

① 교사는 긍정적으로 서술된, 제한된 수의 교실의 행동 기대나 규칙을 벽에 붙인다. 이때 벽에 붙어 있는 행동 기대나 규칙은 시각적 표상(예: 사진, 선으로 된 그림 등)을 포함한다.

② 교사는 대집단이나 소집단 활동 시간에 모든 유아나 혹은 개별 유아에게 벽에 있는 행동 기대나 규칙에 대해 자주 상기시킨다.

③ 교사는 교실 규칙이나 행동 기대와 관련하여 적절하게 행동을 하는 유아 행동에 대해 긍적적으로 반응한다. 교사는 "○○이가 친구와 잘 놀면서 친구가 놀잇감을 잘 찾도록 도와주었지?" 혹은 "○○이는 규칙을 아주 잘 지키는구나!"와 같이 긍정적 행동에 대해 인정하고 의견을 지속적으로 말한다. 이러한 교사의 피드백은 유아의 특별한 행동이 교실 기대나 규칙과 얼마나 관련되어 있는가를 설명하는 것이다.

④ 교사는 유아가 놀이할 때나 소집단 활동 시 개별 유아에게 벽에 붙어 있는 행동 기대나 규칙을 가르치거나 상기시킨다. 교사는 진행되고 있는 활동 내

에 행동 기대나 규칙을 삽입 교수할 수 있다. 교사는 유아가 서로 놀잇감을 함께 사용할 수 있는 기회를 설정하고 어떻게 놀잇감을 함께 사용하는지에 대해 명시적으로 설명하고 이러한 놀잇감 함께 사용하기는 벽에 부착된 교실 규칙과 행동 기대와 관련된다는 것을 설명한다.

⑤ 교사는 교실에서 벽에 붙인 행동 기대나 규칙의 중요성에 대해 유아들이 비판적으로 생각해 볼 수 있는 토론의 기회를 제공한다. 교사는 유아에게 다음과 같은 질문을 함으로써 이러한 상호작용을 확장할 수 있다. "너의 친구와 놀잇감을 함께 사용하지 않으면 어떤 일이 일어날까?", "친구와 놀잇감을 함께 쓰지 않겠다고 하면, 친구 기분이 어떨까?", "놀잇감을 친구와 함께 사용하였을 때 너의 기분은 어땠니?, 놀잇감을 친구와 함께 사용해야 할까?", "왜 우리는 친구들과 함께 놀잇감을 사용해야 할까?" 등이다. 교사의 검토하는 어조가 부정적이고 거칠거나 비난하는 어조가 되어서는 안 될 것이다.

3. 특별한 요구를 가진 유아를 위한 지원적 교실 예방 실제

장애 유아는 장애 때문에 다른 속도로, 다른 감각 양식을 사용하여 학습한다. 그러므로 장애 유아의 문제 행동 발생을 위한 교실 예방 실제도 장애 유형의 특성을 고려하여 구성하여야 장애 유아에게 최대한 이익을 가져올 수 있고 효과적이다. 교사는 장애 유아의 감각, 인지, 정서적 문제와 같은 특별한 장애 조건 때문에 발생되는 문제 행동 발생에 미치는 부정적 효과를 중화시키기 위해서 장애 유아가 받아들일 수 있는 감각 입력을 최대로 활용할 수 있는 지원적인 교실 예방 실제를 계획하여야 한다.

교사가 고려해야 하는 각 장애 유형에 적합한 교실 예방 실제를 설명하면 다음과 같다. 다음과 같은 지원적이고 예방적 교실 환경과 지도 방법을 통해, 유아들이 교실에서 문제 행동 발생을 예방할 수 있을 것이다(유수옥, 2007; 유수옥 외,

2015; Cox & Dykes, 2001; Paasche, Gorrill, & Strom, 2004; Gould & Sullivan, 2005; Winter, 2007).

1) 시각장애 유아

시각장애 유아를 위한 지원적인 교실 예방 실제는 가능한 한 청각적, 촉각적, 근육 감각적 기회를 많이 제공하는 것이다.

- 교사가 시간표나 규칙을 가르치기 전에 유아가 먼저 자료를 손으로 탐색할 기회를 갖도록 한 후, 언어적 설명을 해 준다면 좀 더 이해하기 쉬울 것이다.
- 활동 참여를 증진하기 위해 근육 감각과 신체적 촉구를 사용하여 지도한다. 유아의 등 뒤에서 '손 위 손'(hand-over-hand) 방법을 통해 교사는 유아와 함께 동작을 진행하면서 지도함으로써 활동 참여를 지원한다.

2) 청각장애 유아

4세의 청각장애 유아는 언어 발달이 지체되므로 또래와의 상호작용 능력에 지체가 나타난다. 그리고 교사가 말로 지시와 전이를 설명할 때 잘 이해하지 못하여 혼란에 빠지거나 배회하기도 할 것이다(Antia & Kreimeyer, 1992). 청각장애 유아에게는 청각적 입력보다 시각적, 촉각적, 근육 감각적 입력 단서를 많이 사용하여야 한다.

- 교사가 시간표나 규칙 등을 지적하면서 설명할 때 짧고 정확한 발음으로 완성된 문장을 천천히 반복하여 말한다. 또한 제스처나 동작을 함께 사용하여야 한다.
- 청력이 낮아서 잘 이해를 못할 때 마이크를 사용하거나 조용한 곳에서 개별적으로 규칙이나 기대를 설명한다면 청각장애 유아가 좀 더 쉽게 이해하는 데 도움이 될 것이다.

- 언어적으로 다음 활동을 알려 주기보다는 먼저 손으로 그림 시간표, 규칙, 그리고 행동 기대를 가리키고 난 후, 보고 있고 듣고 있는가를 먼저 확인한다. 이러한 방법은 청각장애 유아가 그 상황에서 무엇이 기대되는지 좀 더 이해하기 쉬울 것이다. 이해하지 못할 때는 반복하여 말하거나 다시 쉬운 말로 고쳐서 말한다.
- 다른 감각(시각적, 촉각적 방법)을 많이 활용한다. 바라는 행동을 직접 시범 보이거나 사진, 그림, 차트 사용과 같은 시각적 단서 사용을 통해 청각장애 유아의 상황에 대한 이해력을 높이도록 한다. 특히 이해하기 쉬운 시각적 상징이 있는 벽에 부착된 일과 시간표는 청각장애 유아가 안정감을 가지고 다음 교실 활동에 참여할 수 있도록 돕는다.

3) 지체장애 유아

교사는 지체장애 유아의 활동 시간과 활동 속도를 염두에 두고 적합한 시간표를 결정하고, 전이 시간과 활동 시간을 조절하여야 한다. 또한 지체장애 유아가 전이 시 즉각적으로 이동을 하는 데 어려움이 있으므로 다른 유아보다 먼저 전이하도록 배려하거나 충분히 반응 시간을 제공하여야 한다

4) 정서·행동장애 유아

정서·행동장애라는 용어는 광범위한 사회·정서적 문제를 가진 유아를 설명할 때 사용된다. 정서·행동장애 유아에게는 많은 요구를 하기보다 활동 및 흥미 영역, 놀잇감, 미술 도구, 그리고 간식 시간에 선택의 기회를 많이 제공함으로써 스스로 환경에 대한 조절감을 가지게 하여 문제 행동 발생을 감소시킬 수 있다. 소집단 활동 시, 좋은 모델이 될 수 있는 또래와 한 팀을 이루도록 하는 것도 좋은 지원 방법의 하나이다.

5) 자폐성장애 유아

자신만의 특별한 흥미에 고착되어 지속적으로 자신이 하고자 하는 것만을 추구하며, 보이지 않는 과정을 추론해 내는 능력이 부족하다. 따라서 자폐성장애 유아가 단계적이고 순차적으로, 명확하게 인지할 수 있도록 시각적인 환경을 제공함으로써 이들 유아의 문제 행동 발생을 예방할 수 있다.

유미의 특별한 전이

5살 유미는 자폐성장애 유아이다. 언어 기술은 지체되고 목소리 톤이 매우 단조롭다. 눈 마주치기를 피하고 교사나 또래와 사회적 상호작용을 거의 안 한다. 혼자놀이를 주로 많이 하며, 소근육 활동에는 매우 뛰어난 문제 해결 기술을 보여 준다. 대집단으로 이동하는 전이 시간에 일반적으로 전이가 조용히 순조롭게 진행되더라도 자주 언어 영역 구석으로 들어가 귀를 손으로 막고 괴로워한다. 하원 전에 체육관에서 음악 활동을 할 때, 장소의 물리적 특성상 소리가 울렸으며 평상시보다 시끄러웠다. 이러한 환경을 처음 접할 때 유미는 아주 고음의 목소리를 지르며 큰 원을 그리며 체육관을 마구 뛰어다녔다. 체육관의 크게 울리는 소리가 유미를 무섭게 하였다. 유미 부모님과 상의하여 부모님은 5분 전에 도착하여 건물 내 다른 영역에서 유미를 하원시키기로 하였다.

출처: 유수옥 외(2015). 영유아 교육현장 장애유아 통합교육 전략. p. 310.

유난히 소리에 민감한 유미에게 적합하게 전이 시간과 조건을 변경함으로써 유미가 스트레스를 덜 경험하면서 유미와 다른 유아가 함께 효과적으로 전이를 하도록 하였다. 또한 자폐성장애 유아의 강점인 시각적 정보 처리와 특별한 흥미를 활용하여 이들이 인식할 수 있는 사물, 사진, 그리고 아이콘으로 시간표를 만들거나 연속적 행동과 활동이 그려진 삽화 카드를 보여 주면서 설명하면 다음에 무엇을 요구하는지 알 수 있도록 좀 더 지원할 수 있다.

6) 지적장애 유아

지적장애 유아는 배우는 속도가 느리고, 주의 집중에 어려움이 있으며, 추상적 추론과 일반화가 어렵다. 그러므로 시간표나 규칙을 가르칠 때는 언어적 설명과 함께 손으로 시각적 시간표를 하나하나 지적하면서 반복 설명을 함으로써 익히도록 한다. 그리고 자주 긍정적 피드백을 제공하고 전이 활동 시 미리 개별적으로 신호를 주어야 문제 행동 발생을 예방할 수 있다.

7) 주의력 결핍 과잉 행동장애(ADHD) 유아

주의력 결핍 과잉 행동장애(ADHD) 유아는 어떤 활동을 끝까지 마치지 못하거나 주변 소리에 산만해지고, 생각하기 전에 먼저 행동으로 옮긴다. 또한 사려 깊게 판단을 못하고 자신의 행동을 잘 조절하지 못한다. 이러한 유아를 위해서는 특별히 조용한 활동과 활동적인 움직임이 균형 잡히도록 배치되는 하루 일과를 계획하여야 할 것이다. 다음과 같은 방법은 ADHD 유아를 위한 교실 예방 실제에 도움이 될 것이다.

- 방 안에 카펫을 깔아 놓음으로써 소음의 양을 줄이거나 가리개를 설치하여 시각적 산만함을 줄인다.
- ADHD 유아가 하루 중 어느 시간대에 어려움을 겪는지 주시하고 관찰하여 이에 적합하게 시간표를 계획한다.
- 대집단 시간은 하루 중 나중보다는 먼저 계획하는 것이 더 좋다.
- 교사는 ADHD 유아가 과제에 집중하는 것이 어렵다는 것을 염두에 두어야 한다. 전이 활동 시 좀 더 빨리 작업이나 활동을 시작하게 하고 좀 더 나중에 다른 활동으로 전이하도록 하는 것도 고려해 본다.

Chapter 11

사회·정서적 교수 전략

1. 유아기의 사회·정서적 발달 성취 과제
2. 사회·정서적 발달 교수 전략의 실제

피라미드 모델
: 사회·정서적 역량 증진과 문제 행동 지도

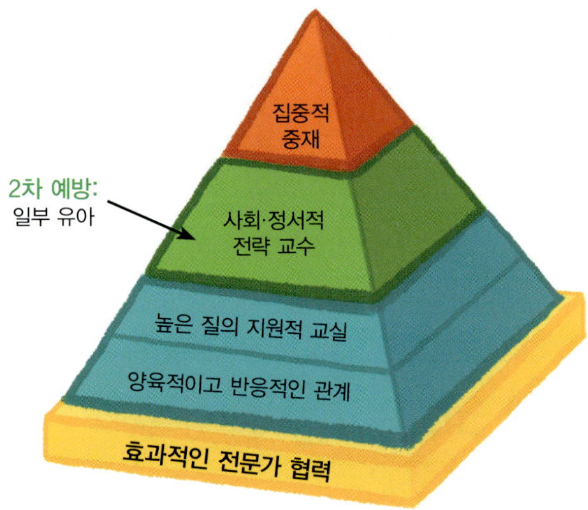

이 장에서는 보편적 증진 실제인 양육적이고 반응적인 관계 형성과 지원적인 교실 예방 실제 실시에도 불구하고 지속적으로 문제 행동을 보이는 일부 유아를 대상으로 하는 2차 예방인 사회·정서적 역량 증진 전략에 대해 설명하고자 한다. 특히 사회·정서적 역량 증진 목적으로 유아에게 필요한 사회·정서적 기술(우정 기술, 정서 문해, 화와 충동 조절, 그리고 사회적 문제 해결)이 무엇이고, 왜, 언제 필요하고, 어떤 전략을 통해 효과적으로 지도해야 하는지에 대해 살펴보고자 한다.

1. 유아기의 사회·정서적 발달 성취 과제

유아기의 사회·정서 발달은 훗날 성공의 중요한 기초가 되므로 유아들은 유아기에 필요한 사회적 역량을 습득해야만 한다. 사회적 역량이란 "유아가 성인 및 또래와 친밀하고 안전한 관계를 맺기 위해 사회적, 문화적으로 적절한 방법을 배우는 것으로, 정서를 경험하고, 조절하고, 표현하고, 그리고 가정, 지역사회, 문화적 맥락에서 환경을 탐색하고 학습하는 역량"이라고 정의할 수 있다(The Center on the Social emotional Foundations for Early Learning, 2013). 유아기에 사회적 역량이 발달된 유아는 부모 및 교사와 같은 성인과 긍정적 관계를 발달시키고, 또래와 우정 관계를 형성하며, 정서 조절을 잘 할 수 있고, 화나 좌절에도 잘 대처하며, 그리고 어려움에 직면했을 때 잘 견딜 수 있거나 갈등을 잘 해결할 수 있다(Parlakian, 2003; Shonkoff & Phillips, 2000). 그러나 전체 유아의 60%가 성공에 필요한 인지 기술을 가지고 있는 데 반해 40%의 유아들만이 성공에 필요한 사회·정서 기술을 가지고 있다(National Academy of Science, 2003).

결과적으로 사회적 역량이 있는 유아는 교실 활동에 흥미를 느끼고, 화나거나 부정적인 감정을 스스로나 다른 사람에 의해 쉽게 완화시킬 수 있으므로 유아교실에서 성공할 수 있는 사회·정서적 기술을 습득하고 있다(Hyson, 2004; Webster-Stratton, 1999). 이와 반대로 문제 행동을 보이는 유아는 사회적 역량이 발달하였다고 할 수 없으므로 유아교실에서 큰 어려움을 겪고(Bierman & Erath, 2006), 문제 행동으로 인해 또래로부터 거부당하고, 친구가 없고 사회적 능력이 높은 유아와 접촉하지 않으므로 적절한 사회적 기술들을 학습할 기회 또한 놓치게 된다. 또한 이들은 자신의 감정 조절에 어려움이 있으므로 다른 성인 및 유아와의 사회적 상호작용이 부족하고 때로는 부정적인 상호작용을 한다. 결과적으로 문제 행동 유아들은 다른 사람들로부터 점점 고립되어 화를 내고, 불안해하거나 공격적 및 또래 방해 행동들이 증가한다(Fabes, Gaertner, & Popp, 2006; Raver et al., 2007).

또한 공격적 성향의 유아는 다른 사람이 자신에게 보내는 사회적 단서를 이해하지 못하고 다른 사람들이 자신에게 적대적인 의도를 지니고 있다고 오해하기도 한다. 문제 해결에 필요한 부가적인 정보나 단서를 찾지 못하거나 또한 스스로 대안적 해결책을 생각해 내지 못하므로 문제를 공격적 행동을 통하여 해결하려 한다. 또한 자신이 다른 사람에게 공격적으로 행동했을 때 결과적으로 어떠한 일이 발생할지에 대해 미처 알지 못한다. 또한 유아기의 사회·정서 발달은 인지 발달과 연관되어 있기 때문에 유아의 사회적 역량 부족은 유아의 인지 기능이 제기능을 발휘하지 못하기 때문이라고도 볼 수 있다(Nationl Scientific Council on the Developing Child, 2004).

〈표 11-1〉은 유아의 사회적 역량 발달을 위해 성취해야 할 유아기의 사회·정서적 성취 과제로, 우정 기술, 정서 문해, 화와 충동 조절, 그리고 인간 상호 간에 발생하는 문제 해결하기가 포함된다(CSEFEL, 2013; Grisham-Brown, Hemmeter, & Pretti-Frontczak, 2005). 이 장에서는 유아의 사회적 역량 발달을 위해 다음 네 가지 사회·정서적 성취 과제 발달을 증진시키는 전략을 소개하고자 한다.

〈표 11-1〉 유아기의 사회·정서적 성취 과제

- **우정 기술**
  - 다른 유아와 성인에게 상호작용 시도하기
  - 다른 유아로부터의 시도에 반응하기
  - 교대로 하기
  - 다른 유아와 놀잇감 함께 사용하기
  - 또래에게 협력하기
- **정서 문해**
  - 자신과 다른 사람의 정서 인식하기
  - 친사회적 방법으로 정서 표현하기
- **화와 충동 조절**
  - 화 가라앉히는 법 배우기
  - 자기 기분 인식하고 자기통제 전략 사용하기
  - 자기통제 연습하기
- **대인 관계 문제 해결**
  - 대인 관계 문제 해결하기
  - 독립성 연습하기

출처: Grisham-Brown, J., Hemmeter, M. L., & Pretti-Frontczak(2005). Blended practices for teaching young children in inclusive settings. Brookes Publishing Company. Baltimore, MD.

2. 사회·정서적 발달 교수 전략의 실제

유아교육 프로그램에서는 초·중등학교와 달리 문제 행동을 지속적으로 보이는 몇몇 유아들에게 매일의 일과와 활동 속에서 우연적 교수법이나 삽입 교수를 통해 다양한 사회·정서적 교수 전략을 지도할 수 있는 기회가 많다. 교사는 유아교실에서 이러한 기회들을 좀 더 의도적으로 구조화하여 지도할 수 있다(Elias & Schwab, 2006). 또한 유아교사들은 다양한 사회적 역량을 발달시키는 데 있어서 때로는 명시적 교수가 필요하다는 사실도 염두에 두어야 할 것이다(Webster-Stratton, 1999).

1) 우정 기술

(1) 유아기의 우정 기술

유아는 최초의 사회적 집단인 부모와의 상호작용을 통해 사회적 관계를 시작한 후, 유아교실에서 또래 간의 상호작용을 통해 우정 관계로 사회적 연결망이 확대된다(Rubin, Bukowski & Parker, 2006). 또래 친구는 이후에 유아가 사회적인 존재로 발달하는 데 중요한 역할을 하며(오원정, 이은해, 2000), 또래와의 우정 관계는 유아의 사회적 역량 발달에 결정적인 영향을 미친다고 할 수 있다(Dunn, 2004).

그러나 일반적으로 문제 행동 유아는 빈번한 공격성이나 방해 행동으로 인해 또래와의 상호작용 기회가 적을 뿐만 아니라 또래와 우정을 형성할 수 있는 상호작용 시도하기와 반응하기, 순서 교대하기, 놀잇감 함께 사용하기, 다른 사람 도와주기, 그리고 함께 작업하기 등과 같은 우정 기술도 부족한 것으로 보고되었다. 우정 기술이 있는 유아의 경우 사회적 놀이 행동 중에서 연합-사회적 놀이와 같은 사회적으로 성숙한 놀이에 자주 참여하였지만, 우정 기술이 없는 유아의 경우

비참여 행동을 자주 보였다(신유림, 1997). 다음은 교사가 가르쳐야 할 우정 기술의 목록들이다.

〈표 11-2〉 교사가 가르쳐야 할 우정 기술

우정 기술	예
• 놀이 조직자	"너 엄마 해."
• 놀잇감 및 다른 자료 공유하기	"우리 같이 가지고 놀자."
• 놀잇감 주기와 요구하기, 교대하기	"이걸로 쌓아 봐, 초록색 블록 줄래? 다음 영수 차례야."
• 도움 제공하기	"내가 같이 옮겨 줄게."
• 우호적 언어 및 행동하기, 칭찬하기	"너 그림 참 잘 그린다."
• 친구 감정 공감하기	"내가 미안해, 이거 해 줘서 고마워."

(2) 우정 기술의 실제적 전략

교사는 문제 행동을 보이는 유아의 우정 관계 형성을 위해 유아가 상호작용할 수 있는 기회를 계획적으로 만들어 주고 지도해야 한다. 다음은 교사가 문제 행동 유아에게 우정 기술을 가르치는 전략들의 예이다(박경자 외, 2009; CSEFEL, 2013; Hemmeter, Fox, & Snyder, 2013; Kaiser & Rasminsky, 2007; Kusche & Greenberg, 1994).

① 직접 가르치기

교사는 유아가 또래에게 어떻게 시도하고, 어떻게 반응해야 하는가에 대하여 직접 가르치거나 촉구한다. 교사는 유아에게 어떻게 놀이 상호작용을 시작하고(예: "네가 ○○이와 놀고 싶으면 ○○이의 어깨를 살짝 두드려 봐.") 어떻게 또래의 시도에 반응하는가에 대해 직접적으로 가르친다(예: "철수가 너에게 차를 주는 것은 철수가 함께 놀자는 이야기야.").

[그림 11-1] 놀이 시도하기 4단계

출처: CSEFEL(2013). http://csefel.vanderbilt.edu/resources/training_preschool.html#mod3b에서 2013년 3월 17일 발췌.

또한 교사는 우정 기술(예: 또래 도와주기, 차례 지키기, 놀이 조직하기)을 가르치기 위해 토론이나 손인형을 사용할 수 있다. 교사는 이야기 나누기 시간에 "두 친구의 사진을 보자. 한 친구는 트럭 두 개를 가지고 놀고 있고 다른 친구는 아무것도 가지고 있지 않고 쳐다보고만 있어. 어떻게 하면 좋을까? 이 키가 작은 줄무늬 티셔츠를 입은 친구가 트럭을 친구와 함께 가지고 놀려면 뭐라고 말하면 될까?"라고 물어보고, "나 트럭놀이 하고 싶어. 나한테 하나 줄래?"라고 말하라고 가르친다.

② 시범 보이기

교사는 다른 성인이나 다른 유아와 직접 상호작용을 하면서 우정 기술을 시범 보일 수 있다. 예를 들어, 유아가 "나는 좋은 친구가 되고 싶어.", "나는 내 차례가 될 때까지 오랫동안 기다릴 수 있어." 혹은 "내가 생각을 많이 했는데 나는 수아에게 먼저 가지고 놀라고 할 거야."와 같은 말을 할 수 있도록 언어적 시범을 보인다. 또한 교사는 특별한 우정 행동의 시범을 보일 수도 있다. 예를 들어, "너가 운전기사하고, 나는 트럭에 짐 싣는 사람을 할게."나 "나에게 그 공을 먼저 굴리면, 내가 다시 너에게 굴려 줄게."라고 놀이 조직자의 행동을 시범 보인다. 또한 교사는 손인형으로 우정 어린 행동과 말을 하는 유아의 짧은 사례를 시범을 보이고 이를 동영상으로 촬영했다가 다시 보여 주는 방법도 있다.

③ 삽입 교수

교사는 다음과 같이 하루 일과 속에 우정 기술 사용을 삽입 교수할 수 있다.

〈표 11-3〉 하루 일과나 활동 안에 우정 기회 삽입하기

<table>
<tr><td colspan="2">등원</td><td>• 친구들이 도착했을 때 친구 이름을 부르며 인사하도록 역할 부여하기
• 원에 함께 등원하는 버스 안 짝 친구 만들기</td></tr>
<tr><td rowspan="3">대집단 시간</td><td>이야기 나누기 시간</td><td>• 우정에 관한 책을 읽고 책의 등장인물이 사용한 우정 기술에 대해 토론하고 우정 책 만들기</td></tr>
<tr><td>칭찬 곰 릴레이</td><td>• 칭찬 곰을 돌리면서 다른 친구 칭찬하는 기회 가지기
• 유아가 뒤나 옆으로 보내면서 '안녕'이라고 말하며 원하는 친구에게 곰 넘겨주기</td></tr>
<tr><td>놀이 친구 선택하기</td><td>• 한 유아를 선택하여 원을 돌면서 놀이하고 싶은 친구에게 작은 인형과 같은 소도구를 돌리게 한다. 유아는 친구 이름을 부르며 "곰 인형 집어."라고 말한다. 호명을 받은 친구는 "고마워, 철수야."라고 반응한다. 호명 받은 유아는 흥미 영역에서 함께 놀자고 청한 친구와 함께 논다.</td></tr>
<tr><td colspan="2">흥미 영역 시간</td><td>• 협동놀이를 할 수 있는 놀잇감 준비해 놓기
• 유아의 우호적인 행동을 관찰한 후 이에 대해 언급하고 격려하기</td></tr>
<tr><td colspan="2">소집단</td><td>• 협동적인 미술 프로젝트 계획하기
• 보드게임놀이 가르치기</td></tr>
<tr><td colspan="2">실외놀이</td><td>• 실외놀이터의 협동적 놀잇감을 미리 선택해 배치하기(자동차, 세발자전거, 공 등)</td></tr>
<tr><td colspan="2">간식</td><td>• 몇 명의 유아가 여러 가지 간식을 담당하게 하기
• 유아가 각 유아에게 어떤 간식을 먹을 것인지 물어보기</td></tr>
<tr><td colspan="2">전이</td><td>• 새 흥미 영역으로 이동 대신 흥미 영역 내의 새로운 놀이 친구로 이동하기
• 한 활동에서 다른 활동으로 또래 손잡고 이동하기</td></tr>
</table>

출처: CSEFEL(2013). http://csefel.vanderbilt.edu/resources/training_preschool.html#mod3b에서 2013년 3월 17일 발췌.

④ 미리 알려 주기

미리 알려 주기 전략은 비교적 문제 행동이 자주 발생하는 특정 과제나 상황으로 전이하기 직전에 유아에게 필요한 우정 행동을 다시 상기시켜 주는 효과적

인 행동 관리 전략이다. 예를 들어, 교사는 자유놀이로 전이하기 전에 유아에게 "누구하고 놀이할 거니?"와 "친구와 함께 사용하려는 특별한 놀잇감이나 자료가 무엇이니?"라고 물을 수 있고, 또한 유아에게 연습 기회를 제공할 수 있다. 연습 기회에는 "재민아, 나는 성철이 역할을 하고 싶어." 또는 "너는 나에게 트럭놀이를 하자고 물어볼 수 있어." 등이 포함된다. 그 후 유아는 교사의 촉구 또는 촉구 없이 친구에게 물어보기를 연습할 수 있다. 그리고 교사는 유아가 놀이하자고 하는 사회적 시도에 격려나 피드백을 제공하고, 어떤 유아가 놀이에 참여하지 않을 때 역할놀이에서의 다른 역할을 해 보라고 촉구할 수 있다(예: "네가 지금 엄마를 하고 지은이가 아기를 하면 어떨까?"). 이러한 전략은 중단되었던 놀이에 유아가 다시 참여할 수 있게 하는 전략이고 좀 더 또래와의 사회적 접촉 시간을 길게 할 수 있다.

⑤ 격려하기

유아가 또래에게 우정 어린 행동을 할 때 교사는 관찰한 특별한 우정 행동을 말로 서술해 주는 것이 필수적이다. 이때 "너희들 아주 잘 놀고 있구나." 대신 "너는 놀잇감을 사이좋게 교대로 잘 가지고 놀고 서로 칭찬을 해 주는구나!"라고 구체적으로 서술해 주는 것이 좋다. 이러한 서술적 언급은 그들이 지금 무엇을 잘하고 있는가에 대해 특별한 피드백을 제공한다. 그러나 교사는 유아의 활동 중간에 과도한 관심을 보이는 것은 유아의 놀이를 중단시킬 수 있다는 사실을 인식해야 한다. 교사는 또한 유아들 간에 우정 어린 행동을 잘하고 있다면 특별한 피드백을 점진적으로 천천히 제거해 나가는 절차를 시작해야 할 필요가 있다.

⑥ 짝 활동과 역할놀이 미리 연습하기

우정 기술이 부족한 유아에게는 자유놀이 전에 짝을 지어 주어 자유놀이를 시작하게 할 수 있다. 짝은 두 명이나 그 이상이 되어야 한다. 또한 우정 기술이 부족한 유아를 위해 역할놀이를 미리 연습해 볼 수 있다. 이때 역할놀이는 주로 한

번에 한 명이나 두 명이 참여하는 것이 좋고 미리 계획하는 것이 필요하다. 때로 유아가 다른 또래 앞에서 우정 기술을 시범 보일 때 교사는 많은 지원을 제공하여 시범 보이는 유아가 성공적으로 적절하게 우정 기술을 시범 보이도록 해야 한다. 이때 짝 활동을 함께하는 또래가 잘 지원하고 지속적으로 할 수 있도록 또래 훈련을 하면 효과적이다.

⑦ 우정 기술 발달을 지원하는 다양한 활동 준비

- 친구를 위해 특별한 것 만들고 이름 쓰기
- 함께 우정 식물 씨 심고 함께 돌보기
- 나의 친구 그림 그리기
- 친구 칭찬해 주기

우정 기술 발달을 위한 활동 후에 교사나 친구가 "지섭아, 참 잘했다.", "나는 네가 그린 집이 아주 멋있어."라고 말할 수 있다.

⑧ 우정에 관한 책 비치하기와 우정 노래 부르기

등장인물이 사용하는 우정 어린 행동에 대해 이야기할 수 있고, 등장인물이 하는 행동에 근거하여 그 다음에 어떤 일이 일어날 것인가에 대해 유아가 추측하도록 한다.

2) 정서 문해

(1) 유아기의 정서 문해

Goleman(1995)은 정서란 하나의 감정과 그에 따르는 뚜렷한 사고 및 심리적, 생리적 상태와 일련의 행동 경향이라고 정의하였다. 만 3~5세 유아의 정서 표현은 유아의 사회적 능력 및 또래 수용도와 밀접하게 관련된다(Coie & Dodge,

1998). 사회적으로 유능한 유아는 자신의 정서를 명확히 상황에 맞게 적절한 수준으로 표현함으로써 다른 사람들과 긍정적인 상호작용을 하는 반면 사회적 지식이나 기술이 부족한 유아는 부정적인 정서를 잘 조절하지 못하며, 그 결과 원만한 대인 관계를 형성하지 못하는 것으로 나타났다(노서연, 2003).

〈표 11-4〉 정서 발달 구성 요소

정서 표현	타인이나 상황을 고려하여 자신의 느낌을 적절히 표현하는 것
정서 이해	자신이나 타인의 감정을 정확하게 이해하고 명확한 말로 설명하는 것
정서 조절	자신의 감정이 상황에 미치는 영향을 고려하여 효과적으로 조절하는 것

정서 문해 능력이 있는 유아의 경우에는 좌절 상황에 좀 더 잘 견디며, 또래와 싸우기, 파괴적 행동, 고립, 충동적 행동을 덜 보이며, 집중력과 학업 성취 능력은 또래에 비해 더 높았다. 이는 자신의 정서를 잘 조절하고 다른 사람의 정서에 적절하게 반응하므로 또래와의 상호작용 및 학업에 좀 더 성공적일 수 있다. 그러나 정서 언어 사용에 숙달되지 못한 유아는 자신의 정서뿐만 아니라 다른 사람이 어떻게 느끼는지를 정확히 판단하는 데 어려움을 가진다(김경희, 1997). 타인의 정서, 감정 등을 배려할 줄 아는 유아가 공격적인 행동이나 위축, 불안과 같은 외현적·내재적 행동 문제를 적게 보이며 또래와 타인과의 관계 형성에도 긍정적인 영향을 미친다고 해석할 수 있다.

(2) 정서 문해 발달을 위한 실제적 전략

유아의 정서 문해는 경험과 학습에 의해 습득될 수 있으므로, 정서적 민감기인 유아기에 정서 문해 발달을 위한 활동 제공은 유아의 문제 행동을 예방하고 지도하는 데 필수적이다. 다음은 문제 행동 유아에게 정서 문해 능력을 지도하는 실제적 전략의 예이다(박경자 외, 2009; 이병인 외, 2013; Kaiser & Rasminsky, 2007; Hemmeter, Fox, & Snyder, 2013).

① 직접 교수

교사는 다양한 긍정적인 정서(예: 행복, 자신감, 흥분, 감사)와 부정적인 정서(예: 슬픔, 화, 외로움)를 나타내는 단어를 다양한 전략을 사용하여 직접 가르친다. 벽에 다양한 정서를 나타내는 그림을 붙여 놓음으로써 유아가 다양한 정서를 학습하도록 한다. 혹은 다양한 정서가 나타나 있는 잡지의 그림이나 또래의 사진을 이용하여 정서책을 만들어 설명하거나 교실에 비치하는 것도 효과적이다. 교사는 유아의 정서 어휘 지도뿐만 아니라 다양한 얼굴 표현 변별을 위한 특별한 활동을 계획하여 실시하여야 할 것이다.

② 간접 교수

교사는 유아가 현재 경험하고 있는 정서의 명칭을 알려 주고 자기의 기분에 대해 이야기하도록 도와준다. 다양한 긍정적인 정서(예: 행복, 자신감, 흥분, 감사)와 부정적인 정서(예: 슬픔, 화, 외로움)에 대하여 다음과 같이 간접적으로 가르친다.

교사는 먼저 자신의 긍정적 정서에 대하여 간접적으로 지도할 수 있다. 예를 들어 "선생님은 너희들이 모두 스스로 카펫에 예쁘게 앉아 있어서 정말로 행복하단다. 나는 행복해서 웃는다."와 같이 자신의 행동을 설명한다. "혜준아, 네가 노아의 놀잇감 찾는 것을 도와줘서 노아가 아주 행복해 보인다."나 "영희와 순이는 둘이 같이 놀 때 아주 행복해하는 것 같다. 둘이 손을 꼭 잡고 있다."와 같은 것이다.

또한 유아가 경험하고 있는 부정적 정서의 정서 명칭을 말해 줄 수 있다(예: "나는 너가 얼마나 슬픈지 알아.", "너는 지금 많이 흥분했구나.", "나도 네가 무척 화가 나서 정말 참기 힘들다는 것을 알아.", "네가 한나를 두고 혼자 나가 버리는 것은 한나를 슬프게 한단다."). 또한 교사는 자신의 부정적 감정을 설명하거나(예: "나는 오늘 좀 슬퍼.", "어떤 친구가 내가 작품을 만드는 데 도와주어서 다시 행복해졌어."), 정서에 반응하는 적절한 방식(예: "나는 너무 화났을 때는 가만히 의자에 앉아 기분이 좋아질 때까지 기다려.", "나는 심심할 때 친구에게 책을 같이 읽자고 해.", "나는 무서울 때 선생님을 찾아가서 말해.")을 설명한다.

③ 정서 노래나 게임하기

교사는 노래나 게임을 사용한다. 다양한 얼굴 표정이 있는 주사위를 제작하여 게임을 함으로써 정서의 명칭과 함께 감정 문해 능력을 증진시킨다.

[그림 11-2] 정서 게임

④ 유아에게 현재 기분 물어보기

교실에서 감정적인 문제가 발생할 때 유아에게 어떻게 느끼는지에 대해서 물어보고 제안을 한다(예: "철환이가 경주차를 가져가서 네가 화가 났니?"). 교사는 또한 긍정적인 감정을 지적해 준다(예: "너랑 래희는 책에 관심이 많구나"). 유아에게 어떠한 상황이 어떠한 감정을 만드는지에 대해 생각할 수 있도록 도와준다. 즉 "승명이가 너랑 놀아주지 않아서 네가 슬프구나." 그리고 같은 상황에서 어떻게 다른 사람들이 다른 감정을 가지는지에 대해 이야기한다(예: "형이는 높은 미끄럼틀 위에 있을 때 재미를 느끼는데 인숙이는 무섭다고 하더라.").

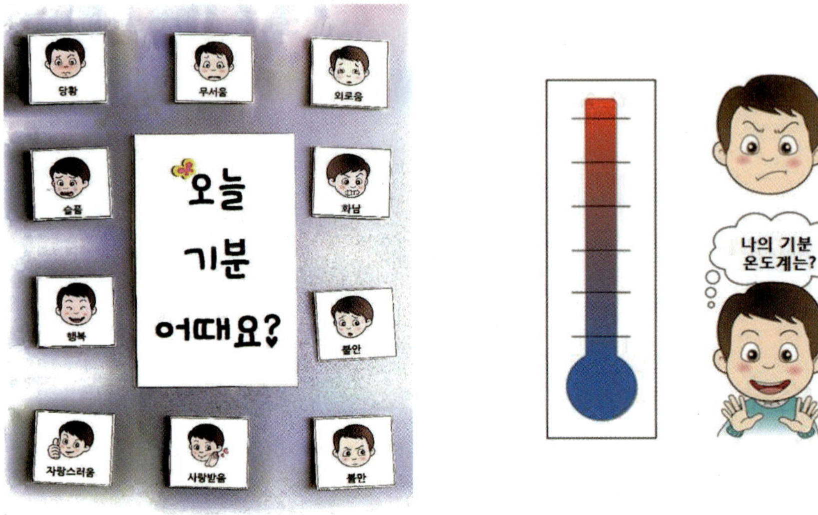

[그림 11-3] 오늘 기분 어때요?

⑤ 감정 체크하기

등원 시 유아의 감정(기분)이 어떤지를 표시하게 한다. 그리고 기분은 변화할 수 있다는 것을 설명한 후 어떠한 방법으로 자신의 감정을 변화시킬 수 있는지에 대해 이야기하는 기회를 가지게 한다. 그리고 하원 시에 자신의 감정(기분)을 다시 한번 확인해 보게 하는 활동을 제공한다. 유아는 아침의 자기 기분 상태의 얼굴 표정 옆에 자기 이름을 붙이는 것으로 체크할 수 있다. 교사도 유아의 이러한 얼굴 표정 체크하기에 참여할 수 있다. 교사는 기분이 하루 동안 여러 번 바뀔 수 있다는 것을 감정 얼굴을 바꾸면서 알려 주고, 감정 변화에 대해 이야기한다.

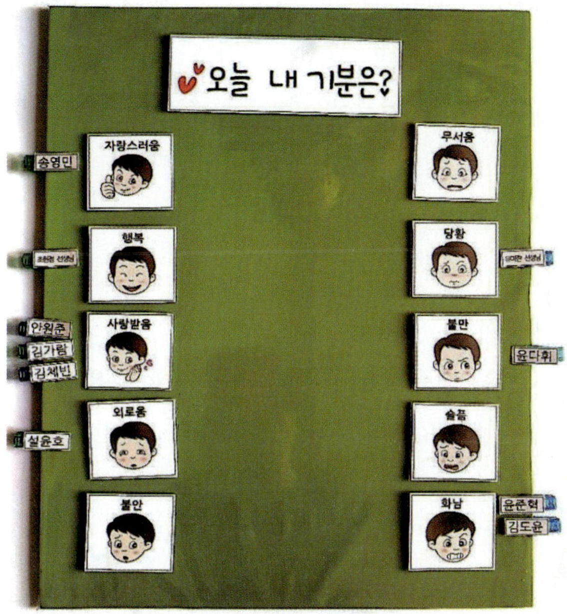

[그림 11-4] 오늘 내 기분은?

[그림 11-5] 다양한 기분 카드의 예

⑥ 다른 친구의 정서에 반응 방법 지도하기

교사는 다른 유아의 정서에 반응하는 데 사용할 수 있는 전략을 시범 보인다. 이러한 전략에는 다른 유아의 정서의 명칭이 무엇인지 알려 주고, 기분이 나쁜 유아에게 도움을 제공하고, 슬픈 유아는 놀이감을 함께 사용하거나 외로움을 느끼는 유아에게 놀자고 말을 거는 것을 포함한다.

⑦ 유아 그림책 사용하기

유아는 그림책을 읽고 그림책과 관련된 다양한 활동을 하면서 행복한 생각과 긍정적 정서를 경험할 수 있다. 유아는 그림책 속에서 일어나는 일들을 감정적으로 경험할 수 있고, 그림책은 자신을 등장인물과 동일시하여 감정 이입할 수 있는 기회를 제공하기 때문이다.

1단계에서 그림책의 제목을 보고 등장인물의 감정을 인식한 후, 2단계에서는 그림책 속에 나타난 등장인물의 감정 명칭 및 변화 과정에 대해 이야기하고, 주인공 및 주변 인물이 경험한 다양한 감정을 언어, 신체, 미술 등의 활동으로 표현해 보는 기회를 제공한다.

⑧ 유아의 발달적 요구에 근거하여 개별화 교수 제공하기

교사가 대집단의 교실 전체 유아에게 지원을 제공하기보다 개별 유아나 소집단 유아를 대상으로 지원하는 것이다. 예를 들어, 교사는 대집단 시간에 정서에 대해서 이야기를 할 수 있지만, 개별 유아가 다양한 정서를 경험하는 놀이에 참여하고 있을 때 교사는 유아의 놀이 속에 참여하여 개별 유아에게 이 정서 단어를 사용하면서 들려준다. 개별 유아에게 정서에 관한 책 읽어 주기, 유아에게 정서 단어 시범 보이기나, 특별히 개별적으로 함께 정서 책을 만드는 활동이다.

⑨ 유아 자신의 사회적 기술이나 정서적 역량에 대해 숙고 기회 가지기

교사는 유아가 개별이나 전체 집단으로 자신들이 사용하고 있는 사회적 기술을 곰곰이 생각해 보게 하는 기회를 마련한다. 이러한 토론에서는 교사보다 유아가 더 많이 이야기하도록 유도해야 한다. 예를 들어 교사가 "흥미 영역 시간에 지영이가 외로워할 때 너는 무엇을 했니?", "네가 좋아하는 놀잇감을 지훈이가 가졌을 때, 어떤 기분이었는지에 대해 말해 줄래? 어떻게 했을 때 기분이 다시 좋아졌는지 말해 줄래?"라고 말하는 것이다.

3) 화와 충동 조절하기

(1) 유아기의 충동 통제

Goleman(1997)은 충동 통제는 감정과 행동 사이의 차이를 배우는 것이라고 말하고 있다. 충동 통제는 불필요한 행동을 멈추고(계속 하고 싶을지라도), 필요한 일을 시작하기 위해(하고 싶지 않을지라도) 화와 충동을 조절하는 능력으로, 의식적이고 의도적이며 사려 깊은 행동의 기반이 되는 내적 기제이다. 즉 충동 통제는 유아가 자신이 화가 나거나 실망을 느낄 때 이를 비폭력적인 방법으로 표현할 수 있는 능력이다. 유아의 부정적인 정서를 조절하는 능력은 사회적 능력과 정적 관계가 있으며(Eisenberg, Fabes, & Murphy, 1996), 또한 인기아는 비인기아에 비해 자신의 긍정적 정서나 부정적 정서를 쉽게 조절할 수 있고, 또래와 말싸움하는 경향이 적은 것으로 나타났다(Eisenberg et al., 1993). 유아의 정서 조절은 또래와의 상호작용 및 협력성, 인기도, 지도력과 통계적으로 유의미한 정적 상관관계를 보였다(최선희, 2014).

Boyd 등(2005)은 5세 때 자기통제가 부족한 유아는 6세가 되면 교사의 지시를 따르지 못하고 7세가 되면 문제 해결 방법을 계획하지 못한다고 하였다. 다음의 예는 4세 때 마시멜로 테스트에서 충동 조절을 한 유아와 하지 못한 유아를 추적 연구한 결과를 설명하고 있다. 유아는 자신의 계획을 혼자 크게 말하며 자신의 행동을 조절하는 전략을 사용하는 것을 볼 수 있다(Mischel, Cantor, & Feldman, 1996).

마시멜로 실험

심리학자 Mischel은 특별한 연구를 시작하였다. 그와 동료들은 4세 유아들에게 마시멜로를 주고 연구자가 나간 15분 동안 기다리면 2개를 얻을 수 있고 만약 기다리지 못하면 그냥 하나만 갖게 될 것이라고 이야기하였다. 유아들의 2/3는 2개의 마시멜로를 얻었고, 1/3은 기다리지 못해 1개만 얻었다. 2개를 얻는 유아는 유혹에 넘어가지 않게 하기 위해 눈을 가리거나 노래를 부르고, 스스로에게 말을 걸고, 손장난이나 발장난을 했다.
연구자들은 이 유아들이 고등학교를 졸업한 후 다시 찾아서 추적 조사를 하였다. 2개의 마시멜로를 얻었던 유아들은 사회적 능력이 뛰어났다. 개인적으로 유능하고, 자신감이 있으며 좌절에 대처하는 능력이 더 발달되었다. 그리고 마시멜로 1개를 얻은 유아들보다 평균적으로 SAT 점수가 210점 이상 높았다.
만족감을 연기시키지 못하는 충동적인 유아들은 비싼 대가를 치른다. 청소년이 되면서 그들은 고집스러워지고 우유부단해지거나 좌절에 쉽게 화를 내고 신뢰하지 못하며 질투하고 싸움이나 논쟁을 하기 쉽다.

출처: Mischel, W.(2014). Processes in delay of gratification. In Advances in experimental social psychology (Vol. 7, pp. 249-292). Academic Press.

인간은 갈등 상황에서 자신의 행동을 조절하는 방법에 대해 모르는 채로 태어난다. 그러므로 충동 통제는 연습을 통하여 이루어질 수 있다. 충동 통제는 이성적 뇌인 전두엽이 정서적 뇌인 변연계의 충동적 정서 반응을 조절하는 것이다. 4장에서 살펴보았듯이, 충동 통제 연습은 유아들이 자기 행동을 결정할 때 충동적인 시상 통로보다 충동적 행동의 결과에 대해 생각하는 기회를 가지는 전두엽의 피질 통로를 더 사용하도록 뇌를 조절하게 하는 것이라고 할 수 있다. 교사는 유아들에게 변연계의 충동적 정서와 전두엽의 의사 결정 및 행동 통제 부위 및 정서 조절 기제 사이에 많은 교류를 할 수 있는 기회를 제공해야 하는 것이다. 유아기에 자기통제를 충분히 연습하지 않으면 관련 뇌 부위가 제대로 발달하지 못하여 성장하여도 결과적으로 여전히 '미운 두 살' 때처럼 행동하는 어른이 된다. Shonkoff와 Phillips(2000)는 유아기에 자기통제를 배우지 못한 유아는 나중에 고치기 어려운 공격적인 상호작용 습관을 가진 골목대장이 될 것이라고 주장하고 있다. 경미한 충동적 행동이 아닌 충동성이 심한 유아에게는 12장의 개별적인 긍정적 행동지원(PBIS)이나 약물 치료를 병행하는 것을 고려해야 한다(Goleman, 1997).

(2) 화와 충동 조절하기 전략

유아는 슬픔, 행복, 질투, 자만심, 흥분, 좌절, 그리고 화와 같은 다양한 부정적 정서를 경험하면서, 이러한 정서를 어떻게 적절한 방식으로 표현할 줄 모르기 때문에 결과적으로 문제 행동으로 표출되기도 한다. 즉 유아는 자신을 통제할 수 있는 능력을 지니지 못하고 있기 때문에 문제 행동을 하는 것이다. 교사는 유아에게 차분하게 자기 자신과 다른 사람의 부정적 정서인 화를 인지하지 못하고, 우리가 화났을 때는 잘 생각하지 못한다는 것을 설명한다. 교사는 유아에게 유아 자신 및 다른 사람이 화났다는 것을 어떻게 알 수 있는지 설명해 주고, 자신이 화가 났다는 것을 다른 사람에게 적절한 방법으로 나타내는 방법을 습득하도록 한다.

다음은 문제 행동 유아에게 화와 충동 조절을 가르치는 전략의 예이다(박경자 외, 2009; CSEFEL, 2013; Hemmeter, Fox, & Snyder, 2013; Kaiser & Rasminsky, 2007; Kusche & Greenberg, 1994; Webster-Stratton, 1990).

① 화났을 때 차분해지는 전략 알려 주기

유아 자신이 차분해질 수 있는 어떤 것 찾기(예: 볼 책, 듣기 영역 찾기, 기분이 차분해지는 데 도움이 되는 것 생각해 보기, 좋아하는 놀잇감 찾기, 차분해지는 데 도움이 되기 위하여 밖으로 나가기)에 대해 생각해 볼 수 있는 기회를 가진다.

② 그림책 활용하기

교사는 유아와 함께 극심한 정서 상태를 보이는 등장인물이 등장하는 그림책을 보면서, 문제 행동을 보이는 분노, 불안, 공포나 다른 정서를 탐색하고 이러한 정서에 대해 유아와 서로 이야기할 기회를 가진다. 그림책은 정서적 상황에 처한 다양한 등장인물의 다양한 감정 폭발이 주인공과 다른 사람에게 얼마나 부정적인 영향을 주는가를 보여 준다. 그림책을 활용하는 접근법은 유아가 자신의 충동적인 행동을 어떤 방법으로 조절해야 하는가에 대해 매우 건설적인 대안을 제시한다. 그림책 활용 시의 또 다른 이점은 유아가 객관적으로 정서를 볼 수 있다는 점이다. 유아들은 그림책에 나오는 특정 정서에 대해, 특히 교사와 직접 이야기하기 어려운 부정적 정서에 대해 자유롭게 이야기를 주고받을 수 있다. 가령 유아가 분노 조절을 못하는 주인공의 이야기를 읽거나 듣게 될 때, 이는 자신의 분노가 아니라 그림책 주인공의 이야기이므로 분노에 대해 교사와 편안한 마음으로 직접적으로 대화할 수 있다. 일반적으로 유아용 그림책은 다양한 유아의 다양한 정서를 구분하여 잘 표현하고 있다.

③ 거북이 전략 사용하기

거북이 전략은 유아가 공격적 행동에 대처하는 방법에 대해 배우는 것을 도울 수 있다. 거북이 전략의 기본 A단계를 설명하면 다음과 같다.

1. 자신이 화가 난 것을 안다.
2. 자신을 화나게 한 일에 대한 생각을 잠시 중단한다.
3. 조용히 세 번의 깊은 숨을 쉬면서 어떻게 대처할 것인가에 대해 차분히 생각한다('나는 차분해진 다음에는 좋은 해결책이 떠오를 거야.', '나는 이 문제를 해결할 수 있어.'라고 마음 속으로 생각한다).
4. 화를 가라앉히고, 해결책에 대해 생각한 후 거북이 껍질에서 나온다.

[그림 11-6] 거북이 전략

유아에게 거북이 전략을 가르치는 것은 대집단 및 소집단에서 가능하다. 지도 시 거북이 손인형을 사용하는 것도 도움이 될 것이다. 교사는 교실에 거북이를 소개하면서 화났을 때 유아가 거북이 인형에게 '안녕' 인사를 하게 하고, 거북이 인형을 쓰다듬은 후 시작하여 차분해질 수 있는 거북이 전략을 가르친다.

① 거북이 인형이 유아가 화가 많이 나는 교실에서 발생할 수 있는 사건을 말한다(유아가 가장 친숙하게 공감하는 예를 선택한다). 거북이 인형이 얼마나 화가 났는지를 시범 보이고, 생각하기를 멈추고, 그리고 가만히 서서 세 번의 깊은 숨을 들이마신다.

② 세 번의 깊은 숨을 쉰 후에 거북이는 혼자 자기 자신에게 말한다. "나는 차분해질 수 있고, 이 문제를 해결할 몇 가지 방법에 대해 생각할 수 있다." 이때, 거북이 전략은 유아가 차분해질 때까지 '생각하는 거북이'로 가만히 있게 함으로써 유아가 화가 난 자신의 상태에서 벗어나서 평화적으로 문제를 해결할 수 있는 준비를 할 수 있도록 한다.

③ 교사는 거북이 전략을 시범 보이고 연습할 수 있는 유아를 초대한다. 예를 들어, 커다란 시트나 상자 안으로 들어가서 세 번의 숨 쉬기를 하는 거북이 전략 모델을 선보일 수 있다. 소집단 활동에서 유아는 종이 상자 안에서 거북이가 되어 단계들을 연습할 수 있다. '상자 안에 들어가기'를 할 때 변형 가능한 머리나 팔을 만든 종이 거북이를 이용할 수도 있다.

④ 교사는 유아들이 화가 나거나 좌절했을 때 '거북이 전략'을 상기시키도록 한다. 유아가 화가 났을 때 교사는 잠시 숨을 고르게 쉬고, 거북이 전략의 3까지 수 세기를 시작한다. 교사는 [그림 11-7]과 같이 거북이 전략 카드를 교실에 비치하여 유아 스스로도 반복하여 익힐 수 있도록 한다. 또한 화가 날 수 있는 상황들을 역할극을 통해 인형, 교사, 친구들과 함께 연습을 해

보는 것도 좋은 방법이다. 이때 교사는 많은 단서와 촉구, 강화를 제공하는 것을 염두에 두어야 한다.

[그림 11-7] 거북이 전략 카드

4) 대인 관계 문제 해결하기

유아교실에서 발생하는 많은 문제 행동은 유아 간의 갈등이나 유아들이 갈등을 적절한 방법으로 해결하는 데 필요한 기술을 가지지 않았을 때 발생한다. 함께 놀이를 하는 유아들 사이에서 자주 나타나는 것을 흔히 볼 수 있다. 유아는 이러한 갈등을 통해 일상생활에서 나타나는 문제를 해결하는 기술을 배울 수 있다. 또래 간에 나타나는 갈등과 문제 해결 과정도 경험의 일부이므로 갈등이 발생하지 않기를 원하는 소극적 태도를 취하기보다 이러한 갈등이 발생하는 대인 관계 문제에 적극적으로 대처하는 방법을 배우는 기회로 삼아야 한다.

다음은 문제 행동 유아에게 대인 관계 문제 해결을 가르치는 전략들의 예이다(박경자 외, 2009; CSEFEL, 2013; Dunn & Brown, 1991; Hemmeter, Fox, & Snyder, 2013; Kaiser & Rasminsky, 2007; Webster-Stratton, 1990).

① 교사는 하루 일과 중에 '문제가 발생할 수 있는' 행동을 제시하여 유아와 함께 해결책을 찾아보는 토론 기회를 갖는다.

예를 들면, 교사는 "과자는 한 개뿐인데 두 명이 과자를 먹고 싶어 한다. 우리는 어떻게 할까?", "정리하기 시간이 되었는데 아름이는 그림 그리던 것을 다 마치지 못했다. 아름이는 어떻게 해야 할까?", "승준이도 컴퓨터가 너무 사용하고 싶은데 이미 다른 친구 두 명이 컴퓨터를 사용하고 있다. 승준이는 어떻게 해야 할까?" 등이다.

유아들은 문제의 해결책을 내놓을 것이다. 교사는 가능한 한 유아들이 많은 해결책을 내도록 격려한다. 교사는 작은 가방 안에 '문제가 발생할 수 있는 행동'의 예를 적은 종이를 넣고 음악이 멈출 때까지 원을 돌린다. 음악이 멈추었을 때 작은 가방을 잡은 유아는 문제 상황 종이를 꺼내고, 교사가 종이 내용을 읽어 준다. 유아들이 가능한 한 많은 해결책을 생각해 내도록 격려한다. 교사는 유아가 필요하다면 준비한 해결책 세트를 볼 수 있게 한다.

② 교사는 자연스럽게 발생하는 상황 내에서 문제 해결 과정을 거쳐 가도록 지원한다.

교사가 유아에게 놀이, 대집단 시간, 전이, 혹은 일대일 상호작용을 포함하여 일반적인 활동 동안에 문제 해결 단계에 대하여 이야기하거나 시범을 보인다. 예를 들어, 놀잇감을 가지고 서로 다투고 있는 유아들에게 교사는 "둘이 모두 그 놀잇감을 원한다면, 너희들은 교대로 사용하든지, 다른 놀잇감과 교환을 하든지, 혹은 다른 놀이를 하든지 하면 좋겠다."라고 말할 수 있다.

③ 교사는 유아와 직접 상호작용을 하면서 문제 해결 단계를 시범 보인다.
교사는 발생한 문제에 대하여 말하고, 문제를 해결하기 위해 무엇을 할 것인가에 대하여 말하고, 해결하는 법을 실제 예를 들어 가며 보여 준다. 예를 들어, 교사는 "나는 물놀이 영역에서 놀고 싶은데 벌써 친구 네 명이나 물놀이 영역에 있다. 음 나는 어떻게 해야 하지? 나는 다른 친구들이 물놀이를 마칠 때까지 쌓기놀이 영역에서 기다리면서 놀아야겠다."라고 말하고, 교사는 쌓기놀이 영역으로 가서 유아들과 그곳에서 놀이를 시작한다.

④ 다음은 단계별 문제 해결 과정의 예이다. 유아들이 배워서 사용해야 하는 기본적인 4단계의 문제 해결 단계이다.

안전한가?
모두에게 공평한가?
친구들은 어떻게 느낄까?

[그림 11-8] 문제 해결 단계

무엇이 문제인가? 유아 문제 해결의 1단계로서 자신의 감정에 관심을 갖게 한다. 문제를 인식하고 난 후 유아가 문제를 설명하도록 한다. 교사는 유아의 문제를 재구성하여 유아에게 안내한다. 즉 "친구들이 나랑 안 놀려고 해요."를 "나는 친구들과 놀고 싶어요."로 재구성해 준다. 이러한 재구성은 유아가 좀 더 쉽게 적절한 해결책을 찾아내는 데 도움이 된다.

2단계에서, 유아는 문제의 가능한 해결책을 생각한다.

3단계에서, 유아가 제안한 해결책을 평가하는 기회를 갖는다. 이 단계에서 교사는 유아에게 "그렇게 하면, 다음에 무슨 일이 일어날까?"라고 질문할 수 있다. 다음의 세 가지 질문은 유아가 제시한 특별한 해결책이 적합한 것인지 혹은 아닌지를 결정하도록 유아를 안내할 수 있다.

- 안전한 해결책인가?
- 모두에게 공평한가?
- 모든 유아들이 어떻게 느낄까?

결과를 이해하는 것은 역할놀이를 통해 가르칠 수 있다. 유아는 문제에 대한 해결책을 생각해 낼 수 있고 손인형으로 행동할 수 있다.

시도해 보는 4단계에서는, 유아가 생각해 낸 최선의 해결책에 따라 행동하도록 가르친다. 또한 해결책이 성공하지 않으면 어떻게 해야 하는지에 대해서도 가르쳐야 한다. 친사회적 해결책이 통하지 않으면, 유아가 긍정적인 결과를 가져올 것이라고 믿는 다른 해결책을 다시 생각해 내도록 한다.

⑤ 교사는 유사한 문제를 해결하는 등장인물의 행동이 기술된 유아 그림책을 선택할 수 있다. 교사는 읽어 나가다가 중단을 하고 유아에게 문제의 해결책을 말해 보라고 요청할 수 있다. 그 후 교사가 읽기를 계속할 때, 유아는 등장인물이 어떻게 문제를 해결하는지 방법을 배우며, 이것이 좋은 해결책인지 혹은 나쁜 해결책인지를 판단할 수 있고, 유아 자신의 해결책을 제시할 수도 있다.

⑥ 교사는 시각적 자료를 사용하여 문제 해결 단계를 명시적으로 가르치고, 시각적 상기가 가능한 해결책 세트를 제공할 수 있다. 다음과 같은 문제 해결책 세트를 보여 줌으로써 유아가 해결책을 찾도록 지원한다.

1. 교사에게 도움 요청하기	6. 함께 사용하기
2. 예쁜 목소리로 요청하기	7. 교환하기
3. 무시하기	8. 차례 기다리기
4. "하지마."라고 말하기	9. 함께 놀기
5. "부탁이 있어."라고 말하기	

⑦ 교사는 유아가 자신이 사용한 문제 해결에 대해 반성적 사고를 하도록 도와준다.

교사는 그들이 어떠한 문제 해결 방법을 사용했는가에 대해 서로 이야기하도록 촉구하고, 사용한 해결책이 효과가 있었는가와 적절한 해결책이었는가 하는 측면에서 평가하는 질문을 유아에게 하여야 한다.

9장의 양육적이고 반응적인 관계 형성과 10장의 높은 질의 교실 예방 실제와 같은 1차 보편적 증진의 목적이 모든 유아에게 많은 정서적 관심을 제공하고 지원적인 교실 환경을 제공하면서 유아의 적절한 행동과 바람직한 교실 문화를 만드는 것이라면(Horner et al., 2009), 본 장의 사회·정서적 교수 전략은 9장, 10장의 보편적 지원을 제공했음에도 행동의 변화가 없고 추가적인 도움을 받지 않는다면 앞으로 문제 행동을 보일 가능성이 있는 문제 행동 위험 유아 대상의 2차 예방(대·소집단 지원)으로 더 집중적인 지도가 특징이다(Grisham-Brown, Hemmeter, & Pretti-Frontczak, 2005). 이러한 2차 예방에도 지속적으로 심각한 문제를 보일 때는 다음의 12장의 개별화된 긍정적 행동지원(PBIS)을 계획하여 실시한다.

출처: CSEFEL(2013). http://csefel.vanderbilt.edu/resources/training_preschool.html#mod3b에서 2013년 3월 17일 발췌.

[그림 11-9] 해결책 세트

Chapter 12

집중적이고 개별화된 행동지원 계획

1. 개별화된 긍정적 행동지원(PBIS) 계획이란
2. 문제 행동의 원인과 의사소통 기능
3. 개별화된 긍정적 행동지원(PBIS) 계획하기
4. 개별화된 긍정적 행동지원(PBIS) 사례

피라미드 모델

: 사회·정서적 역량 증진과 문제 행동 지도

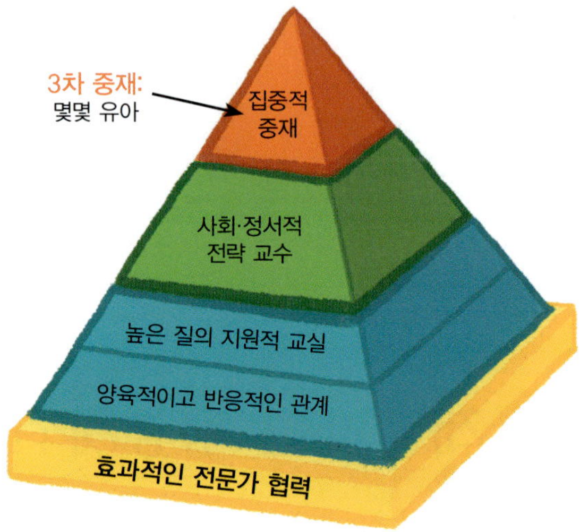

1. 개별화된 긍정적 행동지원(PBIS) 계획이란

유아교사가 2단계의 1차 보편적 증진과 2차 예방인 사회·정서적 전략을 주의 깊게 계획하여 체계적으로 실시했음에도 불구하고 유아가 심각한 문제 행동을 지속적으로 보인다면, 이러한 유아에게는 집중적이고도 개별화된 긍정적 행동지원(PBIS) 계획을 개발하여 실시하여야 한다. 일반적으로 이러한 집중적인 지원을 필요로 하는 유아의 문제 행동은 동일한 연령 및 성별의 또래 행동과는 많은 차이가 있으며, 눈에 띄게 심각한 행동을 나타낸다(Bell & Barnett, 1999).

긍정적 행동지원(PBIS)은 유아의 문제 행동의 기능을 이해하는 데 초점을 둔 접근 방법으로, 문제 행동이 발생하고 난 후 행동의 결과에 대한 반응이라기보다 사전에 유아에게 적절한 대체 행동을 지도함으로써 문제 행동을 예방하는 데 주된 목적을 두고 있다(Koegle, 1996). 이러한 이유로 긍정적 행동지원(PBIS)은 유아의 부정적 행동을 소거하기보다 평가를 통해 어떤 요소들이 유아의 긍정적 행동을 지원하는지를 결정한다. 긍정적 행동지원(PBIS)은 문제 행동 예방, 환경 수정, 그리고 적절한 대체 행동 지도에 초점을 맞춰 문제 행동을 중재한다. 즉 최근에는 문제 행동 지도 시, 문제 행동 발생 후의 사후 처벌법이 아닌 문제 행동의 원인 및 기능 분석에 근거한 문제 행동 예방에 중점을 두고 있다(이소현 외, 2008; Koegle, 1996). 다음 〈표 12-1〉은 최근 문제 행동 접근 방법의 변화를 정리한 것이다.

〈표 12-1〉 문제 행동 접근 방법의 변화

과거의 방법	최근의 방법
모든 문제 행동에 대한 일반적 중재	행동의 목적에 적합한 중재
중재는 사후 반응적	중재는 사전 예방적
행동 감소에 초점	새로운 기술을 가르치는 데 초점
즉시 수정 중점	장기 효과 중재 중점

본서의 앞에서 살펴본 바와 같이 문제 행동은 정상적으로 발달하는 유아들에게서도 빈번하게 자주 발생하지만, 특히 언어적으로 자신을 표현하기 어려운 영아나 제한된 언어 기술을 갖고 있는 장애 유아에게 더 자주 발생할 수 있다. 이들은 자주 비언어적인 방법으로 자신의 요구를 강하게 표현하기 때문이다. 대부분의 장애 유아의 경우 부적절한 행동을 통해 비언어적 의사소통을 하므로, 결과적으로 심한 문제 행동으로 표출된다. 이러한 이유로 최근의 문제 행동 지도 접근 방법은 발생하는 문제 행동의 의사소통 기능을 파악하여 이에 적합한 새로운 대체 기술이나 대체 행동을 발견하여 지도하는 것에 강조점을 두고 있다. 문제 행동 발생을 감소시키는 한 접근으로 문제 행동의 의사소통적 기능을 파악하여 유아들에게 적절하고 수용할 수 있는 의사소통 대체 행동을 훈련하는 것이다.

이 접근 방법은 행동의 선행 사건, 문제 행동, 그리고 후속 결과를 여러 회기에 걸쳐 주의 깊게 관찰한 후 분석하여 문제 행동의 원인과 기능을 밝힘으로써 유아가 문제 행동을 하는 의도에 대해 규명하는 과정을 필요로 하다. 유아 문제 행동의 목적이 무엇인지 결정되면, 그 상황에 적절한 대체 행동을 가르친다. 다음의 예는 진희라는 장애 유아의 문제 행동을 의사소통 행동으로 이해한 후, 필요한 대체 기술을 지도한 예이다.

진희의 행동을 의사소통으로 이해하기

진희는 촉감 방어가 매우 심한 장애 유아이다. 진희는 누가 자신을 만지는 것과 다른 유아들 틈에 가까이 있는 것을 싫어한다. 어떤 유아가 가까이 다가올 때 특히 그 유아가 시끄럽고 빠르게 움직이면 진희는 바로 주위의 아무 물건이나 집어서 던져 버린다. 물건을 던지는 것은 다른 유아가 자기에게 가까이 다가오는 것이 싫다는 것을 알려 주기 위한 그녀가 알고 있는 유일하면서 매우 효과적인 방법인 것이다.

교사는 진희의 행동을 관찰한 후 보다 수용적인 의사소통 행동을 대체 행동으로 선택하였다. 진희는 자신의 손바닥을 꼭 쥐고 가까이 오는 유아를 향해 "그만"이라고 신호하는 것을 배웠다. 그 교실의 다른 유아도 진희의 이 의사소통을 존중하여 약간 물러서도록 배웠다. 이것은 진희에게 굉장한 통제감을 주었다. 이 의사소통 반응을 몇몇 다른 놀이 상황에도 일반화시키자, 진희는 물건 던지는 일이 거의 없게 되었다. 또한 점차적으로 또래가 자기 가까이에 있는 것도 참을 수 있게 되었다.

출처: 유수옥 외(2015). 영유아 교육현장 장애유아 통합교육 전략. p. 143.

2. 문제 행동의 원인과 의사소통 기능

긍정적 행동지원(PBIS)의 목적은 유아의 문제 행동이 유아 자신에게 어떤 기능을 갖는지 이해하여 유아에게 똑같은 목적을 성취할 수 있는 좀 더 적절한 대체 행동을 가르치는 데 있다(Carr, 1998). 유아는 자신의 다양한 메시지를 다양한 형태로 전달하므로 긍정적 행동지원(PBIS)을 계획하기 위해서 문제 행동 유아의 의사소통적 행동의 형태와 기능을 고려해야 한다. 형태(form)는 의사소통하기 위해 사용되는 행동이며, 기능(function)은 의사소통적 행동의 이유나 목적이다(유수옥 외, 2006).

〈표 12-2〉 의사소통의 형태와 기능

다양한 의사소통 형태	다양한 의사소통 기능
• 단어 • 문장 • 사진 • 지적하기 • 눈 응시 • 성인 잡아당기기 • 울기 • 물기 • 생떼	• 사물, 활동, 사람 요구하기 • 요구 회피하기 • 활동 회피하기 • 도움 요청하기 • 사회적 상호작용 요청하기 • 언급하기 • 정보 요구하기 • 감각적 자극 요구하기 • 감각적 자극 회피하기

출처: CSEFEL(2016). http://csefel.vanderbilt.edu/resources/training_preschool.html#mod3b에서 2016년 2월 15일에 발췌.

유아가 교실에서 소리 지르기, 물건 던지기 등과 자신과 다른 유아에게 해를 끼칠 수 있는 행동인 물기, 때리기, 자해 행동 등의 심각한 행동을 보일 때, 이러한 문제 행동이 유아에게 어떤 기능을 가지고 있을 것이라고 가정할 수 있다. 유아에게 문제 행동이 발생하는 것은 회피(escape), 획득(obtain), 관심이나 도움 요청(attention or get help)과 같은 몇 가지 이유가 있을 수 있다(유수옥 외, 2015; CSEFEL, 2016).

1) 회피하기

유아는 자신의 내적 상태나 외적 상태에서 도피하고 싶어 할 수 있다. 예를 들어, 자신의 신체적이나 생물학적 요인과 관련되어 불편함이나 극도의 스트레스나 불안감을 느낄 수 있다. 이와 같은 내적 상태는 약물, 식사, 질병, 그리고 가정 또는 교실에서의 정서적 긴장 등에 의해 영향을 받을 수 있다. 주의력 결핍 과잉 행동장애(ADHD) 유아는 신경학적으로 움직이고자 하는 강한 충동을 느끼므로, 이러한 과잉 행동을 하고자 하는 충동은 쉽게 문제 행동으로 전환될 수 있다. 또한 유아는 외부 환경적 조건이나 어떤 내키지 않는 활동을 피하려고 할 수 있다. 자폐성장애 유아의 경우와 같이 민감한 청지각을 가진 유아는 소음이 있는 방에서 불편함을 느끼고 귀를 막고 있을 수도 있다(유수옥 외, 2006).

다음의 예는 진호의 문제 행동의 선행 요인과 유지되는 결과를 조사한 것으로, 진호의 문제 행동은 자동차 타기의 '회피 기능'을 가지고 있다는 것을 보여 주고 있다(CSEFEL, 2013).

진호
진호는 자기 방에서 놀고 있다. 엄마는 "진호야 이리 와, 유치원 갈 시간이다."라고 말한다. 엄마는 진호의 팔을 잡고 일으켜 세워서 차로 데려가려고 한다. 진호는 소리를 지르고 고함을 치고는 놀잇감을 발로 차기 시작한다. 엄마는 "알았어. 5분만 더 놀아라. 그리고 우리 유치원 가야 해." 진호의 엄마는 부엌 쪽으로 걸어갔고, 진호는 놀잇감을 가지고 계속 놀았다.

선행 요인	문제 행동	유지되는 결과
• 방에서 놀기, 유치원 가기 위해 자동차 타러 가기 • 엄마가 일으켜 세우려고 두 팔 들어 올리기	• 소리 지르기 • 비명 지르기 • 놀잇감 발로 차기 기능 **회피**–자동차 타기	• 엄마가 5분 더 놀라고 함

출처: CSEFEL(2013). http://csefel.vanderbilt.edu/resources/training_preschool.html#mod3b에서 2013년 3월 17일 발췌.

2) 도움 요청과 관심 끌기

많은 유아들은 성인의 관심과 도움을 요구한다. 문제 행동의 일차적인 동기는 부모나 교사로부터 관심이나 도움을 요청하고자 하는 의도이다. 다음 민근이의 예는 관심 및 도움 요청의 기능을 가지고 있음을 볼 수 있다.

민근
민근이는 듀플로 블록을 가지고 놀이를 하고 있다. 민근이는 블록을 세 개 이상 쌓아 올리려고 하고 있다. 그러나 혼자 블록을 끼우기가 매우 어렵다. 민근이는 교사를 쳐다보고는 소리 지르기 등 호들갑을 떤다. 민근이는 쌓아 올린 블록 더미를 붙잡고서는 블록을 쳐다보고는 다시 교사를 쳐다본다. 교사는 다가가서 블록을 끼우도록 도와준다.

선행 요인	문제 행동	유지되는 결과
• 듀플로 블록을 가지고 논다. 블록을 서로 연결할 수 없다.	• 교사를 쳐다보고는 소리 지르기 등 법석을 떨고, 블록을 잡고, 블록과 교사를 번갈아 쳐다본다. 기능 **관심 및 도움 요청**–블록 끼우기	• 교사는 다가가서 블록 끼우기를 도와준다.

3) 획득하기

획득하기는 유아가 어떤 사물, 감각, 또는 유아가 즐거워할 만하다고 발견한 활동에 가까이 가고자 하여 문제 행동을 보이는 경우를 말한다. 다음의 예를 보면, 승환이의 친구 발로 걷어차기, 때리기 행동이 자신이 좋아하거나 하고 싶은 활동을 획득하는 기능을 가지고 있음을 볼 수 있다.

승환
승환이는 자전거 도로에서 세발자전거를 타고 있다. 승환이는 자신이 길을 만들어 놓은 모래 상자로 한 친구가 가까이 가는 것을 보았다. 승환이는 자전거에서 뛰어내려 그 친구를 발로 걷어찼다. 그리고는 소리를 지르며 그 친구를 때렸다. 한 교사가 와서 중재를 하였다. 교사는 넘어진 유아를 위로하고 승환이를 야단쳤다. 승환이는 모래놀이 상자로 가서 자기의 길 만들기를 계속하였다.

선행 요인	문제 행동	유지되는 결과
• 친구가 방금 전에 길을 만들어 놓은 모래 상자로 간다.	• 발로 차기 • 때리기 • 소리 지르기 기능 **획득**–길 만들기	• 교사는 싸움을 말리고 승환이를 야단친다. • 다른 친구는 달랜다. • 승환이는 길 만들기를 계속한다. • 다른 친구는 모래 상자를 떠난다.

유아교사는 유아의 다양한 문제 행동을 관찰하고 이러한 문제 행동의 의사소통 기능이 무엇인가를 기능적 평가를 통해 판별해야 한다. 우리는 유아의 동일한 행동이라도 동일한 의사소통 기능을 가지고 있지 않다는 것을 염두에 두어야 한다. 즉 두 명의 유아가 하는 동일한 행동은 아주 다른 기능을 수행하기도 한다.

3. 개별화된 긍정적 행동지원(PBIS) 계획하기

유아교실에서 지속적으로 심각한 문제 행동을 나타낼 경우 개별화된 긍정적 행동지원(PBIS)을 개발하여야 한다. 개별화된 긍정적 행동지원(PBIS) 중재 과정은 다음 5단계로 구성된다(유수옥 외, 2015; CSEFEL, 2016).

1단계	• • • 긍정적 행동지원 팀 구성하고 목적 설정하기
2단계	• • • 관찰, 면담, 그리고 자료에 근거한 정보 모으기
3단계	• • • 관심을 가져야 하는 문제 행동의 가설 개발하기
4단계	• • • 긍정적 행동지원 계획 개발하기
5단계	• • • 자연스러운 환경 속에서 계획 실시하기, 평가하기

1) 1단계: 긍정적 행동지원(PBIS) 팀 구성하고 목적 설정하기

승환이의 부모나 가족, 교사, 보조 교사, 그리고 행정가가 팀을 이루어 긍정적 행동 팀을 구성하여 안건을 정하고 회의 시간을 잡는다. 이때 모든 구성원이 참여하도록 촉구하며 참여 과정을 논의한다(유수옥 외, 2005; CSEFEL, 2016).

2) 2단계: 관찰, 면담, 그리고 자료에 근거한 정보 모으기 –기능적 평가(Funtional Assessment)

유아의 문제 행동이 환경적 사건에 의해 어떻게 영향받는가를 분석하여 문제 행동의 목적이나 기능을 판별하는 과정이다. 성공적인 개별화된 중재는 문제 상황과 관련된 개별 유아 및 교실 변인을 집중적으로 평가한 결과에 따라 긍정적 행동지원(PBIS)을 계획하여야 한다. 교사는 부모 및 가족, 치료사 등 모든 팀 구성원들과 협력하여 관찰, 면담, 그리고 서면 보고 등을 수집하는 등의 방법으로 자료 수집을 하여야 한다. 이때 자료는 간단하고, 사용자가 쉽게 자료를 수집할 수 있는 평정 척도나 체크 리스트 등을 사용한다(유수옥 외, 2015; CSEFEL, 2016). 다음은 문제 행동 기능을 판별하기 위한 기능 평가의 한 양식으로 ABC 분석의 예이다.

〈표 12-3〉 ABC 분석 양식

직접 선행 요인(antecedent)	문제 행동(behavior)	유지되는 결과(consequences)

출처: 유수옥 외(2015). 영유아 교육현장 장애유아 통합교육 전략. p. 144; CSEFEL(2016). http://csefel.vanderbilt.edu/resources/training_preschool.html#mod3b에서 2016년 2월 15일에 발췌.

교사는 일정 기간 동안(적어도 1주) 행동을 주의 깊게 관찰하여 [그림 12-1]의 ABC 분석 양식을 사용하여 기능적 평가를 수행한다.

- A는 선행 요인에 대한 것이다.
  행동이 일어나기 직전에 무엇이 일어났는가?
- B는 문제 행동에 대한 것이다.
  유아가 실제적으로 무엇을 하는가?
- C는 행동 결과에 대한 것이다.
  행동 바로 다음에 무엇이 일어났는가?(유수옥 외, 2015)

3) 3단계: 문제 행동 가설 개발하기

많은 유아는 교실에서 다양한 문제 행동을 보인다. 긍정적 행동지원 팀은 긍정적 행동지원(PBIS) 계획 개발과 실시를 위해 관심을 가져야 할 문제 행동들의 우선순위를 정하여야 한다. Durand(1990)는 다음과 같은 순서로 관심을 가져야 하는 문제 행동 우선순위 선택을 제안하였다.

① 안전 문제를 제기하는 행동
② 교실 활동 참여와 학습을 방해하는 행동
③ 일상적으로 교실에서 교사가 사용하는 교육적 전략이나 지시에 저항하는 행동
④ 지역사회에서 받아들여지지 않는 행동

우선적으로 관심을 가지고 지도해야 할 문제 행동을 선택한 후, 긍정적 행동지원(PBIS) 팀은 다음과 같은 것을 고려하여, 왜 이 행동이 일어나는지에 대해 가설을 설정한다.

- 원인이 내부에 있는가? (예: 의학적인 것, 질병, 피로)
- 원인이 외부에 있는가? (예: 어수선한 교실 환경, 소음, 시간표 구성)
- 유아는 회피하려고 하는가? 유아가 도움을 요청하고자 하는가? 유아가 원하는 물건이나 활동을 하려고 하는가?

그 후 문제 행동의 가능한 의사소통적 기능을 확인한다. 즉 유아는 이 행동을 함으로써 우리에게 어떤 것을 말하고자 하는 것인지를 파악한다.

- "나는 차 타기 싫어요."
- "내가 여기서 벗어나게 해 줘요."
- "나를 좀 도와주세요(나를 봐요. 나에게 얘기해 줘요. 가까이 와요.)"
- "나는 길 만들기를 계속할래요."

다음은 긍정적 행동지원(PBIS) 팀이 승환이의 사례에 대한 ABC 분석을 통한 문제 행동에 대한 기능과 개발한 가설을 정리한 것이다(CSEFEL, 2013).

선행 요인(A)	문제 행동(B)	유지되는 결과(C)
• 집단놀이: 흥미 영역과 실외놀이에서 또래와 놀이 • 친구가 승환이가 방금 전에 만들어 놓은 길이 있는 모래 상자로 감	• 언어적 공격(위협) • 신체적 공격(때리기, 밀기, 차기, 주먹질) • 기물 파손 기능: 놀잇감/놀이 활동 획득	• 또래가 놀잇감/사물 포기 • 또래가 그 흥미 영역을 떠남 • 교사가 승환에게 부정적인 관심으로 중재 • 승환이는 길 만들기 놀이 계속함

승환이의 문제 행동 가설
실외놀이 상황에서 승환이는 원하는 놀잇감이나 놀이를 하기 위해 언어적 공격(위협), 신체적 공격(때리기, 밀기, 차기, 주먹질하기), 그리고 기물 파괴(놀잇감 던지기나 탕탕 치기)를 한다. 이러한 일이 발생할 때 또래는 승환이가 원하는 놀잇감을 내주고는 놀이 영역을 떠나거나 교사가 와서 승환이에게 과다한 부정적 관심을 제공하면서 중재한다.

ABC 양식을 통해 분석한 승환이의 문제 행동은 다음의 주요 메시지를 가지고 있음을 볼 수 있다.

1. 문제 행동은 문제 행동 유아에게 의미가 있다.
2. 유아는 어떤 사람이나 어떤 것에 접근하기 위해(획득/요구) 행동을 사용한다.
3. 기능적 평가 과정은 문제 행동의 기능이나 목적을 결정하는 데 사용한다.
4. 가설 진술은 촉발 요인, 문제 행동, 유지되는 결과, 그리고 기능을 진술한다.

4) 4단계: 긍정적 행동지원(PBIS) 계획 개발하기

긍정적 행동지원(PBIS) 팀은 설정된 행동 가설을 토대로 예방 전략, 대체 기술, 그리고 새로운 반응을 브레인스토밍을 통해 결정하여 긍정적 행동지원(PBIS) 계획에는 가설 외에 예방, 새로운 기술, 그리고 새로운 반응을 포함하여야 한다. 그리고 이러한 계획은 승환이의 현재 능력, 교실 일과 그리고 가족과 교사의 가치에 적합해야 하며 모든 팀 구성원의 동의를 얻어야만 한다.

〈표 12-4〉 긍정적 행동지원(PBIS) 구성 요소와 정의

구성 요소	정의
행동 가설	행동의 목적, 왜 행동이 발생하는가에 대해 당신의 최선의 추측
예방 전략	유아의 촉발되는 문제 행동을 쉽게 조절할 수 있는 사건이나 상호작용을 하게 하는 방법
대체 기술	문제 행동을 대체하기 위해 하루 일과를 통하여 가르쳐야 하는 새로운 기술들
반응	문제 행동이 발생했을 때 성인은 문제 행동이 유지되지 않고 새로운 기술이 습득되도록 무엇을 할 것인가?

출처: CSEFEL(2013). http://csefel.vanderbilt.edu/resources/training_preschool.html#mod3b에서 2013년 3월 17일 발췌.

다음은 승환이의 구체적인 긍정적 행동지원(PBIS) 계획을 5단계로 나누어 설명한 것이다.

단계 1 : 가설 정리

팀 회의에서 일과 활동이나 교사 및 또래, 그리고 사물과의 상호작용에서의 문제 행동을 분석하기 위하여 차트 종이를 사용한다. 문제 행동의 가설(선행요인, 행동, 유지되는 결과)을 판별한 후 차트에 적는다.

선행 요인	문제 행동	유지되는 결과
• 집단놀이: 흥미 영역과 실외놀이에서 또래와 놀이 • 친구가 승환이가 방금 전에 만들어 놓은 길이 있는 모래 상자로 감	• 언어적 공격(위협) • 신체적 공격(때리기, 밀기, 차기, 주먹질), • 기물 파손 기능: 놀잇감/놀이활동 획득	• 또래가 놀잇감/사물 포기 • 또래가 그 흥미 영역을 떠남 • 교사가 승환에게 부정적인 관심으로 중재 • 승환이는 길 만들기 놀이를 계속함
예방	**새로운 기술**	**새로운 반응**
		문제 행동에 대한: 새로운 기술 사용에 대한:

단계 2: 예방 전략

팀 구성원 간의 브레인스토밍을 통해 예방 전략을 계획한다. 이때 유아가 일과나 활동을 좀 더 쉽게 수행할 수 있도록 하는 전략이나 선행 요인을 쉽게 하는 전략들이 포함된다.

선행 요인	문제 행동	유지되는 결과
• 집단놀이: 흥미 영역과 실외놀이에서 또래와 놀이 • 친구가 승환이가 방금 전에 만들어 놓은 길이 있는 모래 상자로 감	• 언어적 공격(위협) • 신체적 공격(때리기, 밀기, 차기, 주먹질), • 기물 파손 기능: 놀잇감/놀이활동 획득	• 또래가 놀잇감/사물 포기 • 또래가 그 흥미 영역을 떠남 • 교사가 승환에게 부정적인 관심으로 중재 • 승환이는 길 만들기 놀이를 계속함
예방	**새로운 기술**	**새로운 반응**
• 복잡한 상황 안에서 수업을 기억하도록 돕기 위하여 개인 시각적 시간표 사용 • 대본으로 역할놀이를 통해 미리 놀이 기술 가르치기 • 새로운 기술을 연습하기 위한 자기 모니터링		문제 행동에 대한: 새로운 기술 사용에 대한:

승환이가 수업 활동을 기억하도록 주된 활동이나 활동 단계를 사진이나 선으로 그린 그림을 사용하여 제작한 개인 시각적 시간표를 제공한다. 그리고 활동을 완수한 후에 승환이가 시각적 자료를 제거함으로 그 활동을 마쳤다는 것을 알도록 하는 것도 고려한다. 대본 이야기는 사회적 상황과 기대에 대해 서술적이고 직접적인 문장으로 구성되어야 하며 승환이가 이해할 수 있는 수준의 상징으로 표시하고 의사소통 수준에 적합한 내용이어야 한다.

단계 3: 대체 행동 지도

문제 행동을 대체하기 위해 가르쳐야 하는 새로운 기술이 무엇인가에 대한 생각을 브레인스토밍하고 새로운 기술을 차트에 적는다.

선행 요인	문제 행동	유지되는 결과
• 집단놀이: 흥미 영역과 실외놀이에서 또래와 놀이 • 친구가 승환이가 방금 전에 만들어 놓은 길이 있는 모래 상자로 감	• 언어적 공격(위협) • 신체적 공격(때리기, 밀기, 차기, 주먹질), • 기물 파손 기능: 놀잇감/놀이활동 획득	• 또래가 놀잇감/사물 포기 • 또래가 그 흥미 영역을 떠남 • 교사가 승환에게 부정적인 관심으로 중재 • 승환이는 길 만들기 놀이를 계속함
예방	**새로운 기술**	**새로운 반응**
• 복잡한 상황 안에서 수업을 기억하도록 돕기 위하여 개인 시각적 시간표 사용 • 대본으로 역할놀이를 통해 미리 놀이 기술 가르치기 • 새로운 기술을 연습하기 위한 자기 모니터링	• 놀이하자고 요청하기 • 모든 유아들과 함께 놀잇감 가지고 놀기 • 교사에게 도움 요청하기	문제 행동에 대한: 새로운 기술 사용에 대한:

새로운 기술인 문제 행동에 대한 대체 행동을 가르친다. 이때 유아가 이미 가지고 있는 기술을 고려하여 지도하여야 한다. 그리고 적절한 행동에 대한 보상을 제공하여야 한다.

단계 4: 새로운 반응 결정

문제 행동이 발생했을 때 문제 행동에 어떻게 반응하는가에 대해 브레인스토밍하고 차트에 새로운 반응을 적는다. 긍정적 행동을 했을 때는 행동 증명서를 제공한다.

선행 요인	문제 행동	유지되는 결과
• 집단놀이: 흥미 영역과 실외놀이에서 또래와 놀이 • 친구가 승환이가 방금 전에 만들어 놓은 길이 있는 모래 상자로 감	• 언어적 공격(위협) • 신체적 공격(때리기, 밀기, 차기, 주먹질), • 기물 파손 기능: 놀잇감/놀이활동 획득	• 또래가 놀잇감/사물 포기 • 또래가 그 흥미 영역을 떠남 • 교사가 승환에게 부정적인 관심으로 중재 • 승환이는 길 만들기 놀이를 계속함
예방	**새로운 기술**	**새로운 반응**
• 복잡한 상황 안에서 수업을 기억하도록 돕기 위하여 개인 시각적 시간표 사용 • 대본으로 역할놀이를 통해 미리 놀이 기술 가르치기 • 새로운 기술을 연습하기 위한 자기 모니터링	• 놀이하자고 요청하기 • 모든 유아들과 함께 놀잇감 가지고 놀기 • 교사에게 도움 요청하기	문제 행동에 대한: • 새로운 기술을 사용하도록 미리 알려 주고 단서 제공하기 • 놀이/도움 요청하기 • 공격당하는 유아에게 교사가 미리 관심과 지원을 제공함으로써 문제 예방하기 새로운 기술 사용에 대한: • 요청할 때, 반응하기 • 긍정적 행동 증명서를 제공하고 인정해 주기 • 증명서를 점차 줄여 나가기

단계 5: 계획 검토

팀 구성원은 작성한 긍정적 행동지원(PBIS) 계획을 검토하여 승환이에게 적합하지 않거나 너무 어려운 부분을 제거한다. 이때 일과, 상황, 그리고 행동 기능에 대해 사려 깊게 반복하여 고려한다.

5) 5단계: 긍정적 행동지원(PBIS) 계획 실시와 평가

모든 긍정적 행동지원(PBIS) 팀 구성원이 계획을 이해하도록 하고, 보조교사나 가족에게도 실시 방법을 가르친다. 강화를 시범 보이거나 안내하는데, 이때 다른 팀 구성원의 행동에 대해 비평을 하지 않는 것을 원칙으로 한다. 그리고 교사나 팀 구성원은 긍정적 행동지원(PBIS) 계획을 하루 일과 내에서 상기하면서 실시하도록 미니 계획표를 벽에 붙이고 사용한다. 긍정적 행동지원(PBIS)을 실시하면서 행동이 감소되고 있는지 확인하기 위해 발생하는 문제 행동의 빈도와 강도를 점검하도록 한다. 그리고 모니터링은 평정 척도나 체크 리스트와 같이 단순하고, 사용자가 사용하기 쉬운 형식으로 성과를 모니터링한다.

긍정적 행동지원(PBIS) 실시에도 불구하고 문제 행동이 감소하지 않고 다시 발생하면, 처음 계획을 사려 깊게 검토하고 계획한 대로 실시되었는가를 살펴보고 평가 자료를 검토한다. 그리고 새로운 문제의 새로운 선행 요인이 있는가를 보기 위하여 선행 사건을 다시 조사한다. 또한 교사는 유아의 문제 행동이 갑자기 사라지지는 않는다는 것을 인식해야 한다. 따라서 하루에 몇 번이나 그 행동이 발생했는지, 또는 행동의 지속 시간 등을 주기적으로 체크해 보는 것이 중요하다. 이것은 행동이 점차적으로 줄어들고 있는지 여부를 결정하기 위해서이다.

다음 〈표 12-5〉는 승환이의 긍정적 행동지원(PBIS) 계획이 잘 수행되고 있는가를 점검해 볼 수 있는 체크 리스트의 예이다.

〈표 12-5〉 긍정적 행동지원(PBIS) 계획 체크 리스트의 예

승환이의 지원 계획 실시 체크 리스트			
• 교사는 놀이 활동에 참여하여 승환에게 새로운 놀이를 가르친다. • 교사는 승환의 실외놀이와 자유놀이 시간 동안에 상호작용을 스캐폴딩 함으로써 지원을 제공한다.	네	아니오	가끔
• 교사는 놀이 활동에 참여하여 승환이가 또래와 사회적 교환을 하도록 순서 교대하기를 지원한다.	네	아니오	가끔
• 다음의 기술을 대본 이야기를 통하여 승환에게 미리 가르친다. – 놀이 요청하기 – 모든 사람이 함께 놀 수 있도록 순서 교대하기 – 다른 유아의 생각을 수용하고 공간 이동을 융통성 있게 하기 – 교사에게 도움 요청하기	네	아니오	가끔
• 승환이에게 시각적 단서 카드로 단서를 제공한다. 단서 카드는 승환이가 관심을 보인 후에 제시한다(단순한 시각적 단서로 된 사진 단서를 승환이에게 보여 줌으로써 단서를 준다).	네	아니오	가끔
• 승환은 자신이 사회적 기술 목표를 성취한 것을 가리키는 자기 모니터링 표를 사용한다.	네	아니오	가끔
• 자유놀이 마지막에 교사는 승환이 자신의 목적을 성공적으로 충족하였나를 기록하는 표를 사용하도록 도와주고 새로운 기술의 사용을 축하하도록 증명서를 집에 가져가도록 준다.	네	아니오	가끔
• 승환이에게 자연스러운 방법으로 하루 전반에 걸쳐 자주 적절한 또래와의 행동한 것에 대해 긍적적으로 칭찬을 해 준다.	네	아니오	가끔
• 승환이가 놀이 시간에 또래와 상호작용 시도에 어려움이 있으면 그 어려움을 예견하고 미리 단서를 제공한다.	네	아니오	가끔
• 승환이가 화가 나고, 혼란스러워 하고, 좌절하고, 공격성을 보이면 거북이 기제를 사용하도록 단서를 주고 단계들을 잘 수행하도록 도와준다.	네	아니오	가끔
• 승환이가 공격성을 보이면 공격을 당하는 유아에게 관심과 지원을 제공하여 위험을 예방한다.	네	아니오	가끔

출처: CSEFEL(2013). http://csefel.vanderbilt.edu/resources/training_preschool.html#mod3b에서 2013년 3월 17일 발췌.

4. 개별화된 긍정적 행동지원(PBIS) 사례

다음은 중도의 장애 유아인 민수의 문제 행동을 중재하기 위해 계획한 개별화된 긍정적 행동지원(PBIS)과 타임 아웃을 사용한 중재에 관한 사례이다.

민수의 긍정적 행동지원 중재 계획

민수는 중도 언어 지체를 가진 4세 된 유아이다. 민수의 말은 이해하기가 어려우며, 가끔씩 한두 단어로만 말을 한다. 민수는 다른 유아를 자주 밀치곤 하는데, 교사는 이 행동은 통제가 필요한 공격적 행동이라고 생각하고 있다. 그동안 교사는 타임 아웃(time-out) 절차를 사용해 왔는데, 효과가 있는 것 같지 않았다. 오히려 또래를 밀치는 행동이 더 증가하였던 것이다. 통합 지원 교사와 행동 전문가와 상담하여 주의 깊게 계획된 ABC 분석을 통해 기능 평가를 수행하기로 결정하였다.

여러 날에 걸친 행동 전문가의 신중한 관찰 수집 결과, 민수는 일과 시작 시간에 아주 잠깐만 혼자놀이를 하는 것으로 나타났다. 그리고는 교실을 이리저리 배회하기 시작한다. 민수는 항상 가까이 다가오는 2명의 유아에게 무슨 소린지 알 수 없는 말을 하곤 한다. 그런 다음 그 유아가 자신을 바라보면 떠밀고 웃으면서 도망치는 것이다. 밀쳐진 아이는 넘어져서 울기 시작한다(민수는 반에서 가장 작은 아이를 선택한다). 한 교사는 공격당한 아이에게 "나 밀지마."라고 민수에게 말을 하도록 중재하곤 한다. 그리고 나서 그 교사는 민수에게 네가 잘못했기 때문에, 타임 아웃 영역에 있어야 한다고 설명한다. 긍정적 행동지원(PBIS) 팀은 이러한 관찰 결과를 함께 논의하였으며, 민수가 밀치는 행동에 대해 교사와 또래 모두로부터 과도한 관심을 받고 있다고 결정하였다. 이것은 민수에게 보상이었던 것이다! 민수는 그동안 적절한 방법으로 또래들에게 다가가서, 또래와 적절히 놀이하는 것에 대해서는 도움을 받지 못했던 것이다. 긍정적 행동지원(PBIS) 팀은 함께 긍정적 지원과 수정된 타임 아웃 행동 계획을 수행하기로 결정하였다.

긍정적 행동지원 계획은 민수가 혼자놀이를 하고 있을 때 한 명의 교사가 민수를 지켜보도록 하는 것이다. 그리고 민수가 교실을 배회하면서 또래를 쳐다보기 시작할 때, 교사가 그 또래 가까이 가서 유아를 보호하기 시작하였다. 민수가 또래에게 다가갈 때 교사는 민수의 팔을 잡으며 다음과 같이 말했다. "친구에게 말로 해. 놀고 싶다고…." 민수가 더 가까이 가서 그 여자 유아를 밀칠 때 교사가 물리적으로 통제시키며, 즉시 그에게 이야기했다. "나, 같이 놀고 싶어." 교사는 계속해서 며칠간 이러한 행동을 한 다음, 민수에게 교사의 신체적 중재가 덜 필요하게 되었다. 교사가 팔을 잡고 자극을 주면 민수는 "놀이"라고 말하며 다른 유아를 밀지 않았다. 교사가 민수 옆에 머물면서 또래가 민수 가까이에서 놀이하도록 하였다.

그러나 교사가 민수를 지키지 않으면 민수가 다른 유아를 밀치는 상황은 여전히 일어났다. 이러한 일이 일어날 때 타임 아웃 중재가 수행되었다. 한 교사가 즉시 다가가서 밀쳐진 유아를 토닥거리고, 다른 교사는 민수를 가장 가까운 의자에 앉혔다. 교사는 눈 접촉을 하지 않은 채 "그만 두어야 해. 밀치면 안 돼."라고 말했다. 민수는 교사가 그를 쳐다보지 않은 채 가까이 서 있는 동안 1분간 의자에 앉아 있었다. 끝날 무렵 교사는 그를 보며 반복해서 말했다. "너는 ○○이를 밀면 안 돼. 다른 놀이 장소를 선택해." 민수는 다른 영역에서 적절한 활동에 다시 참여할 때까지 그의 옆에 머무르고 있는 유아와 교사에게로 되돌아가는 것이 허용되지 않았다. 이러한 타임 아웃 시나리오가 3주 넘게 지속되었다. 마침내 민수가 교사의 경고 소리에 반응하기 시작함에 따라 신체적인 도움이 완전히 사라지게 되었다. 한 달 후, 민수는 다른 유아에게 다가갈 때 교사를 자주 쳐다보게 되었다. 만약 민수의 팔이 밀듯이 앞으로 향하게 되면, 교사는 그의 이름을 엄하게 부른다. 그러면 그는 자신의 팔을 내려놓으며 대신 "놀고 싶어요."라고 말하고 그 아이 옆에 앉는다.
가끔 민수가 흥분하여 또래에게 다가가는 것이 발견되기도 하였다. 그런 다음 민수는 천천히 의자에 앉아서 또래들을 쳐다보았다. 민수는 일어나서 전보다 잘 통제되고 적절한 방식으로 또래 유아에게 다가가기 전에 몇 초간 스스로 앉아 있었다. 민수는 명백히 자기조절과 충동 통제를 배워 가고 있는 것이다. 그는 적절한 대체 행동이 그가 원하는 또래의 관심을 더 많이 받게 하는 경향이 있다는 것과, 공격적인 밀치기 행동이 또래와의 상호작용과 관심을 덜 받게 한다는 것을 배움으로써 점진적으로 학습해 나갔다.

출처: 유수옥 외(2015). 영유아 교육현장 장애유아 통합교육 전략. p. 151.

Chapter 13

반성적 교사

1. 반성적 사고의 중요성
2. 유아-교사 관계 다시 바라보기
3. 교사의 반성적 사고 도구
4. 교사의 언어 기술

1. 반성적 사고의 중요성

최근 우리나라뿐만 아니라 전 세계적으로 유아교실에서 필요한 사회적 기술 부족과 심각한 문제 행동을 보이는 유아들이 증가하고 있다. 미국의 경우, 유아교실의 10~20%의 유아가 교사가 다루기 힘들 정도의 심각한 문제 행동을 보이는 것으로 나타났고(Anthony et al., 2005; Qi & Kaiser, 2003), 우리나라의 경우에도 11.24%의 유아가 일시적이 아닌 지속적인 문제 행동을 보이는 것으로 조사되었다(김연하, 2007). 본서 1장에서 살펴본 바와 같이 유아기의 문제 행동은 나중에 학교폭력으로 발전할 가능성이 높다(Kaiser & Rasminsky, 2003). Emond 등(2007)도 유아기 문제 행동이 청소년기의 파괴적 행동과 밀접한 관련성이 있다고 밝히면서 유아기 문제 행동의 지속성과 장기적 영향을 우려하고 유아기 문제 행동의 적극적인 예방 및 중재의 중요성을 강조하였다.

20세기 이후 현대 사회에서 취업모의 증가로 유아들의 연장 보육이나 종일제 프로그램이 보편화되면서 유아가 부모와 가정에서 보내는 시간보다 유아교실에서 교사와 지내는 시간이 더 많아지고 있다. 현재의 이러한 교육 현실에서 사회적 기술 부족과 문제 행동을 보이는 유아의 지도는 부모보다 유아교사가 담당해야 한다는 목소리가 이전보다 더욱 커지고 있다. 유아 문제 행동 지도에 있어서 가정의 부모보다는 기관의 교사 책임이 더욱 커졌다고 할 수 있다. 사회적 변화로 사회가 유아교육기관에 기대하는 것이 변화하였고, 이에 따라 교사 역할도 변화하고 있다. 이제 유아교사는 유아의 전 학문적 기술뿐만 아니라 사회·정서적 기술을 가르치고 문제 행동도 지도해야 하는 역할을 수행할 책임이 요구된다.

Kauffman(2001)은 유아의 문제 행동 지도의 성공 혹은 실패는 유아의 문제 행동에 관한 교사의 태도 및 지도 방식에 따라 결정된다고 하였다. Smith(2004)의 연구에서도 교사가 유아 문제 행동 중재자 역할을 성공적으로 수행할 경우 유아들의 문제 행동을 성공적으로 예방, 혹은 감소시킬 수 있다고 밝혔다. 그러나 500명의 유아교사들을 대상으로 한 Hemmeter 등(2006)의 연구에서, 교사들은 문제 행동 지도 부분에서 교사 훈련이 가장 많이 필요한 부분으로 나타났다. 즉 많은 교사들은 자신들이 유아들의 문제 행동 지도에 적합하게 준비되지 않았다고 인식하고 있고, 적합하고 효과적인 문제 행동 지도 방법에 대해 잘 모른다고 응답하였다. 교사들이 문제 행동 예방 및 중재 방법에 대해 잘 모를 때, 교사들은 다루기 어려운 몇몇 유아의 문제 행동 지도에 많은 시간을 소비하게 되고 결과적으로 다른 유아의 발달과 성장을 지원하는 데는 적은 시간을 사용하게 된다. 앞의 8장에서 학교 차원 긍정적 행동지원(SW–PBIS)과 프로그램 차원 긍정적 행동지원(PW–PBIS)을 실시했을 경우, 문제 행동과 학교폭력 감소뿐만 아니라 학업 성취가 증가한 것은 이러한 이유에서 기인된 결과라고 볼 수 있다.

그렇다면, 유아교실에서 발생하고 있는 유아의 문제 행동 예방과 중재에 대한 효과적인 교수를 위해 유아교사는 어떻게 해야 하는가? 유아교사는 직전 교육을 통해 유아교육에 관한 전문적 지식을 배운다. 여러분은 본서의 앞부분에서 유아의 심각한 문제 행동은 훗날의 학업 성취 및 직업, 그리고 학대 부모로까지 이어질 수 있다는 것과 유아에게 가장 효과적인 문제 행동 예방 및 중재 전략으로서 추천되고 있는 체계적 접근인 피라미드 모델(Pyramid Model) 접근법에 대한 전문적 지식을 학습하였다. 그러나 바람직한 유아교사는 피라미드 모델(Pyramid Model) 접근법과 같은 유아기 문제 행동 예방 및 중재에 관한 전문 지식 습득 외에 이러한 습득된 지식을 근거로 교육 상황에서 최선의 방향으로 판단, 결정, 해결할 수 있는 태도와 능력을 기르는 것이 필요할 것이다. 즉 교사 자신이 실시하는 실제에 대한 반성적 사고를 통해 실천적 지식 습득을 해야만 한다. 교사의 반성적 사고를 통한 실천적 지식은, 자신의 교수–학습에 대한 '자기 학습'의 과정, 즉 메타 인지 과정을 통해 얻어지는 지식이라고 할 수 있다(Denno, Carr, & Bell, 2010).

Ashton과 Webb(1986)의 연구에서, 많은 교사들이 학습자들이 학습 내용을 잘 이해하지 못할 때 교사 자신보다 외부 조건을 더 문제 삼는다고 하였다. 학생이 교육 내용을 이해하는 데 실패했을 때, 교사가 통제할 수 없는 학생의 가정 환경, 지능, 교과목에 대한 흥미와 같이 외부의 조건들이 학습에 가장 큰 영향을 미쳤다고 믿는 교사는 학생의 이해를 돕기 위해 자신의 교수 방법을 바꾸려고 하지 않았다. 그러나 이와 반대로 학습에 가장 중요한 요소가 교사 자신이라고 믿는 교사는 학생의 이해를 돕기 위해 자신의 교수 방법을 변형하려는 노력을 기울인다는 것을 발견하였다.

교사의 반성적 사고는 교사가 다각적인 관점에서 교실의 직면하고 있는 상황을 바라보도록 해 준다. 특히 유아의 문제 행동은 유아, 또래, 교사, 그리고 물리적 환경을 둘러싼 여러 가지 원인에 의해 발생하므로 다양한 상황과 맥락에 따라 다각적으로 이해해야 할 필요가 있다. 유능한 교사가 되기 위하여 교사는 유아 문제 행동에 대한 폭넓은 이해와 새로운 통찰을 가져야 할 것이다. Dewey(1933)는 반성적 사고는 상호작용 혹은 현실로부터 의미를 창출하고 이해하고자 하는 목적적이며 직접적인 의지이며, 훈련될 수 있는 사고라고 하였다. Dewey는 반성적 사고는 직접적으로 경험된 상황에서 느끼는 의심과 혼란에서 유래하며, 목적적인 탐구와 문제 해결을 이끌어 내는 것으로 보았다. 교사는 교육 상황에서 직면하는 많은 문제를 능동적으로 해결해야 하므로 자신의 교육 경험 및 교수 활동에 대해 지속적으로 반성적 사고를 하면서 교육에 대한 실천적 지식을 습득해야 한다는 것이다. 그러나 업무가 많은 교사들은 교실에서 매일매일 생존하기 바쁘기 때문에 자신의 사고 과정을 자세히 분석해 보거나 자신의 실천 행위에 대해서 검토해 볼 여유가 많지 않을 것이다. 하지만 유아교사의 전문성 향상에 반성적 사고가 결정적 요소라는 것을 고려한다면 이를 향상시키기 위한 교사의 많은 노력이 필요할 것이다.

2. 유아-교사 관계 다시 바라보기

앞에서 언급하였듯이, 교사들은 자신의 교수 방법은 평가할 생각을 하지 않고, 왜 유아가 이러한 문제 행동을 계속 보이는지, 왜 가족이 좀 더 자녀의 문제 행동 지도에 적극적으로 참여하지 않는지에 대해서만 생각하는 경향이 있으므로, 교사 자신의 교수 행위에 대한 반성적 사고 과정은 중요하다(Dreyfus & Dreyfus, 1986). 교사 자신과 자신의 교수 행위에 대한 이해는 교사가 자신의 감정을 받아들이고, 교사 자신이 왜 이러한 행동을 하는지를 반성적으로 생각하고, 교사 자신을 좀 더 통제할 수 있고, 교사 자신이 다른 사람의 이야기를 좀 더 수용할 수 있고, 자신과 유아에게 좀 더 정직해질 수 있고, 그리고 진심을 담아 유아의 반응에 적절하게 반응할 수 있도록 도움을 줄 수 있을 것이다. 교사 자신의 감정, 가치, 관점, 신념에 대한 생각과 이러한 것들이 자신의 교수 행동에 어떻게 영향을 주는지에 대해 생각할 때, 교사는 유아와의 상호작용과 교수 방법에 좀 더 의미를 부여할 수 있을 것이다.

교사의 교수-학습, 문제 행동에 대한 교사의 신념은 지금까지 살아온 경험을 통해 형성되기 때문에 교사 자신이 가지고 있는 믿음과 신념을 모두 인식할 수 없다. 우수한 교사라 할지라도 본인이 의식하지 못하고 있는 바람직하지 않은 신념들이 유아의 학습을 도우려는 교사의 노력을 방해할 수도 있다. 유아와 어떻게 관계를 맺고, 어떠한 교수 전략을 문제 행동을 보이는 유아를 위한 교육 실제에 적용하느냐는 교사가 유아를 바라볼 때 무엇을 바라볼 것인가에 달려 있기 때문이다(Schon, 1983).

교사가 유아-교사 관계에 대해 반성적으로 숙고하고, 자신의 교수 방법에 대해 지속적인 점검을 하고자 노력하고, 그리고 유아들과 긍정적인 방법으로 상호작용을 할 수 있도록 도움을 주는 언어 기술 사용을 사용하려고 노력할 때 훌륭한 교사가 될 것이다. 이와 같은 교사의 반성적 사고는 교사라는 자신의 직업을 좀 더 잘 수행하도록 연마하는 데 매우 중요하다(Schon, 1996). 이진향(2002)은 수업에 대한 유아교사의 발문 행동을 반성적 사고 전과 후로 비교하였는데, 반성적 사고 후에 발문이 매우 증가하였을 뿐만 아니라 발문의 형식도 다양해진 것으로 나타났다. 박수옥(2003)의 연구에서도 교사가 자신의 수업에 대한 반성적 과정을 거쳤을 때, 교사의 발문 행동에서 지시적 발문이 줄어들고 분석, 종합, 평가적 발문이 다소 증가한 것으로 나타났다. 이러한 연구결과들은 유아교사 교수 행위에서 반성적 사고의 필요성과 중요성을 확인해 주고 있다.

3. 교사의 반성적 사고 도구

교사의 반성적 사고를 향상시킬 수 있는 전략에는 저널 쓰기, 포트폴리오 작업, 동료 교사와의 협의회 등 다양한 전략들이 있고, 자신의 반성적 사고 능력을 평가하기 위해 비디오 녹화를 사용할 수도 있다. 이 장에서는 유아의 문제 행동 지도와 관련하여 유아교사의 반성적 사고를 향상시킬 수 있는 수업에 관한 반성적 질문지, 교사 반성적 사고 도구, 유아-교사 기질 적합도 등과 같은 체크 리스트와 평정 척도를 소개하고자 한다.

1) 수업에 관한 반성적 질문지

교사는 수업을 마친 후 하루 수업 동안의 자신의 전반적인 교수 방법에 대해 반성적 사고를 할 수 있다. Pultorak(1996)은 교사의 반성 능력은 교사 교육 프로그램에서 매우 중요하다고 주장하며, 수업에 대한 비판적 분석 및 교육 과정과 교수–학습에 관한 지속적인 판단을 경험해야 함을 강조하고 있다.

〈표 13–1〉 수업에 관한 반성적 질문 면담지

질문	예	아니오
1. 오늘 수업이 유아에게 어떤 영향을 주었다고 생각하십니까?		
2. 오늘 수업에서, 어떤 변화가 있어야 한다고 생각하십니까? 1) 발문 행동 측면에서 2) 피드백 측면에서		
3. 오늘 수업은 성공적이었습니까? 그렇다면 어떤 점이 성공적이었나요?		
4. 어떤 조건이 오늘의 성공적 결과를 나타내는 데 중요한 역할을 하였습니까?		
5. 오늘 수업에서 예상하지 못한 결과가 나왔다면 무엇 때문입니까?		
6. 오늘 수업에서 유아의 반응 행동에 대해 어떻게 생각했습니까?		
7. 오늘 수업에서 유아의 학습 과정을 보다 향상시킬 수 있는 또 다른 교육 방법을 생각해 보았습니까?		
8. 나의 교수 행동의 변화를 위해 무엇 또는 어떤 방법이 필요하다고 생각하십니까?		
9. 이번 수업과 관련해서 자신이나 교수 방법에 대해 새롭게 알게 된 것은 무엇입니까?		
10. 원장(교장), 부모, 유아에게 당신이 가르친 내용의 중요성과 이유를 설명할 수 있습니까?		
11. 오늘 수업에서 도덕적 · 윤리적 관심을 갖게 되었습니까?		

출처: Pultorak, E. G. (1996). Following the developmental process of reflection in novice teachers : three years of investigation. Journal of Teacher Education, 47(4), p. 288-295.

2) 교사의 반성적 사고 도구

교사 자신이 유아교실의 흐름을 방해하는 문제 행동 유아를 바라보는 시각과 감정에 대해 신중히 생각해 볼 필요가 있다. 교사가 문제 상황을 재구성하여 바라보는 기회를 가진다면, 교실 상황에 다르게 반응할 수 있다. 〈표 13-2〉는 교사의 반성적 사고 도구로, 교사들이 유아에게 보내는 메시지에 대한 반성적 사고를 할 수 있는 간단한 체크 리스트이다. 이 도구는 교실에서 유아 지도 시 발생하는 상호작용, 의사소통 의도, 대화에 대한 자기 반성을 지원하고 상황에 대한 이해를 재구성해 볼 수 있는 기회를 제공하며 정기적으로 사용할 수 있다. 간단한 체크 리스트지만 교사가 자신의 수업에 대해 반성적 과정을 통과하도록 도움을 줄 수 있으므로 이후에 자신의 수업에서 교실 상황에 다르게 반응할 수 있다.

〈표 13-2〉 교사 반성적 사고 도구의 예

교사 반성적 사고 도구		
지침 교실에서 자주 실시되는 실제에 관한 다음의 문장에 대해 생각한 후, '아니오', '가끔', '예'에 각각 표시하시오. 그리고 당신이 '아니오'를 표시했을 경우, 자신의 행동 변화에 대한 의지에 대해 '예', '아니오'에 동그라미를 치시오.		
나는 …		
1. 유아에게 말하기 전에 무엇을 말할지 미리 생각하는가?	**아니오 가끔 예**	나는 이것을 할 수 있을 것이다. **예 아니오**
2. 모든 유아와 즐거운 대화를 할 수 있는 시간을 마련하는가?	**아니오 가끔 예**	나는 이것을 할 수 있을 것이다. **예 아니오**
3. 문제 행동 유아의 행동을 부정적인 시각과 연관시키지 않으려고 노력하는가?	**아니오 가끔 예**	나는 이것을 할 수 있을 것이다. **예 아니오**
4. 유아 및 그 가족에 대해 가능한 한 많은 것을 알고자 하는 시간을 마련하는가?	**아니오 가끔 예**	나는 이것을 할 수 있을 것이다. **예 아니오**
5. 유아와 공감을 형성하고, 적절한 행동을 가르칠 수 있는 순간을 이용하는가?	**아니오 가끔 예**	나는 이것을 할 수 있을 것이다. **예 아니오**
6. 교실에서 모든 유아에게 공평하고, 각 개개 유아에게 적합한 교수 방법을 사용하는가?	**아니오 가끔 예**	나는 이것을 할 수 있을 것이다. **예 아니오**

교사 반성적 사고 도구		
7. 유아의 자율성과 자기조절 행동을 격려하는가?	아니오 가끔 예	나는 이것을 할 수 있을 것이다. 예 아니오
8. 유아와 유머(빈정대지 않는)를 주고받는가?	아니오 가끔 예	나는 이것을 할 수 있을 것이다. 예 아니오
9. 내가 잘못했을 때 유아에게 사과하는가?	아니오 가끔 예	나는 이것을 할 수 있을 것이다. 예 아니오
10. 유아에게 진정성을 가지고 대하는가?	아니오 가끔 예	나는 이것을 할 수 있을 것이다. 예 아니오
11. 내가 유아에게 신체 언어로 보낸 메시지를 모니터링하는가?	아니오 가끔 예	나는 이것을 할 수 있을 것이다. 예 아니오
12. 유아에게 정기적으로 안내와 피드백을 제공하는가?	아니오 가끔 예	나는 이것을 할 수 있을 것이다. 예 아니오
13. 유아에게 친절하고 적절한 언어 및 행동 모델을 제공하는가?	아니오 가끔 예	나는 이것을 할 수 있을 것이다. 예 아니오
14. 유아에게 행동 기대를 명확하게 전달하는가?	아니오 가끔 예	나는 이것을 할 수 있을 것이다. 예 아니오
15. 교실 공동체에 대해 적극적인 관심을 나타내는 언어를 사용하는가?	아니오 가끔 예	나는 이것을 할 수 있을 것이다. 예 아니오

출처: Denno, D. M., Carr, V., & Bell, S. H.(2010). Addressing challenging behaviors in early childhood settings : teacher's guide. Paul Brookes publishing Co. Baltimore : Maryland. p. 172.

3) 유아-교사 기질 적합도

모든 인간은 기질을 가지고 태어난다. 우리는 타고난 기질에 따라 다른 사람 및 유아와 상호작용하는 경향이 있다. 교사의 기질은 교실에서 교수 행동으로 나타날 것이다. 또한 교사가 유아를 대하는 방법은 유아가 교사를 대하는 방법에 영향을 미친다. 유아-교사의 기질 적합성은 교사와 유아의 관계가 서로 조화 혹은 부조화를 이루는 것과 관련될 것이다. 우리가 타고난 기질을 변화시킬 수는 없지만 우리가 누구인지와 우리가 왜 유아 행동을 문제 행동이라고 지각하는 것에 대해서는 숙고해 볼 수는 있다. 예를 들면, 어떤 교사는 적극적이고, 탐색적인 유아를 높이 평가하지만 어떤 교사는 이러한 유아를 귀찮아할 수도 있다. 특히 어떤 유아의 기질 척도와 교사의 타고난 기질이 서로 반대 방향에 있다면 교사는 유아와의 기질 적합성이나 부적합성을 인식해야 하는 것이 필수적이다. 유아-교사 간의 기질의 부조화는 교사가 특정 유아를 문제 행동 유아라고 지각할 수 있는 근본적인 원인이 될 수 있기 때문이다. 교사가 자신의 기질에 대해 깊이 반성적으로 생각하고 유아의 기질을 이해할 수 있을 때, 교사는 이러한 유아와 어떻게 효과적으로 의사소통할 수 있는가에 대해서 재구성할 수 있다. 이러한 반성적 숙고를 통해 유아의 기질에 적합한 제한을 함으로써 유아는 교실에서 좀 더 성공할 수 있을 것이다. 교사가 자신과 어떤 유아의 기질을 이해하는 것은 유아-교사 사이의 기질 차이로 인해 발생할 수 있는 문제를 예방하고 관리하는 데 도움이 될 것이다. 〈표 13-3〉의 기질 적합도 척도는 아홉 개의 기질 특성에 대한 행동의 연속체를 나타내고 있다(Denno, Carr, & Bell, 2010).

교사는 어떤 유아가 지나치게 활동적이거나 비활동적, 혹은 지나치게 강하거나, 조직 부족이나 격렬한 감정을 보이거나, 지나치게 수동적이어서 교사나 부모를 화나게 할 때 이 도구의 사용을 생각해 볼 수 있다. 이것은 교사나 부모와 유아 간의 부조화의 원인이 될 수 있으므로 차이점 조정을 위해 의식적인 노력이 요구된다.

〈표 13-3〉 유아-교사 기질 적합도 척도의 예

<table>
<tr><th colspan="4">유아-교사 기질 적합도 척도</th></tr>
<tr><td colspan="4">지침
왼쪽의 기질 범주를 읽는다. 교사 자신의 전형적인 행동과 선호를 생각해 보고 1에서 5까지의 연속체 중 자신이 타고난 선호라고 여겨지는 숫자 위에 X표시를 한다. 그 다음에 자신이 교실에서 지도에 어려움을 느끼는 유아를 생각하고 연속체 중에 숫자 위에 표시한다. 자신이 대상 유아에 대해 잘 알지 못한다면 가족으로부터 정보를 구하는 것이 최선이다. 자신과 유아 간에 명백한 차이점와 유사점이 있는가를 살펴본다. 자신과 차이가 있는 영역에 동그라미 표시를 한 후 이러한 차이점이 교실에서 어떻게 두드러지게 나타나는지에 대한 예를 적는다.</td></tr>
<tr><td colspan="4">교사 이름 ______________________ 유아 이름 ______________________</td></tr>
<tr><th>기질 특성</th><th colspan="3">기질 평정 척도</th></tr>
<tr><td rowspan="2">당신은 하루 내내 활동적인 편인가?
당신은 긴 회의 내내 앉아 있을 수 있는가?

활동 수준

유아는 책을 읽어줄 때, 테이블에 앉아 있을 때, 놀이를 할 때 몸을 흔들거나 돌아다니는가?</td><td rowspan="2">대부분의 시간동안 침착하고 불평하지 않고, 활발하지 않음</td><td>교사
1_____2_____3_____4_____5</td><td rowspan="2">매우 활발하고 언제나 쉬지 않고 활동함</td></tr>
<tr><td>유아
1_____2_____3_____4_____5</td></tr>
<tr><td rowspan="2">당신의 식사, 수면, 그리고 배변 습관은 규칙적인가?

규칙성

유아는 규칙적인 식사 및 간식 시간, 낮잠과 취침 시간, 그리고 정해진 수면 시간과 배변 습관을 가지고 있는가?</td><td rowspan="2">습관이 규칙적임</td><td>교사
1_____2_____3_____4_____5</td><td rowspan="2">습관이 불규칙적임</td></tr>
<tr><td>유아
1_____2_____3_____4_____5</td></tr>
</table>

기질 특성	기질 평정 척도		
당신은 새로운 사람, 새로운 장소, 새로운 활동, 그리고 새로운 물건에 대하여 처음에 어떻게 반응하는가? **초기 반응** 유아는 일반적으로 새로운 사람, 새로운 음식, 새로운 놀잇감, 그리고 새로운 활동에 대해 처음에 어떻게 반응하는가?	새로운 사물도 꺼리지 않고 시도하며 일반적으로 사회적 상황에 편안해 함.	교사 1____2____3____4____5 유아 1____2____3____4____5	새로운 것을 시도하는 것을 매우 꺼리거나 좋아하지 않으며 때로 사회적 상황에서 위축됨
당신은 시간표, 일과, 새로운 사람, 장소, 그리고 사물의 변화에 빨리 적응하는가? **적응성** 유아는 시간표, 일과, 새로운 사람, 장소, 그리고 사물에 빨리 적응하는가?	변화에 쉽게 적응함	교사 1____2____3____4____5 유아 1____2____3____4____5	변화에 쉽게 적응하지 못함
당신은 새롭거나 예상치 않은 자극에 대하여 강한 정서 반응을 보이는가? **정서 강도** 유아는 새롭거나 예상치 않은 자극에 대하여 강하거나 격렬한 정서 반응을 보이는가? 유아는 강하게 웃거나 울음을 보이는가? 혹은 미소만 짓거나 조금 짜증을 내거나 침착하지 못함을 보이는가?	정서 반응이 중간이나 낮음	교사 1____2____3____4____5 유아 1____2____3____4____5	정서 반응이 매우 강하고 심지어 과장되기도 함

기질 특성	기질 평정 척도		
당신은 시무룩하거나 슬픈 기분과 비교해 어느 정도 즐겁고 유쾌한가? **기분** 유아는 울거나 야단 법석하는 것과 비교하여 어느 정도 즐겁고 기쁨에 찬 행동을 보이는가?	일반적인 기분은 즐겁고, 긍정적이고, 행복함	교사 1____2____3____4____5 유아 1____2____3____4____5	일반적인 기분은 부정적이고 때로 화내기와 소리 내어 울기도 함
당신은 소리, 사람, 혹은 환경적 자극에 쉽게 산만해지는가? **산만성** 유아는 소음이나 다른 유아와 같은 산만한 자극을 무시하지 못하므로 쉽게 산만해지는가?	중요한 자극에 초점을 맞추며, 잘 집중하므로 쉽게 산만해지지 않음	교사 1____2____3____4____5 유아 1____2____3____4____5	쉽게 산만해지고, 주변의 자극이나 백일몽을 무시하지 못함
당신은 어려운 과제 수행을 오래 지속할 수 있는가? **지속성과 주의 집중 시간** 유아는 과제가 어려울 때, 한 활동을 오랫동안 지속적으로 수행하는가?	과제를 모두 수행할 때까지 계속하고, 포기하지 않음	교사 1____2____3____4____5 유아 1____2____3____4____5	과제 완수를 못하고 쉽게 포기함
당신은 소음 수준, 온도, 시각적 자극, 맛 혹은 촉각의 경미한 차이를 알아차리는가? **감각 예민성** 유아는 소음, 빛, 촉각, 고통, 온도의 차이, 그리고 맛과 의복의 차이를 알아차리는가?	과도하게 민감하지 않음	교사 1____2____3____4____5 유아 1____2____3____4____5	아주 민감함

유아-교사 유사점과 차이점 기록

출처: Denno, D. M., Carr, V., & Bell, S. H.(2010). Addressing challenging behaviors in early childhood settings : teacher's guide. Paul Brookes publishing Co. Baltimore : Maryland. pp.162-163

다음의 사례는 유아교실에서 유아-교사 기질 부조화를 어떻게 조정할 수 있는지에 대한 한 예이다.

영희-교사 기질 적합도

영희는 촉감에 아주 예민하여 기질 척도의 감각 예민성에서 교사와는 반대 가장자리에 있다. 영희는 또래가 자기 가까이에 있는 것이나 자기에게 부딪히거나 심지어 복도를 걸으면서 자기 손을 잡는 일도 좋아하지 않는다. 옷의 상표는 모두 떼고 입는다. 그러나 교사는 자기 교실 유아를 안아 주는 것을 좋아하고, 자주 유아의 어깨나 머리를 두드리기도 하고 꼭 껴안기나 기대기와 같은 자극을 주는 활동도 한다. 영희는 너무 많은 자극을 받는다고 느낄 때 위축되고 때로는 울기도 한다. 교사는 영희의 이러한 행동을 비전형적인 행동이라고 보고 영희가 자폐성장애 유아가 아닌지 염려하였다. 그렇지만 영희가 다른 시간에는 아주 참여를 잘하고 교실 활동을 매우 즐기는 것을 보았다. 교사가 **유아-교사 기질 적합도 척도**를 사용한 후에 영희와 자신이 기질 척도의 몇 개의 영역에서 차이가 있다는 것을 인식하게 되었다. 교사는 영희의 반응 방법에 대해 잘 알지 못하였기 때문에 그동안 영희의 반응을 이해하지 못하였던 것이다.
이 도구는 일반적으로 영희에 비해 교사 자신이 얼마나 다르게 세상에 다가가는지에 대해 숙고해 보는 것에 도움을 주었다. 교사는 영희가 불편해 할 수 있는 특별한 활동에 주의를 집중하는 것이 교사의 책임이라는 것을 확실히 이해하였다. 그래서 교사는 영희가 편안한 마음으로 교실 활동에 참여하도록 영희의 감정과 행동을 모니터링할 필요성을 느꼈다. 집단 상황이나 책을 읽어 주는 시간에 영희의 요구에 민감하게 반응하고 유아와 교사 사이에 신체적 밀착성을 요구하는 활동이나 영희를 너무 자극할 수 있는 교실 활동 계획에 대해서도 주의를 기울였다.

출처: 유수옥 외(2015). 영유아 교육현장 장애유아 통합교육 전략. p. 164.

4) 교사의 유아 행동 수용 정도

유아와 교사 간에 어떤 행동에 대해서도 수용 수준이 다를 때 어려운 상황이 만들어질 수 있다. 또한 행동 수준의 수용 차이는 또래 간의 어려움의 원천이 될 수도 있다. 〈표 13-4〉는 유아 행동 수용 수준의 유사점과 차이점을 분석하는 모형을 제공한다. 서로의 행동 수용 수준에 대해 알게 되면 조정을 통해 유아-교사 간의 부조화를 최소화시킬 수 있다. 또한 본 도구는 교사가 여러 상황에서 자신의 수용 수준에 대하여 반성적 사고를 할 수 있는 정보를 제공할 수 있다. 교사와 유아의 행동 수용 수준이 다를 수 있기 때문이다. 이 도구는 새로운 유아가 집단에 들어오거나 교사가 특정 유아의 행동을 다루는 데 어려움을 가지고 있을 때마다 사용해 볼 수 있다. 교사는 자신이 염려하고 있는 특정 유아를 떠올려 보고, 교사의 신념과 수용 수준이 유아의 신념과 수용 수준과 조화를 이루는가에 대하여 생각해 본다. 예를 들어, "당신이 생각하는 유아 활동 수용 수준과 유아가 생각하는 활동 수준과 같은가?", "당신의 공격성에 대한 수용 수준이 유아의 수용 수준과 같은가? 다르다면, 당신과의 차이점을 알려 주기 위해 당신이 나아가야 할 다음 행동 단계는 무엇인가?" 등이다.

〈표 13-4〉 유아 행동 수용 수준 평정 척도의 예

유아 행동 수용 정도에 대한 평정 척도
지침 각 문장을 읽고, 서술된 항목에 대한 교사 자신의 수용 정도 수준을 X로 표시한다. 1은 아주 낮은 수용 수준을 나타내고 5는 아주 높은 수용 수준을 나타낸다. 그리고 당신에게 떠올려지는 교실의 유아나 부모에 대해 생각하면서 각 문장에 대해 표시한다.
• 작업 완성 시 계속적으로 도움을 필요로 하는 유아에 대한 나의 수용 수준 1______2______3______4______5
• 신체 활동을 많이 하는 유아에 대한 나의 수용 수준 1______2______3______4______5
• 교실에서 지나치게 자신의 권리를 주장하는 유아에 대한 나의 수용 수준 1______2______3______4______5
• 자신의 요구를 피력하기 위해 말 대신 소리 지르기나 울기와 같은 다른 행동 양식을 사용하는 것에 대한 나의 수용 수준 1______2______3______4______5
• 교실 규칙 위반에 대한 나의 수용 수준 1______2______3______4______5
• 다른 유아에게 위세를 부리는 것에 대한 나의 수용 수준 1______2______3______4______5
• 유아 간에 자주 대결 구도를 가지는 유아에 대한 나의 수용 수준 1______2______3______4______5
• 유아의 권위 도전에 대한 나의 수용 수준 1______2______3______4______5
• 유아가 부적절한 방법으로 교재 및 교구를 사용하는 것에 대한 나의 수용 수준 1______2______3______4______5

유아 행동 수용 정도에 대한 평정 척도
• 다른 사람의 기분에 상관하지 않고 거칠게 말하는 유아에 대한 나의 수용 수준 1________2________3________4________5
• 자꾸 남을 건드리는 유아에 대한 나의 수용 수준 1________2________3________4________5
• 내가 이야기할 때 쳐다보지 않고 다른 사람이나 물건을 쳐다보는 것에 대한 나의 수용 수준 1________2________3________4________5

출처: Denno, D. M., Carr, V., & Bell, S. H.(2010). Addressing challenging behaviors in early childhood settings : teacher's guide. Paul Brookes publishing Co. Baltimore : Maryland. p. 108.

교사는 자신의 유아 행동 수용 수준 평정 척도를 작성 시 다음과 같은 질문에 대해서도 생각해 본다. 자신이 가지고 있는 가치, 고정 관념, 관점에 대해 다시 생각해 보고 이를 해결할 수 있는 방안에 대해 고려해 본다.

- 유아나 부모도 당신과 같은 수용 수준으로 위의 질문에 답할 것인가에 대해 생각해 본다.
- 왜 그런가, 아니면 왜 그렇지 않은가에 대해 생각해 본다.
- 당신은 유아와의 행동 수용 수준에서 격차를 줄이기 위해 무엇을 할 수 있다고 생각하는가?
- 당신의 수용 수준은 교실의 교육 과정에 어떻게 나타나 있는가?
- 당신은 좀 더 수용적이 되기 위해 무엇을 할 수 있을까?
- 당신은 어떻게 유아에게 좀 더 폭넓은 경험을 계획할 수 있을까?

교사가 계획하는 교실 경험 및 유아와의 상호작용은 교사 자신의 경험에 근거하므로 유아와 상호작용하는 방법에 기본적으로 영향을 미친다. 그러므로 교사는 유아와 자신 사이에 존재할 수 있는 거리감을 이해하기 위해 적극적으로 자신의 배경에 대해 생각해 보아야 한다. 앞에 소개한 수업에 대한 반성적 질문지, 교사 반성적 사고 도구, 유아-교사 기질 적합도, 교사의 유아 행동 수용 수준 척도는 교사 자신이 가지고 있는 신념과 사회적 경험에 대하여 숙고해 볼 수 있는 기회를 제공한다. 이러한 숙고를 통해 교사 자신과 유아 간의 상호작용을 다시 바라보게 될 수 있다. 이러한 숙고를 통하여 유아와 의사소통하고, 교육 과정을 계획하고, 교실과 개인에게 적절한 제한을 설정하고, 개별적으로 유아에게 적절한 안내를 제공하고, 다양한 문제 행동 예방 및 중재 전략을 사용하여 유아-교사 간의 부정적 상호 영향을 긍정적 상호 영향으로 바꾸는 효과적인 교수를 제공함으로써 유아의 사회·정서적 발달을 증진하고 문제 행동도 예방하게 될 것이다.

또한 유아의 문제 행동은 문화에 따라서도 다르게 지각될 수 있음을 우리는 인식하여야 한다(Tobin, Wu, & Davidson, 1989). 교사가 문화적으로 능력이 있기 위하여, 유아와 가족의 문화적 차이점을 이해하고 이에 적합하게 반응할 수 있어야 한다. 유아에게 기대하는 독립성 정도, 자기조절, 미소 짓기, 신체적 접촉 방법, 그리고 이야기할 때 개인 간에 거리를 두는 공간의 정도 등은 모두 문화에 기초한 가치와 행동의 예라고 할 수 있다(Gonzalez-Mena, 2008). 우리나라도 다문화 시대에 진입하였으므로, 각 유아의 문화적 차이에 대하여 민감해야 할 것이다. 인종과 문화와 관련한 연구에서 아프리칸, 아메리칸과 히스패닉계 유아는 공동이나 협력 학습 집단에서, 코카시안은 개인적, 경쟁적 구조에서 좀 더 이익을 얻고, 성공적인 결과를 얻는 것으로 나타났다(Hurley & Allen, 2009; Mashburn, 2008). 각 유아는 우리나라에 거주하지만 각 개인은 자기의 고유 문화 속에서 성장하므로 교사는 유아의 행동을 정확히 이해하기 위해서는 유아 가족의 가치와 신념에 대한 정보를 적극적으로 찾는 것이 필요할 것이다.

4. 교사의 언어 기술

유아교사가 교실에서 사용하는 언어는 유아와의 관계 형성, 유아의 문제 행동 발생과도 관련된다. 교사가 자신이 유아교실에서 사용하는 언어 기술 습관과 성향에 대한 지속적인 숙고는 교수 실제를 증진시키고 교사 효능감을 향상시킬 수 있는 한 방법이다. 교사가 높은 수준의 발문을 한 경우 유아의 학업 성취는 높아졌고, 유아가 효율적으로 학습할 수 있도록 하기 위해서는 교사의 효과적인 발문 행동이 중요한 역할을 한다고 하였다(Redfield & Rousseau, 1981). Moore(1995) 또한 발문하기는 효과적인 의사소통의 기본이라고 하였다. 교사가 사용하는 언어는 대부분 음성 언어지만, 유아는 교사가 보내는 음성 언어뿐만 아니라 비언어적 언어나 신체 언어를 통해 보내는 메시지도 이해한다. 그러므로 교사는 언어 표현만이 아니라 비언어적 의사소통인 얼굴 표정과 정서 표현도 민감하게 전달해야 한다. 교사가 유아들에게 말하는 것과 달리 교사의 얼굴 표정이나 정서적 태도가 교사의 말과 모순된다고 유아가 판단한다면 유아들은 교사를 신뢰하지 않아 양육적이고 반응적인 유아-교사 관계 형성에 지장을 줄 것이다(Denno, Carr, & Bell, 2010). 또한 유아에게 사용하는 언어는 구체적이고 분명해야 하며, 지시를 제공할 때는 간단명료해야 한다. 그리고 교사가 부적절한 언어적 또는 신체적 반응을 보이는 유아에게 효과적인 언어적 피드백과 구체적인 대체 행동 또는 반응을 제공할 때 유아가 배우고 있는 개념을 이해하고 습득하는 데 도움이 될 것이다.

1) 반영적 경청

교사나 부모가 유아에게 개별적 관심과 흥미를 보이는 가장 기본적인 방법 중의 하나는 유아와 대화를 하는 것이다. 교사와 유아와의 친밀한 대화는 유아가 교사에게 긍정적인 감정을 갖게 한다. 유아가 생각하기에 교사는 권위 있는 인물이므로 교사가 자기를 존중하고 수용한다는 신호는 유아에게 자신이 가치 있다는 강한 메시지를 전달한다(Goffin, 1989).

교사가 유아가 관심 있어 하는 주제를 선택하여 대화할 때, 교사가 관심 있어 하는 주제보다 더 자발적이고 오랫동안 대화를 하게 해 준다. 이러한 분위기에서 유아는 자신의 생각, 사고, 감정 표현에 확신을 갖게 된다. 궁극적으로 긍정적인 유아-교사 관계를 맺게 됨으로써 결과적으로 유아의 문제 행동을 예방할 수 있음을 9장에서 살펴보았다. 그러나 교사는 수업을 진행하기 위해서나 교실을 운영하기 위해 의도하지는 않았지만 유아와 대화를 할 시간이 부족하거나 너희가 무슨 말을 하건 관심 없다는 메시지를 보내기도 한다. 이러한 메시지를 유아가 자신을 가치 있는 사람으로 여기지 않는다고 지각하기도 한다.

다음 〈표 13-5〉는 교사가 유아와 대화할 때 고려해야 하는 반영적 경청에 대한 체크 리스트이다. 이 체크 리스트는 교사가 유아의 말을 얼마나 잘 경청하는지 깊이 숙고해 보는 기회를 제공할 것이다. 교사는 유아가 하는 말을 정말로 잘 경청하기 위하여 유아가 무엇을 원하는지 또는 다음에 유아가 무엇을 말할 것인지에 대해 생각하여야 한다. 또한 교사는 유아가 보내는 메시지를 잘못 알고 있을 수도 있으므로, 우리는 신중하게 경청하여야 할 것이다.

〈표 13-5〉 반영적 경청 체크 리스트

반영적 경청 체크 리스트		
지침 만약 상대방과 대화 시 이 전략의 사용이 성공적이었다면 각 전략의 '예'에 표시를 한다. 만약 성공하지 않았다면, '아니오'에 표시를 한다.		
1. 당신은 말하는 것보다 듣는 것을 더 많이 했습니까?	예	아니오
2. 당신은 말하고 있는 사람에게 중요한 것에 대해서만 응답했습니까?	예	아니오
3. 당신은 들은 것을 명확하게 하기 위해 혹은 그 사람의 생각을 설명하기 위해 상대방이 말한 것을 다시 말했습니까?	예	아니오
4. 당신은 사실을 듣고, 세부 사항을 찾아내고, 서로 진정으로 대화하고 있는 느낌에 초점을 맞추었습니까?	예	아니오
5. 당신은 진실한 공감을 보여 주고, 그 사람이 말하는 것을 수용하고 거짓으로 관심 있어 하는 것을 삼가하였습니까?	예	아니오

출처: Denno, D. M., Carr, V., & Bell, S. H.(2010). Addressing challenging behaviors in early childhood settings : teacher's guide. Paul Brookes publishing Co. Baltimore : Maryland. p. 183.

2) 나 메시지

교사가 유아교실에서의 문제 해결 상황에서 권장되는 전략은 '나 메시지'이다. 이는 교사가 문제에 대해 어떻게 느끼는지 전달하고, 유아에게 왜 그 행동이 문제가 있는지 말해 주고, 유아에게 문제를 해결할 기회를 제공하는 의사소통 기술이다. '나 메시지'는 비난하기와 비판하기와 같은 '너 메시지'와는 의도가 다르다(Gordon, 1970). '나 메시지'의 방식으로 문제를 제시하는 것은 "너는 나쁘다."의 경우와 같이 비난조로 전달되는 메시지인 '너 메시지'보다 다른 사람을 변화시키는 데 더 큰 영향을 미친다. 교사나 엄마의 '나 메시지'는 유아의 스트레스를 줄이는 데 가장 수용적이고, 반면 '너 메시지'는 가장 비판적이고 가장 적대적인 것으로 나타났다. '나 메시지'의 본질은 다음과 같다.

- 유아의 행동에 대한 비난적이지 않은 서술
- 그 행동이 교사에게 미치는 영향
- 그 행동에 대한 교사의 느낌

'나 메시지'는 "네가 요구르트를 바닥에 쏟았을 때, 나는 그것을 닦아야 해서 하던 것을 멈추어야 했다. 이는 '나'를 좌절시킨다."처럼 유아에게 들릴 수도 있다. 유아가 교사를 때릴 때 "아이구! 아파!"라고 말하고는 "네가 나를 때리면 아프단다. 그리고 나는 슬퍼."라고 말하는 것이 훨씬 더 단순하고 자연스럽다. 어느 쪽이든, '너'를 비난하는 메시지를 삼가는 것은 두 사람의 관계를 긍정적으로 유지하면서 유아에게 문제 해결의 기회를 제공한다.

교사는 유아에게 '나 메시지'를 얼마나 잘 전달하는지에 대한 자기 평가를 하기 위해 〈표 13-6〉을 참조할 수 있다. 교사는 유아에게 자신이 '너 메시지'가 아닌 '나 메시지'를 얼마나 잘 전달하고 있는지 평가하기 위해 이 도구를 사용할 수 있다.

〈표 13-6〉 '나 메시지' 체크 리스트

'나 메시지' 체크 리스트	
지침 만약 이 전략의 사용이 성공적이었다면 각 전략의 '예'에 동그라미를 한다. 만약 성공적이지 않았다면, '아니오'에 동그라미를 한다.	
1. 당신은 어떤 행동이 당신을 불편하게 하거나 아프게 했는지를 지적하는 명확한 메시지를 보냈습니까?	예 아니오
2. 이 행동이 당신에게 어떤 영향을 미치는지에 대해 분명하게 말했습니까?	예 아니오
3. 유아를 비난하거나 그 또는 그녀가 "나쁘다."고 말하는 것을 삼가했습니까?	예 아니오
4. 불편하게 하거나 아프게 하는 것에 대해 당신이 어떤 느낌이었는지 분명하게 말했습니까?	예 아니오

출처: Denno, D. M., Carr, V., & Bell, S. H.(2010). Addressing challenging behaviors in early childhood settings : teacher's guide. Paul Brookes publishing Co. Baltimore : Maryland. p.185.

교사의 반영적 경청 전략과 '나 메시지'가 효과적으로 이뤄지기 위해서는 연습이 필요하다. '나 메시지'가 효과가 있기 위해서는 비언어적 메시지와 언어적 메시지가 일치해야 하고, 목소리 어조가 보낸 메시지와 일치해야 한다. 각 개인이 효과적이고 적극적인 경청자가 되기 위해서는 메시지를 보내는 사람의 공감적 진정성이 분명히 나타나야 한다.

교사는 문제 상황이 발생한 후, 유아가 문제 상황을 발생하게 하는 어떤 일을 했는지 생각해 보아야 한다. 언제, 어느 일과 시간에, 어느 시간에 문제 행동이 발생했는지 알 수 있는 여러 가지 정황적 정보를 기록한다. 그리고 이러한 문제 상황에서의 교사의 상황도 기록한다. 이 도전적 상황이 발생했을 때, 교사는 어디 있었는가? 어떤 상황에 있었는가? 팔을 꼬고 있었는가? 얼굴에 화난 표정이나, 혐오감, 실망감이 나타났는가? 자신의 목소리 어조는 어떠했나? 유아를 내려다보고 있었는가? 문제 행동이나 문제 상황의 발생 전, 발생 동안, 발생 후 교사가 말한 것을 기록한다. 이를 작성한 후, 무엇을 변화시킬 수 있는지에 대해 숙고해 본다. 일반적으로 유아에게 사용하는 자신의 언어에 대해 반성하고, 특히 문제 상황이라고 지각되는 상황에서 유아에게 어떤 메시지를 보내는지 생각한다. 만약 교사가 언어적 및 비언어적 메시지를 바꾸고 유아에게 사용하는 언어를 스스로 감시한다면, 그 결과가 어떻게 바뀔 수 있겠는가에 대해서도 생각한다.

예를 들어,

- 지시를 주는 방법을 바꿀 수 있는가?
- 유아를 내려다보면서 말하는 대신 유아의 눈높이에 맞게 낮출 수 있는가?
- 지도를 위해 더 적은 단어로 된 더 간단한 언어를 사용할 수 있는가?
- 일과를 예측 가능하게 하고 부적절한 행동에 일관되게 반응하기 위하여 한 활동에서 다른 활동으로 전이하는 것을 돕는 스크립트를 사용할 수 있는가?

이러한 질문에 스스로 답한 후, 비슷한 상황에서의 자신의 반응을 계획하고 그러한 상황에서 유아에게 반응하는 방식이 일관되도록 하기 위해 자신의 노력과 발전을 기록하고, 발전을 정기적으로 검토하고, 필요에 따라 계획을 수정하도록 한다.

부 록

1. 한국판 유아 행동 척도(K-PKBS-2)
2. 거북이 전략
3. 다양한 기분 카드
4. 해결책 세트

1. 한국판 유아 행동 척도
(Korean-Preschool Kindergarten Behavior Scale-2: K-PKBS-2)

✿ 유아 행동에 관한 다음 문항들을 읽어 보시고 각 문항에 표시해 주기기 바랍니다. **지난 3개월 동안의 유아 관찰에 근거**하여 유아의 행동을 가장 잘 나타내고 있다고 생각되는 번호에 √(체크)표 해 주시기를 바랍니다.

전혀 그렇지 않다.	거의 그렇지 않다.	가끔 그렇다.	자주 그렇다.
0	1	2	3

전혀 그렇지 않다. 유아가 설명하는 행동이나 특성을 보이지 않는다면 **0**에 √표

거의 그렇지 않다. 유아가 설명하는 행동이나 특성을 아주 가끔 보이면 **1**에 √표

가끔 그렇다. 유아가 설명하는 행동이나 특성을 가끔 보이면 **2**에 √표

자주 그렇다. 유아가 설명하는 행동이나 특성을 자주 보이면 **3**에 √표

A. 사회적 기술 척도

번호	문항	전혀 그렇지 않다.	거의 그렇지 않다.	가끔 그렇다.	자주 그렇다.
1	유아교실에서 독립적으로 작업을 하거나 놀이를 한다.	0	1	2	3
2	다른 유아에게 협력적이다.	0	1	2	3
3	다른 유아들과 함께 잘 웃고 논다.	0	1	2	3
4	여러 다른 유아와도 잘 어울려 논다.	0	1	2	3
5	다른 유아의 행동을 이해하려고 애쓴다. ("니 왜 울고 있니?")	0	1	2	3
6	다른 유아들이 이 유아를 좋아한다.	0	1	2	3
7	교사의 지시에 잘 따른다.	0	1	2	3
8	도움 요청하기 전에 새로운 방법을 시도해 본다.	0	1	2	3
9	친구를 쉽게 사귄다.	0	1	2	3
10	자기-통제력을 가지고 있다.	0	1	2	3

번호	문 항	전혀 그렇지 않다.	거의 그렇지 않다.	가끔 그렇다.	자주 그렇다.
11	다른 유아들이 함께 놀려고 놀이에 자주 초대한다.	0	1	2	3
12	자유로운 여가 시간을 부정적인 행동이나 비생산적인 활동으로 보내지 않는다.	0	1	2	3
13	커다란 어려움 없이 부모와 쉽게 분리될 수 있다.	0	1	2	3
14	교실 토론 시간에 잘 참여한다.	0	1	2	3
15	필요할 때 교사에게 도움을 청한다.	0	1	2	3
16	책을 읽어 줄 때 앉아서 잘 듣는다.	0	1	2	3
17	다른 유아의 권리를 주장해 준다. ("그 놀이감 영희에게 줘. 영희 거야.")	0	1	2	3
18	다양한 환경에도 잘 적응한다.	0	1	2	3
19	또래들이 부러워하는 기술이나 능력이 있다.	0	1	2	3
20	다른 유아가 속상해 할 때 위로해 준다.	0	1	2	3
21	자주 다른 유아에게 함께 놀자고 요청한다.	0	1	2	3
22	요청하면 어지러진 주변을 잘 정리한다.	0	1	2	3
23	규칙을 잘 지킨다.	0	1	2	3
24	다치거나 마음이 상했을 때 교사에게 위로해 달라고 요청한다.	0	1	2	3
25	놀이감이나 자기 물건을 다른 유아와 함께 사용한다.	0	1	2	3
26	자기의 권리를 주장한다.	0	1	2	3
27	실수로 다른 유아를 화나게 했을 때 사과한다.	0	1	2	3
28	필요할 때, 친구에게 실수를 인정하거나 타협한다.	0	1	2	3
29	교사의 결정을 잘 받아들인다.	0	1	2	3
30	다른 유아와 놀이감이나 사물을 교대로 잘 사용한다.	0	1	2	3
31	상호작용 시 부끄러워하거나 위축되지 않는다.	0	1	2	3
32	잘못을 지적했을 때, 적절하게 반응한다.	0	1	2	3
33	교사가 어려움에 처했을 때 민감하게 반응한다. ("선생님, 왜 슬퍼해요?")	0	1	2	3
34	다른 유아들에게 애정을 표현한다.	0	1	2	3

B. 문제 행동 척도

번호	문 항	전혀 그렇지 않다.	거의 그렇지 않다.	가끔 그렇다.	자주 그렇다.
1	별 생각 없이 충동적으로 행동한다.	0	1	2	3
2	마음을 다치거나 걱정이 많으면 병이 난다.	0	1	2	3
3	다른 유아들의 놀림거리나 웃음거리가 된다.	0	1	2	3
4	다른 사람의 애정 표현에 반응이 없다.	0	1	2	3
5	부모나 교사에게 매달린다.	0	1	2	3
6	다른 유아들을 방해하는 소음을 낸다.	0	1	2	3
7	갑자기 화를 내거나 생떼를 부린다.	0	1	2	3
8	모든 사람들의 관심을 받으려고 한다.	0	1	2	3
9	걱정이 많거나 긴장을 많이 한다.	0	1	2	3
10	놀이감이나 사물을 나누어 쓰지 않는다.	0	1	2	3
11	신체적 공격성을 보인다(차고, 때리고, 민다).	0	1	2	3
12	다른 유아들과의 함께 놀이하기를 피한다.	0	1	2	3
13	화나면 고함을 지른다.	0	1	2	3
14	다른 유아의 물건을 뺏는다.	0	1	2	3
15	과제 집중과 수행에 어려움을 가지고 있다.	0	1	2	3
16	규칙을 잘 지키지 않는다.	0	1	2	3
17	친구를 잘 사귀지 못한다.	0	1	2	3
18	두려워하거나 무서워한다.	0	1	2	3
19	자기 맘대로 해야만 한다.	0	1	2	3
20	과도하게 활동적이다-차분히 앉아 있지 못한다.	0	1	2	3
21	다른 사람에게 보복하려고 한다.	0	1	2	3
22	부모, 교사의 말을 공공연하게 거부한다.	0	1	2	3
23	통증이나 병이 났을 때 자주 투덜거린다.	0	1	2	3
24	유치원이나 어린이집에 오지 않으려고 한다.	0	1	2	3
25	가만히 있지 못하고 안절부절못한다.	0	1	2	3

번호	문 항	전혀 그렇지 않다.	거의 그렇지 않다.	가끔 그렇다.	자주 그렇다.
26	다른 사람에게 욕을 한다.	0	1	2	3
27	마음이 상했을 때 달래기 어렵다.	0	1	2	3
28	다른 또래 집단 앞에서 위축된다.	0	1	2	3
29	다른 유아들을 괴롭히거나 겁을 준다.	0	1	2	3
30	불행하고 우울해 보인다.	0	1	2	3
31	예측할 수 없는 행동을 한다.	0	1	2	3
32	다른 유아에게 질투를 한다.	0	1	2	3
33	자기 연령보다 어리게 행동한다.	0	1	2	3
34	다른 유아의 작품이나 소유물을 망가뜨린다.	0	1	2	3
35	기분이 자주 변하고 꽤 까다롭다.	0	1	2	3
36	비난이나 꾸지람에 지나치게 민감하다.	0	1	2	3
37	우는소리를 하거나 자주 불평을 한다.	0	1	2	3
38	다른 유아들에게 잘 속고 이용당한다.	0	1	2	3
39	진행 중인 활동을 방해한다.	0	1	2	3
40	거짓말을 한다.	0	1	2	3
41	쉽게 화를 낸다-성질이 급하다.	0	1	2	3
42	다른 유아들을 귀찮게 하거나 성가시게 한다.	0	1	2	3

2. 거북이 전략

3. 다양한 기분 카드

행복

자랑스러움

사랑받음

불만

당황

슬픔

외로움

무서움

화남

불안

4. 해결책 세트

교환하기

차례 기다리기

함께 놀기

참고 문헌

강민정(1997). 교사가 지각한 유아의 기질과 유치원 부적응행동과의 관계. 한국교원대학교 석사학위논문.

강병재(2003). 아동양육 형태에 따른 아동의 언어 발달 및 사회성 발달의 차이. 아동교육, 16(3), 69-84.

곽금주(2008). 한국의 왕따와 예방프로그램. 한국심리학회지: 문화 및 사회문제, 14(1), 255-272.

교육과학기술부(2009). http://blog.daum.net/kdh5029/8287466dptj에서 발췌.

교육과학기술부(2010). 2차 학교폭력 예방 및 대책 5개년 기본계획 보도자료.

교육부(2012). 2차 학교폭력실태조사 결과 발표.

교육부(2013). 현장중심 학교폭력 예방대책 보도자료.

교육부(2014). 1 차 학교폭력 실태조사 분석결과 발표: 보도자료.

교육부(2015). 초등학생 맞춤형 학교폭력 대책 보도자료.

교육부(2017). 2017년 학교폭력 실태조사 보도자료.

교육부(2018). 다문화 교육 지원 계획 보도 자료.

권신영(1999). 학교 또래 괴롭힘에 대한 교사의 인식과 대응. 경북대학교 대학원 사회복지학과 석사학위논문.

권이종(2003). 청소년연구와 정책현황. 한국청소년시설환경학회 학술대회, 13-39.

권정윤(2012). 문제 행동의 개념적 이해와 실천. 한국영유아교원교육학회 춘계학술대회 정신건강 위기시대의 영유아 이해와 교육 방향, 53-69.

금명자, 이영선, 김수리, 손재환, 이현숙.(2006). 다문화 가정 청소년(혼혈청소년) 연구: 사회적응 실태조사 및 고정관념 조사. 서울: 한국청소년상담원.

김경희, 황혜정(1998). 저소득층 아동의 정서·행동 문제와 부모의 자녀 양육 태도에 관한 연구. 한국심리학회지: 발달, 11(1), 12-26.

김고은(2015). 조손가정 영유아의 행동양상과 지원방안에 대한 보육교사의 인식. 한국보육학회지, 15(4), 329 346.

김다율(2006). 조손가족 조모의 심리적 복지감과 관련요인에 관한 연구 서울대학교. 대학원 석사학위논문.

김두정(2010). 뇌 과학: 학교 교육과 교육 과정에의 시사점. 교육 과정연구, 28(3), 127-145.

김명자(2002). 청소년의 학교폭력행위 예측모형 구축. 전남대학교 박사학위논문.

김미선, 박지연(2009). 다차원적인 긍정적 행동지원이 장애아동의 문제 행동에 미치는 영향: 사례연구. 특수교육, 8(2), 135-160.

김미선, 송준만(2006). 학교 차원의 긍정적 행동지원이 초등학교 학생들의 문제 행동과 학교 분위기에 미치는 영향. 특수교육학연구, 41, 207-227.

김미숙, 박민정, 이상헌, 홍균, 조병은, 권영회(2000). 저소득 편부모 가족의 생활실태, 서울: 한국보건사회연구원.

김민정, 도현심(2001). 부모의 양육행동, 부부갈등 및 아동의 형제자매관계와 아동의 공격성간의 관계. 아동학회지, 22(2), 149-166.

김병찬(2012). 핀란드의 키바 코울루(KiVa Koulu) 프로그램 및 한국교육에 주는 시사점. 서울: 한국교육개발원.

김선희, 김경연(1999). 아동의 행동문제와 관련변인간의 인과관계. 한국가정관리학회지, 17(1), 155-166.

김순혜(2012). 초등학교 학교폭력 피해아동의 위험요인과 보호요인 분석. 아동교육, 21(3), 5-17.

김연하(2007). 교사의 수업의 질 예측 변인 연구: 유아 문제 행동 관련 변인 및 수업의 질 보호변인을 중심으로. 유아교육연구, 27(6), 213-237.

김영란, 박지연(2014). 학교 차원의 긍정적 행동지원이 특수학교 장애학생의 수업참여행동과 문제 행동, 개별화교육목표 성취에 미치는 영향. 특수교육학연구, 49(3), 1-28.

김유미(2002). 두뇌를 알고 가르치자. 서울: 학지사.

김유미(2003). 뇌 기반 교수-학습에서 동기유발. 열린유아교육연구, 8(1), 93-110.

김유미(2004). 뇌 기반 교수-학습이 아동의 자기조절능력 및 학업 성취에 미치는 영향. 교육학연구, 42, 83-106.

김유미(2005). 뇌호흡의 뇌과학적 근거와 유아교육에의 적용 가능성 탐색. 열린유아교육연구, 10(2), 21-39.

김인숙, 이정화(2004). 제 변인에 따른 한부모 유아의 사회적 능력과 부적응 행동. 교육과학연구, 1(9), 311-329.

김재엽, 이지현, 정윤경(2008). 청소년들의 가정폭력노출경험이 학교폭력가해행동에 미치는 영향. 한국아동복지학, 26, 31-59.

김준호, 김순형..(1992). 가정 환경과 청소년비행. 형사정책연구원 연구총서, 11-146.

김진욱(2010). 한부모 가구의 빈곤과 소득이전: 양부모 가구와의 비교를 중심으로. 사회복지정책, 37(1), 101-125.

김혜선(2004). 조손가족 조부모의 양육 태도와 양육스트레스가 손자녀 적응에 미치는 영향 연구. 한국아동복지학, 18, 85-117.

김희선(2014). 생태학적 관점에서 본 학교폭력 유발요인이 학교폭력에 미치는 영향. 이화여자대학교 석사학위논문.

노서연(2003). 어머니 부모역할 만족도 및 아동의 정서 조절 능력과 사회적 유능성의 관계. 연세대학교 대학원 석사학위 청구논문.

노혜련, 김형태, 유서구(2006). 학교폭력 예방프로그램 효과성 평가연구. 삼성생명공익재단 사회정신건강연구소.

문성희, 이대균(2011). 한부모 가정에서 부모와 자녀가 겪는 어려움, 그리고 바람. 열린유아교육연구, 16(3), 313-335.

문송이(2008). 유치원 교실에서 일어나는 유아행동지도와 교사의 어려움. 중앙대학교 대학원 석사학위 청구논문.

문용린, 최지영, 백수현, 김영주(2007). 학교폭력의 발생과정에 대한 남녀 차이 분석. 교육심리연구, 21(3), 703-722.

민혜영(1998). 유아의 사회성 발달에 영향을 미치는 환경 변인과 개인내적 변인들에관한 연구. 이화여자대학교 대학원 박사학위논문.

박경, 오재연, 김경란(2013). 교사의 직무만족도와 효능감이 유아의 내·외현적 행동문제에 미치는 영향. 열린유아교육연구, 18(4), 1-22.

박경자, 김송이, 권연희, 김지현(2009). 영유아의 사회정서발달과 교육. 경기: 교문사.

박수경, 하승민, 이기성, 유수옥(2015). 유아의 사회인구학적 변인과 사회적 기술. 아시아 아동복지연구, 13(3), 117-145.

박수옥, 전병운(2004). 수업에 대한 반성적 사고가 유아특수교사의 발문과 피드백에 미치는 영향. 유아특수교육연구, 4, 135-157.

박영심(2014). 유아의 탄력성과 또래놀이 상호작용 및 어머니의 과보호적 양육 태도와의 관계. 원광대학교 일반대학원 박사학위논문.

박옥임(2006). 농촌 조손가족의 손자녀연구: 3 세대가족과의 비교. 충남대학교 대학원 박사학위논문.

박은혜(1996). 반성적 사고와 유아 교사교육. 유아교육연구, 16(1), 175-192.

박종숙(2001). 유치원의 종일반 현황에 대한 연구. 중앙대학교 교육대학원 석사학위논문.

박주형, 정성수(2012). 고등학교 학생의 학교폭력에 대한 인식과 학교의 영향 요인 탐색. 교육행정학연구, 30, 1-19.

박지숙, 임승현, 박성연(2009). 아동의 성, 기질, 어머니 양육행동과 아동의 정서 조절능력이 사회적 위축 및 공격성에 미치는 영향. 아동학회지, 30(3), 85-98.

박창득(2003). 초등학교 학교폭력 현상에 관한 교사와 학생의 인식 비교. 금오공과대학교 교육대학원 교육행정전공 교육학 석사학위논문.

박호범(2012). 다문화 가정 아동의 학교생활 적응 요인에 관한 연구. 경북 외국어대학교 복지상담대학원 석사학위논문.

박효정(2005). 학교폭력 실태의 이해 와 진단. 서울; 한국 교육 개발원.
박효정, 정미경(2006). 학교폭력 예방 및 근절 대책에 대한 효과 평가 연구. 서울: 한국교육개발원.
서진희(2012). 다문화 가정 아동과 일반 가정 아동의 불안, 우울, 자아존중감 비교. 경북대학교 대학원 석사학위논문.
서현(2009). 조부모-손자녀 가정 유아의 생활에 관한 연구. 한국영유아보육학, 56, 1-30.
성지혜(2015). 결혼이주여성의 노후생활 준비에 관한 연구: 대구시역 베트남 결혼이주여성을 중심으로. 여성연구, 83-115.
송기현(2005). 어머니의 양육 태도와 아동의 자아존중감 및 공격성과의 관계. 전북대학교 석사학위논문.
송진영, 김규수(2012). 유아의 문제 행동에 영향을 미치는 어머니, 유아, 교사 관련 변인에 대한 탐색적 연구. 열린유아교육연구, 17(6), 345-365.
신동주, 류진순(2006). 유아교육기관의 물리적 환경과 유아의 실내, 외 놀이 행동. 유아교육학논집, 10(2), 165-185.
신동주(2004). 유치원의 실외놀이 구비 실태 및 실외놀이시설 안전점검 실태. 유아교육학논집, 8(4), 151-174.
신민선(2013). 초등학생이 인식한 효과적인 교사의 훈육 방법과 아동 기질과의 관계, 연세대학교 교육대학원 석사학위논문.
신수진, 한성희, 이규옥(2011). 다문화 장애아동 교육에 대한 특수교사의 경험과 그 의미. 특수교육 저널: 이론과 실천, 12(1), 299-328.
신유림(1997). 유아의 친구 관계와 사회적 지위 및 놀이행동과의 관련연구. 아동학회지, 18(2), 47-56.
신유림, 윤수정(2009). 교사-유아관계와 유아의 사회적 행동특성 및 유아교육기관 적응의 관련성: 유아 및 교사 지각의 비교. 유아교육연구, 29(5), 5-19.
신혜정(2007). 다문화 가정 자녀의 자아정체성에 영향을 주는 요인에 관한 연구. 이화여자대학교 석사학위논문.
심숙영(2012). 저소득층 어머니 양육행동을 통한 어머니 특성변인, 유아 특성변인과 유아의 사회정서행동간의 관련성 분석. 아동과 권리, 16, 97-124.
심희옥(2008). 또래 괴롭힘 참여자의 사회적 지위 및 사회적 정서에 관한 연구. 아동학회지, 29(3), 191-205.
안소현, 이승연, 이솔, 안지현, 안제원(2012). 중학생의 지각된 인기도와 또래괴롭힘 행동 간의 관계. 아시아교육연구, 13(4), 225-246.
양다솜(2015). 유아의 기질, 정서 조절, 유아-교사 관계가 문제 행동에 미치는 영향, 카톨릭 대학교 교육대학원 석사학위논문.

여희영(2010). 학교 차원의 긍정적 행동지원이 대안 학교 중등 학생들의 문제 행동, 삶의 질, 학교 분위기에 미치는 영향. 이화여자대학교 대학원 석사학위논문.

오승환(2001). 결손가족 청소년의 적응 결정요인에 관한 비교연구: 부모 이혼, 별거가족과 사망가족을 중심으로. 사회복지연구, 17, 99-125.

오정윤, 심숙영(2013). 유아의 사회정서 행동문제와 어머니 관련변인 구조모형분석. 아동과 권리, 17, 79-108.

원진욱(2005). 초등학생이 지각한 교사 유형과 학교 생활 만족도의 관계. 이화여자대학교 교육대학원 석사학위논문.

유수옥(2013). 연령 증가에 따른 영유아 문제 행동 발생률 군집화 연구. 아동학회지, 34(6), 57-75.

유수옥(2010). 특수유아교육. 서울: 창지사.

유수옥, 문연심, 김호연, 송미선, 김혜경, 심성경, 박주희(2015). 영유아 교육현장 장애유아 통합교육 전략. 서울: 창지사.

유수옥, 이기성, 하승민, 박수경(2014). 한국판 유아 행동 척도-2 (Korean Preschool Kindergarten Behavior Scale-2: PKBS-2) 타당화 연구. 아동학회지, 35(4), 79-101.

유수옥, 이순자(2012). 문제 행동 발생과 예방 및 중재에 관한 연구동향 분석: 일반 유아와 장애 유아 비교. 아동학회지, 33(6), 187-205.

유흥옥(2005). 반성적 사고에 기초한 유치원 교육실습과 예비교사의 발달적 변화. 유아교육학논집, 9(1), 257-277.

윤복희(2002). 유아의 또래 관계와 사회적 기술 학습에 관한 연구. 한국여성교양학회지, 9, 93-108.

윤현수, 강지현, 오경자(2011). 유아기 내재화 및 외현화 문제의 안정성. Korean Journal of Clinical Psychology, 30(2), 617-627.

이경님(1996). 인지적-행동적 자기통제 훈련이 아동의 자기통제능력, 과제수행능력및 대인간 문제 해결능력의 개선에 미치는 효과. 경상대학교 대학원 박사학위논문.

이경림(2008). 시각장애학생 교육의 이해와 실제. 서울: 서현사.

이경숙, 신의진, 전연진, 박진아(2004). 한국 유아 행동문제의 경향과 특성. 한국심리학회지: 발달, 17(4), 53-73.

이동형(2014). 학교폭력의 평가와 진단. 이화여자대학교 학교폭력예방연구소편 “학교폭력과 괴롭힘 예방: 원인진단과 대응” 중, 10.

이명자(2004). 학교폭력에 대한 교사와 학생의 인식비교 연구. 한일장신대학교 기독교사회복지대학원 사회복지전공 석사학위논문.

이미나(2018. 09. 04.). 열에 한 가구는 한부모가정… 41%가 저소득층. 이데일리.

이병인, 윤미경, 이지예(역)(2013). 유·아동기 문제 행동 예방 및 지도 [3판]. 서울: 시그마프레스.

이병일(2016). 학교폭력 종합대책(2012~2014)의 정책결정과 정책집행 간 연계성. 중부대학교 대학원 박사학위 청구논문.

이소현, 박은혜(2011). 특수아동교육(3판). 서울: 학지사.

이소현, 박지연, 박현옥, 윤선아(공역)(2008). 장애학생을 위한 개별화 행동지원-긍정적 행동지원의 계획 및 실행. 서울: 학지사.

이순자, 유수옥(2012). 유아 문제 행동에 대한 연구 동향 및 유아 문제 행동 관련 변인 분석-국내학회지 및 학위논문을 중심으로. 유아교육학논집, 16(6), 127-156.

이순형, 신양재, 김영주(1991). 빈곤가정 아동의 환경지각 연구. 아동학회지, 12(1), 113-128.

이승연, 신현숙, 이동형(2011). 우울· 불안의 예방과 개입. 서울: 학지사.

이영숙(2005). 유아의 적응행동 및 부적응행동과 관련된 변인연구. 세종대학교 대학원 박사학위논문.

이장현, 우룡(2001). 학교폭력의 최근 동향과 문제점에 대한 고찰. 한국청소년정책연구원 연구보고서, 1-113.

이정모, 강은주, 김민식, 감기택, 김정오. 박태진 외(2009). 인지심리학. 서울: 학지사.

이정이, 최명선(2007). 조손 가정의 환경적 특성에 따른 아동 행동문제. 한국놀이치료학회지(놀이치료연구), 10(1), 63-72.

이진숙(2002). 교사-유아관계와 유아의 사회적 능력과의 관계. 한국생활과학회지, 11(2), 123-134.

이진향(2002). 교사의 수업개선을 위한 반성적 사고의 의미 고찰. 한국교원교육연구, 19, 169-188.

이찬숙, 김경윤(2008). 유아의 내재화·외현화 문제 행동 관련 변인 분석. 미래유아교육학회지, 15(2), 161-184.

이훈진(2009). 긍정심리치료. 서울: 학지사.

임부연, 양혜련, 송진영(2012). 유아가 경험하는 교실 공간의 의미. 열린유아교육연구, 17(4), 249-272.

임영서, 강문희(2002). 유치원 교실의 밀집감 완화가 유아의 교실내 행동에 미치는 영향. 한국영유아보육학, 28, 19-40.

장영숙, 조정애(2000). 교사가 지각한 유아의 문제 행동과 유아의 성별, 연령, 기질 및 교사기질과의 관계 연구. 미래유아교육학회지, 7(2), 97-119.

장지연(2019. 04. 12.). 여가부, 2018년 한부모가족실태조사 결과 발표. 농어촌신문.

장현실(2010). 저소득층 유아와 일반 가정 유아의 발달과 문제 행동간의 관계 연구. 경기대학교

교육대학원 석사학위 청구논문.
전선옥(1989). 유치원의 교사-유아 상호작용 및 물리적 환경의 질에 따른 유아행동. 이화여자대학교 대학원 석사학위논문.
정계숙(2008). 한부모 가족 아동의 사회· 정서적 유능성 발달. 아동학회지, 29(3), 207-222.
정순복(2014). 청소년 학교폭력 가해행동의 인과모형에 관한 연구: 학교 적응유연성의 조절 효과를 중심으로. 동신대학교 박사학위논문.
정제영, 이승연, 오인수, 강태훈, 류성창(2013). 주변인 대상 학교폭력 예방교육 프로그램 개발 연구. 교육과학연구, 44(2), 119-143.
정종진(2012). 생태학적 측면에서 본 학교폭력의 유발 요인. The Korean Journal of Elementary Counseling, 11(3), 331-350.
정종진(역)(2010). 뇌기반 교육의 원리. 서울: 학지사.
정현영(2006). 다문화 가정 자녀의 학교생활적응에 영향을 미치는 요인에 관한 연구: 아시아 여성과 한국남성의 이중 문화 가정자녀를 중심으로. 숭실대학교 석사학위논문.
조영달(2006). 다문화 가정의 자녀 교육 실태조사. 교육인적자원부.
조운주, 최일선(2018). 예비유아교사의 교직인· 적성 검사도구(안) 타당화 연구. 육아지원연구, 13(1), 35-56.
조춘범, 조남홍(2011). 청소년의 가정폭력 노출경험이 학교폭력 가해행동에 미치는 영향 연구. 청소년학연구, 18(4), 75-102.
지성애, 김미경(2007). 유아사회교육의 이론과 실제. 서울: 학지사.
차유림(2000). 아동 학교적응에 관한 연구. 연세대학교 석사학위논문.
청소년폭력예방재단, 학교폭력문제연구소(2014). 학교폭력 예방의 이론과 실제. 서울: 학지사.
최선화(2009). 다문화 가정 아동의 내재화 문제에 영향을 미치는 요인 연구 -대전충남북 지역을 중심으로. 충남대학교 석사학위논문.
최순애(2011). 한부모가정 유아에 대한 유아교사의 인식. 배제대학교 대학원 석사학위논문.
최정윤(2008). 보육시설 아동의 코티솔 수준을 유아의 보육 경험, 사회 계층, 어머니 양육 행동, 아동의 사회적 유능성과의 관계. 연세대학교 박사학위 청구논문.
최태진, 허승희, 박성미, 이희영(2006). 초등학교폭력 양상 및 과정 분석. 상담학연구, 7(2), 613-632.
푸른나무 청예원(2014). 2013년 전국 학교폭력 실태조사. 서울: 청예원.
허순영(2004). 유아와 어머니의 기질 및 기질 부조화에 따른 양육방식과 유아의 문제 행동. 충북대학교 교육대학원 석사학위 청구논문.
현은자, 박은미, 조메리명희, 김태영(2013). 어머니의 스마트폰중독 수준 및 우울 점수와 유아의 문제 행동과의 관계. 유아교육연구, 33(5), 181-205.

황윤세(2010). 유아의 유아교육기관 일과적응과 놀이특성 및 상호작용적 또래놀이 간의 구조분석. 한국영유아보육학, 62, 213-230.

황은숙(2007). 이혼가정 부모교육 프로그램에 대한 욕구조사. 한부모 가정 연구소.

황정희, 고은경(2011). 한부모 가정 유아의 양육자와 유아교사의 소통 과정: 교사의 경험을 중심으로. 열린유아교육연구, 16(5), 579-609.

Abidin, R. R(1990). *Parenting stress index-short form*(p. 118). Charlottesville, VA: Pediatric Psychology Press.

Achenbach, T. M., & Edelbrock, C.(1983). The classification of child psychopathology. A review and analysis of empirical efforts. *Psychological Bulletin, 85,* 1275-1301.

Ahnert, L., Gunnar, M. R., Lamb, M. E., & Barthel, M.(2004). Transition to child care: Associations with infant–mother attachment, infant negative emotion, and cortisol elevations. *Child development, 75*(3), 639-650.

Alsaker, F. D., & Valkanover, S.(2001). Early diagnosis and prevention of victimization in kindergarten. *Peer harassment in school: The plight of the vulnerable and victimized,* 175-195.

Anthony, B. Anthiny, L. G. Morrel, T., & Acosta, M.(2005). Evidence for social and behavior problems in low-income, urban preschoolers : Effects of site, classroom and teacher. *Journal of Youth and Adolescence, 34,* 31-39.

Antonak, R. F., & Livneh, H.(1988). *The measurement of attitudes toward people with disabilities: Methods, psychometrics and scales.* Charles C Thomas, Publisher.

Arnold, D. H., McWilliams, L., & Arnold, E. H.(1998). Teacher discipline and child misbehavior in daycare : Understanding causality with correlational data. *Developmental psychology, 34,* 276-287.

Ashman, S. B., Dawson, G., Panagiotides, H., Yamada, E., & Wilkinson, C. W.(2002). Stress hormone levels of children of depressed mothers. *Development and psychopathology, 14*(2), 333-349.

Ashton, P. T., & Webb, R. B.(1986). *Making a difference: Teachers' sense of efficacy and student achievement.* New York: Longman.

Austin, S., & Joseph, S.(1996). Assessment of bully/victim problems in 8 to 11 year-olds. *British journal of educational psychology, 66*(4), 447-456.

Ayoub, C. C., & Fischer, K. W.(2006). Developmental pathways and intersections among domains of development. *Blackwell handbook of early childhood development,* 62-81.

Baker, B. l., Melntyre, L. L., Blacher, J., Cronic, K., Edelbrock, C., & Low, C.(2003). Prediction of social skills in 6-years children with and without developmental delays : contributions regulation and maternal scaffolding. *American Journal on Mental Retardation, 112*(5), 375-391.

Baldry, A. C., & Winkel, F. W.(2003). Direct and vicarious victimization at school and at home as risk factors for suicidal cognition among Italian adolescents. *Journal of adolescence, 26*(6), 703-716.

Bandura, A.(1973). *Aggression: A social learning analysis.* Prentice-Hall.

Bandura, A.(1986). *Social foundations of thought and action: A social cognitive theory.* Englewood Cliffs, NJ, US: Prentice-Hall, Inc.

Barkin, S., Kreiter, S., & DuRant, R. H.(2001). Exposure to violence and intentions to engage in moralistic violence during early adolescence. *Journal of Adolescence, 24*(6), 777-789.

Barnett, J.(1999). *Bystanders: Conscience and Complicity During the Holocaust.*

Baron-Cohen, S., Tager-Flusberg, H., & Lombardo, M.(Eds.).(2013). *Understanding other minds: Perspectives from developmental social neuroscience.* Oxford University Press.

Barry, C. M., & Wentzel, K. R.(2006). Friend influence on prosocial behavior: The role of motivational factors and friendship characteristics. *Developmental psychology, 42*(1), 153.

Baumeister, R. F., Campbell, J. D., Krueger, J. I., & Vohs, K. D.(2003). Does high self-esteem cause better performance, interpersonal success, happiness, or healthier lifestyles?. *Psychological science in the public interest, 4*(1), 1-44.

Baumrind, D.(1973). The development of instrumental competence through socialization. *In Minnesota symposium on child psychology*(Vol. 7, pp. 3-46).

Beaty, L. A., & Alexeyev, E. B.(2008). The problem of school bullies: What the research tells us. *Adolescence, 43*(169), 1.

Beer, J. S.(2007). The default self: feeling good or being right?. *Trends in cognitive sciences, 11*(5), 187-189.

Bell, N. J., Avery, A. W., Jenkins, D., Feld, J., & Schoenrock, C. J.(1985). Family relationships and social competence during late adolescence. *Journal of youth and adolescence, 14*(2), 109-119.

Belsky, J., & Vondra, J.(1989). Lessons from child abuse: The determinants of parenting. In D. Cicchetti &V. Carlson(Eds.), *Child maltreatment: Theory and research on the causes and consequences of child abuse and neglect*(pp. 153-202). New York, NY, US: Cambridge University Press.

Benbenishty, R., Zeira, A., &Astor, R. A.(2000). *A national study of school violence in Israel.* Jerusalem: Israeli Ministry of Education.

Berkowitz, L.(1978). Whatever happened to the frustration-aggression hypothesis?. *The American Behavioral Scientist(pre-1986), 21*(5), 691.

Bierman, K. L., & Erath, S. A.(2006). Promoting Social Competence in Early Childhood: Classroom Curricula and Social Skills Coaching Programs. In K. McCartney & D. Phillips(Eds.), *Blackwell handbooks of developmental psychology. Blackwell handbook of early childhood development*(pp. 595-615). Malden, : Blackwell Publishing.

Booth, A., Granger, D. A., Mazur, A., & Kivlighan, K. T.(2006). Testosterone and social behavior.

Social Forces, 85(1), 167-191.

Bowers, L., Smith, P. K., & Binney, V.(1994). Perceived family relationships of bullies, victims and bully/victims in middle childhood. *Journal of social and personal relationships, 11*(2), 215-232.

Bowman, B. T.(1989). *Self-reflection as an element of professionalism.* Teachers College Record.

Boyd, J., Barnett, W. S., Bodrova, E., Leong, D. J., & Gomby, D.(2005). Promoting children's social and emotional development through preschool education. *National Institute for Early Education Research Preschool Policy Brief. New Brunswick,* NJ: Rutgers. Retrieved August, 30, 2008.

Bredekamp, S., & Copple, C.(1997). *Developmentally appropriate practice in early childhood education.* Washington, DC: National Association for the Education of Young Children.

Brendtro, L., & Long, N.(1995). Breaking the Cycle of Conflict. *Educational Leadership, 52*(5), 52-56.

Broidy, L. M., Nagin, D. S., Tremblay, R. E., Bates, J. E., Brame, B., Dodge, K. A., & Lynam, D. R.(2003). Developmental trajectories of childhood disruptive behaviors and adolescent delinquency: a six-site, cross-national study. *Developmental psychology, 39*(2), 222.

Bronfenbrenner, U.(1986). Ecology of the family as a context for human development : Research perspectives. *Developmental Psychology, 22,* 723-741.

Bronson, M.(2000). *Self-regulation in early childhood: Nature and nurture.* Guilford Press.

Bufkin, J. L., & Luttrell, V. R.(2005). Neuroimaging studies of aggressive and violent behavior: current findings and implications for criminology and criminal justice. *Trauma, Violence, & Abuse, 6*(2), 176-191.

Buyse, E., Verschueren, K., Doumen, S., Damine, J. V., & Macx, F.(2008). Classroom problem behavior and teacher-child relationship in kindergarten : The moderating role of cli- mate. *Journal of School Psychology, 46,* 357-391.

Caldarella, P., Shatzer, R. H., Gray, K. M., Young, K. R., & Young, E. L.(2011). The effects of school-wide positive behavior support on middle school climate and student outcomes. *RMLE online, 35*(4), 1-14.

Campbell, S. B.(1995). Behavior problems in preschool children : A review of recent research. *Journal of child Psychology and Psychiatry, 36*(1), 113-149.

Campbell, S. B.(2006). *Behavior problems in preschool children□ Clinical and developmental issues.* Guilford Press.

Campbell, S. B.(2007). *Behavior problems in preschool children.* 민성혜(역). 서울 : 시그마프레스(원본 출판일 2002년).

Carr, J. E., & Sidener, T. M.(2002). On the relation between applied behavior analysis and positive behavioral support. *The Behavior Analyst, 25*(2), 245-253.

Carter, K., & Doyle, W.(2006). Classroom management in early childhood and elementary classrooms. *Handbook of classroom management: Research, practice, and contemporary issues,* 373-406.

Carter, R., Aldridge, S., Page, M. & Parker, S.(2009). *Human brain book.* New York: DK Publishing.

Center on the Social and Emotional Foundations for Early Learning.(2003, November). *Inventory of practices for promoting children's social and emotional competence.* Available from http://www.csefel.uiuc.edu/modules.html.

Chugani, H. T.(1998). A critical period of brain development: studies of cerebral glucose utilization with PET. *Preventive medicine, 27*(2), 184-188.

Cohen, J.(2001). Caring Classrooms/Intelligent Schools: The Social Emotional Education of Young Children. Series on Social Emotional Learning. Teachers College Press, PO Box 20, Williston, VT

Coie, J. D., & Koeppl, G. K.(1990). Expanding the framework of intervention with rejected children. *The rejected child,* 309-337.

Corsaro, W. A.(1988). Peer culture in the preschool. *Theory into Practice, 27*(1), 19-24.

Cox, P. R., & Dykes, M. K.(2001). Effective classroom adaptations for students with visual impairments. *Teaching Exceptional Children, 33*(6), 68-74.

Cozolino, L. O. U. I. S.(2006). The social brain. *Psychotherapy in Australia, 12*(2), 12.

Craig, W. M.(1998). The relationship among bullying, victimization, depression, anxiety, and aggression in elementary school children. *Personality and individual differences, 24*(1), 123-130.

CSEFEL(2013). http://csefel.vanderbilt.edu/resources/training_preschool.html#mod3b에서 2013년 3월 17일에 발췌.

CSEFEL(2016).http://csefel.vanderbilt.edu/resources/training_preschool.html#mod3b에서 2016년 2월 15일에 발췌.

Davidson, M. C., & Marrocco, R. T.(2000). Local infusion of scopolamine into intraparietal cortex slows covert orienting in rhesus monkeys. *Journal of neurophysiology, 83*(3), 1536-1549.

De Bellis, M. D., Baum, A. S., Birmaher, B., Keshavan, M. S., Eccard, C. H., Boring, A. M., ... & Ryan, N. D.(1999). Developmental traumatology part I: biological stress systems*. *Biological psychiatry, 45*(10), 1259-1270.

Denham, S. A., & Burton, R.(1996). A social-emotional intervention for at-risk 4-year-olds. *Journal of School psychology, 34*(3), 225-245.

Denham, S. A., & McKinley, M.(1993). Sociometric nominations of preschoolers: A psychometric analysis. *Early Education and Development, 4*(2), 109-122.

Denham, S. A., Renwick, S. M., & Holt, R. W.(1991). Working and playing together : prediction of preschool social-emotional competence from mother-child interaction. *Child Development, 62,* 242-249.

Denno, D. M., Carr, V., & Bell, S. H.(2010). *Addressing challenging behaviors in early childhood settings:*

teacher's guide. Paul Brookes publishing Co. Baltimore : Maryland.

Dewey, J., & H. M. H.(1933). *How we think: A restatement of the relation of reflective thinking to the educative process.* D. C. Heath, Boston.

Dodge, D. T., Colker, L. J., & Heroman, C.(1996). *The creative curriculum.* Washington, DC: Teaching Strategies. Inc., Latest edition.

Dodge, K. A.(1993). Behavioral antecedents of Peer Social Status. *Child Development, 54,* 1386-1399.

Dodge, K. A., Coie, J. D., & Lynam, D.(2006). Aggression and antisocial behavior in youth. *Handbook of child psychology.*

Dodge, K. A., Pettit, G. S., & Bates, J. E.(1994). Socialization mediators of the relation between socioeconomic status and child conduct problems. *Child Development, 65*(2), 649-665.

Doss, L. S., & Reichle, J.(1991). Replacing excess behavior with an initial communicative repertoire. *Implementing augmentative and alternative communication: Strategies for learners with severe disabilities,* 215-237.

Dreyfus, H., & Dreyfus, S.(1986). *Mind over machine: The power of human intuition and expertise in the era of the computer.* New York.

Driscoll, K. C., & Pianta, R. C.(2010). Banking time in head start: Early efficacy of an intervention designed to promote supportive teacher–child relationships. *Early Education and Development, 21*(1), 38-64.

DuFour, R.(2007). Professional learning communities: A bandwagon, an idea worth considering, or our best hope for high levels of learning?. *Middle School Journal, 39*(1), 4-8.

Duncan, G. J., & Magnuson, K. A.(2005). Can family socioeconomic resources account for racial and ethnic test score gaps?. *The future of children,* 35-54.

Dunn, J., & Brown, J.(1991). Relationships, talk about feelings, and the development of affect regulation in early childhood. In J. Garber & K. A. Dodge(Eds.), *Cambridge studies in social and emotional development. The development of emotion regulation and dysregulation*(pp. 89-108). New York, NY, US: Cambridge University Press.

Dunn, W.(2001). The sensations of everyday life: Empirical, theoretical, and pragmatic considerations. *American Journal of Occupational Therapy, 55*(6), 608-620.

DuPaul, G. J.(2007). School-based interventions for students with attention deficit hyperactivity disorder: Current status and future directions. *School Psychology Review, 36*(2), 183.

Elias, M. J., & Schwab, A. Y.(2006). From compliance to responsibility: The impact of social and emotional learning on classroom management. *Handbook for classroom management: Research, practice, and contemporary issues.* New York, NY: Wiley.

Elliott, S. N., & Gresham, F. M.(2008). *Social skills improvement system: Intervention guide.* NCS Pearson.

Espelage, D. L., & Holt, M. K.(2001). Bullying and victimization during early adolescence: Peer influences and psychosocial correlates. *Journal of Emotional Abuse, 2*(23), 123-142.

Essa, E.(2007). *What to do when... practical guidance strategies for challenging behavior in the preschool.* Thomson Delmar Learning : New York.

Evans, I. M., & Meyer, L. H.(1985). *An educative approach to behavior problems: A practical decision model for interventions with severely handicapped learners.* Paul H Brookes Pub Co.

Fabes, R. A., Eisenberg, N., Jones, S., Smith, M., Guthrie, I., Poulin, R., ... & Friedman, J.(1999). Regulation, emotionality, and preschoolers' socially competent peer interactions. *Child development, 70*(2), 432-442.

Fabes, R. A., Gaertner, B. M., & Popp, T. K.(2006). Getting along with others: Social competence in early childhood. *Blackwell handbook of early childhood development,* 296-316.

Farrell, A. D., Valois, R. F., Meyer, A. L., & Tidwell, R. P.(2003). Impact of the RIPP violence prevention program on rural middle school students. *Journal of Primary Prevention, 24*(2), 143-167.

Farrenkopf, C., Howze, Y. & Sowell, V.(1995). Social skills development for preschool children with visual impairments. *Annual International Convention of the Council for Exceptional Children*(73rd, Indianapolis, IN, April 5-9, 1995) ED 384 176.(73rd, Indianapolis, IN, April 5-9, 1995) ED 384 176.

Forehand, R., McCombs, A., & Brody, G. H.(1987). The relationship between parental depressive mood states and child functioning. *Advances in Behaviour Research and Therapy, 9*(1), 1-20.

Fox, L., & Little, N.(2001). Starting early: Developing school-wide behavior support in a community preschool. *Journal of Positive Behavior Interventions, 3*(4), 251-254.

Fox, L., Dunlap, G., & Cushing, L.(2002). Early intervention, positive behavior support, and transition to school. *Journal of emotional and behavioral disorders, 10*(3), 149-157.

Fox, L., Dunlap, G., Hemmeter, M. L., Joseph, G. E., & Strain, P. S.(2003). The teaching pyramid: A model for supporting social competence and preventing challenging behavior in young children. *Young Children, 58*(4), 48-52.

Fraser, M. W.(1996). Aggressive behavior in childhood and early adolescence: An ecological-developmental perspective on youth violence. *Social work, 41*(4), 347-361.

Freiberg, H. J.(1999). *Beyond behaviorism: Changing the classroom management paradigm.* Allyn & Bacon.

Frith, U., & Frith, C. D.(2003). Development and neurophysiology of mentalizing. *Philosophical Transactions of the Royal Society B: Biological Sciences, 358*(1431), 459-473.

Gargiulo, R., & Kilgo, J.(2000). *Young children with special needs.* Albany.

Garner, M.(2010). Selective attention to threat in childhood anxiety: Evidence from visual probe paradigms. *Information processing biases and anxiety: A developmental perspective,* 77-108.

Gershoff, E. T.(2002). Corporal punishment by parents and associated child behaviors and experiences: a meta-analytic and theoretical review. *Psychological bulletin, 128*(4), 539.

Goffin, S. G.(1989). How well do we respect the children in our care?. *Childhood Education, 66*(2), 68-74.

Goleman, D.(2006). The socially intelligent. *Educational leadership, 64*(1), 76-81.

Gonzalez-Mena, J.(2008). *Diversity in early care and education: Honoring differences.* McGraw-Hill Humanities/Social Sciences/Languages.

Gordon, M. E.(1970). The effect of the correctness of the behavior observed on the accuracy of ratings. *Organizational Behavior and Human Performance, 5*(4), 366-377.

Grandin, T.(1995). The learning style of people with autism: An autobiography. *Teaching children with autism: Strategies to enhance communication and socialization,* 33-52.

Greenman, J. V., & Benton, T. G.(2005). The impact of environmental fluctuations on structured discrete time population models: resonance, synchrony and threshold behaviour. *Theoretical population biology, 68*(4), 217-235.

Gresham, F. M., Lane, K. L., MacMillan, D. L., & Bocian, K. M.(1999). Social and academic profiles of externalizing and internalizing groups: Risk factors for emotional and behavioral disorders. *Behavioral Disorders, 24*(3), 231-245.

Grigsby, J., & Stevens, D.(2000). *Neurodynamics of personality.* Guilford Press.

Grisham-Brown, J., Hemmeter, M. L., & Pretti- Frontczak(2005). *Blended practices for teaching young children in inclusive settings.* Brookes Publishing Company. Baltimore, MD.

Gropper, N., & Froschl, M.(2000). The role of gender in young children's teasing and bullying behavior. *Equity & Excellance in Education, 33*(1), 48-56.

Guidubaldi, J., & Perry, J. D.(1984). Divorce, socioeconomic status, and children's cognitive-social competence at school entry. *American Journal of Orthopsychiatry, 54*(3), 459.

Gunnar M .R, White B. P.(2001). Salivary cortisol measures in infant and child assessment. In: Singer L, T, Zeskind P. S,(editors). *Biobehavioral assessment of the infant.* New York, US: Guilford Press; pp. 167–189.

Gunnar, M. R., & Quevedo, K. M.(2007). Early care experiences and HPA axis regulation in children: a mechanism for later trauma vulnerability. *Progress in brain research, 167,* 137-149.

Gunnar, M. R., Talge, N. M., & Herrera, A.(2009). Stressor paradigms in developmental studies: What does and does not work to produce mean increases in salivary cortisol. *Psychoneuroendocrinology, 34*(7), 953-967.

Guralnick, M.(1997). Effectiveness of early intervention for vulnerable children: A developmental perspective. *American Journal on Mental Retardation, 102*(4), 319-345.

Guralnick, M.(1999). Family and child influences on peer-related social competence of young children with developmental delays. *Mental retardation and Developmental Disabilities Research Review, 5,* 21-29.

Halle, T., Forry, N., Hair, E., Perper, K., Wandner, L., Wessel, J., & Vick, J.(2009). Disparities in early learning and development: lessons from the Early Childhood Longitudinal Study–Birth Cohort(ECLS-B). *Washington, DC: Child Trends,* 1-7.

Hamre, B. K., & Pianta, R. C.(2005). Can instructional and emotional support in the first-grade classroom make a difference for children at risk of school failure?. *Child development, 76*(5), 949-967.

Harms, T., Clifford, R. M., & Cryer, D.(2014). *Early childhood environment rating scale.* Teachers College Press.

Heaviside, S., Rowland, C., Williams, C., Farris, S., & McArthur, E.(1996).(1998). *Violence and discipline problems in US public schools.*

Hemmeter, M. L., & Ostrosky, M. M.(2002). *A review of the research on classroom preventive practices.* Unpublished manuscript, University of Illinois at Urbana-Champaine.

Hemmeter, M. L., Corso, R., & Cheatham, G.(2006, February). Issues in addressing challenging behaviors in young children: A national survey of early childhood educators. *In Conference on Research Innovations in Early Intervention,* San Diego, CA.

Hemmeter, M. L., Fox, L., & Snyder, P.(2013). *Teaching Pyramid Observation Tool(TPOT) for Preschool Classrooms Manual.* Paul H. Brookes Publishing Company.

Hemmeter, M. L., Ostrosky, M., & Fox, L.(2006). Social and emotional foundations for early learning: A conceptual model for intervention. *School Psychology Review, 35*(4), 583.

Herrenkohl, T. I., Maguin, E., Hill, K. G., Hawkins, J. D., Abbott, R. D., & Catalano, R. F.(2000). Developmental risk factors for youth violence. *Journal of Adolescent Health, 26*(3), 176-186.

Holden, G. W.(2003). Children exposed to domestic violence and child abuse: Terminology and taxonomy. *Clinical child and family psychology review, 6*(3), 151-160.

Honig, A. S.(2002). *Secure relationships: Nurturing infant/toddler attachment in early care settings.* National Association for the Education of Young Children, 1509 16th Street, NW, Washington, DC.

Horne, A. M., Bartolomucci, C. L., & Newman-Carlson, D., & (2003). *Bully Busters: A teacher's manual for helping bullies, victims, and bystanders: Grades k-5.* Research Press.

Howes, C., & Ritchie, S.(2002). *A matter of trust: Connecting teachers and learners in the early childhood classroom*(Vol. 84). Teachers College Press.

Howes, C., Hamilton, C. E., & Matheson, C. C.(1994). Children's relationships with peers: Differential associations with aspects of the teacher-child relationship. *Child development, 65*(1), 253-263.

Huffman, L. C., Mehlinger, S. L., & Kerivan, A. S.(2000). Risk factors for academic and behavioral problems at the beginning of school. *Off to a good start: Research on the risk factors for early school problems and selected federal policies affecting children's social and emotional development and their readiness for school.*

Hurley, E. A., Allen, B. A., & Boykin, A. W.(2009). Culture and the interaction of student ethnicity with reward structure in group learning. *Cognition and Instruction, 27*(2), 121-146.

Hyman, S. E., Malenka, R. C., & Nestler, E. J.(2006). Neural mechanisms of addiction: the role of reward-related learning and memory. *Annu. Rev. Neurosci., 29,* 565-598.

Hyson, M.(2004). *The emotional development of young children: Building an emotion-centered curriculum*(2nd ed.). New York: Teachers College Press.

Jackson, A. P., & Scheines, R.(2005). Single mothers' self-efficacy, parenting in the home environment, and children's development in a two-wave study. *Social Work Research, 29*(1), 7-20.

Jaime, K., & Knowlton, E.(2007). Visual supports for students with behavior and cognitive challenges. *Intervention in school and clinic, 42*(5), 259-270.

Janney, R., & Snell, M. E.(2000). *Teachers' guides to inclusive practices: Modifying schoolwork.* Baltimore: Paul H. Brookes. Kronberg

Janson, G. R., & Hazler, R. J.(2004). Trauma reactions of bystanders and victims to repetitive abuse experiences. *Violence and victims, 19*(2), 239.

Jeffrey, L. R.(2004). Bullying Bystanders. *Prevention Researcher, 11*(3), 7-8.

Jeffrey, L. R., Miller, D., & Linn, M.(2001). Middle school bullying as a context for the development of passive observers to the victimization of others. *Journal of Emotional Abuse, 2*(23), 143-156.

Jennings, K. D., Connors, R. E., & Stegman, C. E.(1988). Does a physical handicap alter the development of mastery motivation during the preschool years?. *Journal of the American Academy of Child & Adolescent Psychiatry, 27*(3), 312-317.

Jensen, E.(2008). Brain-based learning. *Thousand Oaks,* CA : Corwin Press.

Johnson, L. J., Gallagher, R. J., Cook, M., & Wong, P.(1995). Critical skills for kindergarten: Perceptions from kindergarten teachers. *Journal of Early Intervention, 19*(4), 315-327.

Jolivette, K., Wehby, J. H., Canale, J., & Massey, N. G.(2001). Effects of choice-making opportunities on the behavior of students with emotional and behavioral disorders. *Behavioral Disorders, 26*(2), 131-145.

Joseph, G. E., & Strain, P. S.(2004). Building positive relationship with young children. *Young Exceptional Children, 7*(4), 21-28.

Kaiser, A. P., Cai, X., Hancock, T. B., & Foster, M. E.(2002). Teacher reported behavior problems and language delay in boys and girls enrolled in Head Start. *Behavioral disorder, 28,* 23-29.

Kaiser, B., & Rasminsky, J. S.(2003). *Challenging behavior in young children: Understanding, preventing and responding effectively.* Boston: Allyn & Bacon.

Kasari, C., & Bauminger, N.(1998). Social and emotional development in children with mental retardation. *Handbook of mental retardation and development,* 411-433.

Katz, L. G., & McClellan, D. E.(1997). *Fostering children's social competence: The teacher's role.* National Association for the Education of Young Children.

Kavale, K. A., & Forness, S. R.(1996). Social skill deficits and learning disabilities: A meta-analysis. *Journal of learning disabilities, 29*(3), 226-237.

Kazdin, A. E.(1985). *Treatment of antisocial behavior in children and adolescents.* Dorsey Pr.

Kelm, J. L., & McIntosh, K.(2012). Effects of school-wide positive behavior support on teacher self-efficacy. *Psychology in the Schools, 49*(2), 137-147.

Klinger, L., Dawson, G., & Renner, P.(1996). *Child psychopathology.* Guilford, New York.

Knapp, M., Almond, S., &Percudani, M.(1999). Costs of schizophrenia: a review. *Schizophrenia, Volume 2,* 407-482.

Kochanska, G., & Aksan, N.(1995). Mother-child mutually positive affect, the quality of child compliance to requests and prohibitions, and maternal control as correlates of early internalization. *Child development, 66*(1), 236-254.

Kochenderfer, B. J., & Ladd, G. W.(1996). Peer victimization: Cause or consequence of school maladjustment?. *Child development, 67*(4), 1305-1317.

Koegel, L. K. E., Koegel, R. L., & Dunlap, G. E.(1996). *Positive behavioral support: Including people with difficult behavior in the community.* Paul H Brookes Publishing.

Koop, C. E., & Lundberg, G.(1992). Violence in America: A public health emergency: Time to bite the bullet back. *Journal of the American Medical Association, 26*(7), 3075-3076.

Kostelnik, M., Gregory, K., Soderman, A., & Whiren, A.(2011). *Guiding children's social development and learning.* Cengage Learning.

Kruse, S. D., & Louis, K. S.(1997). Teacher teaming in middle schools: Dilemmas for a schoolwide community. *Educational administration quarterly, 33*(3), 261-289.

Kupersmidt, J. B., Bryant, D., & Willoughby, M. T.(2000). Prevalence of aggressive behaviors among preschoolers in Head Start and community child care programs. *Behavioral Disorders, 26*(1), 42-52.

Ladd, G. W., & Golter, B. S.(1988). Parents' management of preschooler's peer relations: Is it related to children's social competence?. *Developmental Psychology, 24*(1), 109.

Lambert, E. G., Hogan, N. L., & Griffin, M. L.(2007). The impact of distributive and procedural justice on correctional staff job stress, job satisfaction, and organizational commitment. *Journal of Criminal Justice, 35*(6), 644-656.

Lamm, S., Groulx, J. G., Hansen, C., Patton, M. M., & Slaton, A. J.(2006). Creating environments for peaceful problem solving. *YC Young Children, 61*(6), 22.

Lavigne, J. V., Arend, R., Rosenbaum, D., Binns, H. J., Christoffel, K. K., & Gibbbons, R. D.(1998). Psychiatric disorders with onset in the preschool years: I. Stability of diagnoses. *Journal of the American Academy of Child &Adolescent Psychiatry, 37*(12), 1246-1254.

LeDoux, J.(1996). Emotional networks and motor control: a fearful view. *In Progress in brain research*(Vol. 107, pp. 437-446). Elsevier.

Ledoux, S. F.(2002). Defining natural sciences. *Behaviorology Today, 5*(1), 34-36.

Lewis, M. D., Granic, I., & Lamm, C.(2006). Behavioral differences in aggressive children linked with neural mechanisms of emotion regulation. *Annals of the New York Academy of Sciences, 1094*(1), 164-177.

Luthar, S. S.(1993). Methodological and conceptual issues in research on childhood resilience. *Journal of Child psychology and Psychiatry, 34*(4), 441-453.

Macklem, G. L.(2003). *Bullying and teasing: Social power in children's groups.* Springer Science & Business Media.

Magg, J.(2002). A contextually based approach for treating depression in schoolage children. *Intervention in School and Clinic, 37*(3), 149-155.

Magnuson, K., & Shager, H.(2010). Early education: Progress and promise for children from low-income families. *Children and Youth Services Review, 32*(9), 1186-1198.

Malott, R. W., & Trojan-Suarez, E.(2004). *Principles of behavior,* 6th. Upper Saddle River, NJ: Pearson

Martin, F. N., & Clark, J. G.(Eds.).(1996). *Hearing care for children.* Allyn & Bacon.

Mash, E. J., & Wolfe, D. A.(2002). *Abnormal child psychology.* Wadsworth : Belmont.

Mashburn, A. J.(2008). Quality of social and physical environments in preschools and children's development of academic, language, and literacy skills. *Applied Development Science, 12*(3), 113-127.

McGee, G. G., Daly, T., Izeman, S.G., Mann, L.H., & Risley, T.R.(1991). Use of class-room materials to promote preschool engagement. *Teaching Exceptional Children, 23,* 44-47.

McLoyd, V. C.(1990). The impact of economic hardship on Black families and children: Psychological distress, parenting, and socioemotional development. *Child development, 61*(2), 311-346.

McWilliam, R. A.(1991). Targeting teaching at children's use of time: Perspectives on preschoolers' engagement. *Teaching exceptional children, 2*3(4), 42.

Mesman, J., Bongers, I. L., & Koot, H. M.(2001). Preschool developmental pathways to preadolescent internalizing and externalizing problems. *Journal of Child Psychology and Psychiatry, 42*(05), 679-689.

Miller, L. J., Robinson, J., & Moulton, D.(2004). Sensory modulation dysfunction: Identification in early childhood. *Handbook of infant, toddler, and preschool mental health assessment,* 247-270.

Miller, M. F.(2003). Styles of behavioral complexity recorded by selected trace fossils. *Palaeogeography, Palaeoclimatology, Palaeoecology, 192*(1-4), 33-43.

Mindes, G.(1982). Social and cognitive aspects of play in young handicapped children. *Topics in Early Childhood Special Education, 2*(3), 39-52.

Mistry, R. S., Biesanz, J. C., Chien, N., Howes, C., & Benner, A. D.(2008). Socioeconomic status, parental investments, and the cognitive and behavioral outcomes of low-income children from immigrant and native households. *Early Childhood Research Quarterly, 23*(2), 193-212.

Mitchell, S. A.(1996). Relationship between perceived learning environment and intrinsic motivation in middle school physical education. *Journal of Teaching in Physical Education, 15,* 369-383.

Mize, J., & Ladd, G.W.(1990). Toward the development of preschool children. In S. R. Asher & J. D Coie(Eds.), *Peer rejection in childhood*(pp. 338-361). New York: Cam-bridge University Press.

Moore, P.(1995). Learning and teaching in virtual worlds: Implications of virtual reality for education. *Australian journal of educational technology, 11*(2), 91.

Murray, C., & Greenberg, M. T.(2006). Examining the importance of social relationships and social contexts in the lives of children with high-incidence disabilities. *The journal of special education, 39*(4), 220-233.

Nabuzoka, D., & Smith, P. K.(1993). Sociometric status and social behaviour of children with and without learning difficulties. *Journal of Child Psychology and Psychiatry, 34*(8), 1435-1448.

Nakasato, J.(2000). Data-based decision making in Hawaii's behavior support effort. *Journal of Positive Behavior Interventions, 2*(4), 247-251.

O'connell, P. A. U. L., Pepler, D., & Craig, W.(1999). Peer involvement in bullying: Insights and challenges for intervention. *Journal of adolescence, 22*(4), 437-452.

Odgers, C. L., Moffitt, T. E., Broadbent, J. M., Dickson, N., Hancox, R. J., Harrington, H., ... & Caspi, A.(2008). Female and male antisocial trajectories: From childhood origins to adult outcomes. *Development and psychopathology, 20*(2), 673-716.

Okagaki, L., & Diamond, K. E.(2000). Responding to Cultural and Linguistic Differences in the Beliefs and Practices of Families with Young Children. *Young Children, 55*(3), 74-80.

Olweus, D.(1993). Victimization by peers: Antecedents and long-term outcomes. *Social withdrawal, inhibition, and shyness in childhood, 315,* 341.

Olweus, D., Limber, S., & Mihalic, S. F.(1999). Blueprints for violence prevention, book nine: Bullying prevention program. *Boulder, CO: Center for the Study and Prevention of Violence.*

OSEP Center on Positive Behavioral Interventions, Sugai, G., Horner, R. H., Dunlap, G., Hieneman, M., Lewis, T. J., ... & Turnbull, A. P.(2000). Applying positive behavior support and functional behavioral assessment in schools. *Journal of Positive Behavior Interventions, 2*(3), 131-143.

Owens, L., Slee, P., &Shute, R.(2000). 'It Hurts a Hell of a Lot...' The Effects of Indirect Aggression on Teenage Girls. *School Psychology International, 21*(4), 359-376.

Paasche, C. L., Gorrill, L., & Strom, B.(2004). *Children with special needs in early childhood settings.* Thomson/Delmar Learning.

Parlakian, R.(2003). *Before the ABCs: Promoting school readiness in infants and toddlers.* Zero to Three, PO Box 960, Herdon, VA 21072.

Parmenter, T. R., Einfeld, S. L., Tonge, B. J., & Dempster, J. A.(1998). Behavioural and emotional problems in the classroom of children and adolescents with intellectual disability. *Journal of Intellectual and Developmental Disability, 23*(1), 71-77.

Paus, T.(2005). Mapping brain maturation and cognitive development during adolescence. *Trends in cognitive sciences, 9*(2), 60-68.

Peisner-Feinberg, E. S., Burchinal, M. R., Clifford, R. M., Culkin, M. L., Howes, C., & Kagan, S. L.,(2000). *The Children of the cost, quality, and outcomes go to school: Technical report.* Chapel Hill: University of North Carolina at Chapel Hill, Frank porter Graham Child Development center.

Peisner-Feinberg, E. S., Burchinal, M. R., Clifford, R. M., Culkin, M. L., Howes, C., Kagan, S. L., & Yazejian, N.(2001). The relation of preschool child-care quality to children's cognitive and social developmental trajectories through second grade. *Child development, 72*(5), 1534-1553.

Peterson, J. L., & Zill, N.(1986). Marital disruption, parent-child relationships, and behavior problems in children. *Journal of Marriage and the Family,* 295-307.

Phyfe-Perkins, E.(1980). Children's behavior in pre-School Setting. *Current topics in early chidhood education, 3.*

Pianta, R. C.(1999). *Enhancing relationships between children and teachers.* American Psychological Association.

Pianta, R. C., & Steinberg, M.(1992). Teacher-child relationships and the process of adjusting to school. *New Directions for Child and Adolescent Development, 1992*(57), 61-80.

Pianta, R. C., & Stuhlman, M. W.(2004). Teacher-child relationships and children's success in the first years of school. *School psychology review, 33*(3), 444.

Pianta, R. C., & Walsh, D. J.(1996). *High-risk children in schools. Constructing Sustaining Relationships.* NY: Routledge.

Pianta, R. C., Steinberg, M. S., & Rollins, K. B.(1995). The first two years of school: Teacher-child relationships and deflections in children's classroom adjustment. *Development and Psychopathology, 7*(2), 295-312.

Pierce, E. W., Ewing, L. J., & Campbell, S. B.(1999). Diagnostic status and symptomatic behavior of hard-to-manage preschool children in middle childhood and early adolescence. *Journal of clinical child psychology, 28*(1), 44-57.

Pollak, S. D., & Tolley-Schell, S. A.(2003). Selective attention to facial emotion in physically abused children. *Journal of abnormal psychology, 112*(3), 323.

Prescott, E.(1982). Relations between physical setting and adult/child behavior in day care. *Advances in Early Education & Day Care. 2,* 129-158.

Pultorak, E. G.(1996). Followling the Developmental Process of Reflection in Novice Teachers: Three Years of Investigation. *Journal of Teacher Education, 47*(4), 283-291.

Putnam, R. F., Handler, M. W., Ramirez-Platt, C. M., & Luiselli, J. K.(2003). Improving student bus-riding behavior through a whole-school intervention. *Journal of Applied Behavior Analysis, 36*(4), 583-590.

Qi, C. H., & Kaiser, A. P.(2003). Behavior problems of preschool children from low income families : review of the literature. *Topics in Early childhood Special Education, 23,* 188-216.

Quay, L. C., Weaver, J. H., & Neel, J. H.(1986). The effects of play materials on positive and negative social behaviors in preschool boys and girls. *Child Study Journal, 16*(1), 67-76.

Raver, C. C., Garner, P. W., & Smith-Donald, R.(2007). The roles of emotion regulation and emotion knowledge for children's academic readiness: Are the links causal? In R. C. Pianta, M. J. Cox, & K. L. Snow(Eds.), *School readiness and the transition to kindergarten in the era of accountability*(pp. 121-147). Baltimore, MD, US: Paul H Brookes Publishing.

Redfield, D. L., & Rousseau, E. W.(1981). A meta-analysis of experimental research on teacher questioning behavior. *Review of educational research, 51*(2), 237-245.

Reid, I.(1993). Prevention of conduct disorder before and after school entry : relating interntions to developmental findings. *Development and Psychopathology, 5,* 243-262.

Reid, R., Gonzalez, J. E., Nordness, P. D., Trout, A., & Epstein, M. H.(2004). A meta-analysis of the academic status of students with emotional/behavioral disturbance. *The Journal of Special Education, 38*(3), 130-143.

Reid, V., & Belsky, J.(2002). Neuroscience: environmental influence on child development. *Current Paediatrics, 12*(7), 581-585.

Restak, R.(2000). *The Great Cerebroscope Controversy. In Cerebrum: The Dana Forum on Brain Science*(Vol. 2, No. 2, pp. 15-30).

Rigby, K., & Cox, I.(1996). The contribution of bullying at school and low self-esteem to acts of delinquency among Australian teenagers. *Personality and Individual differences, 21*(4), 609-612.

Rigby, K., & Slee, P.(1999). Suicidal ideation among adolescent school children, involvement in bully—victim problems, and perceived social support. *Suicide and life-threatening behavior, 29*(2), 119-130.

Roffey, S., Tarrant, T., &Majors, K.(1994). *Young friends: Schools and friendship.* Burns &Oates.

Rosenhan, D. L., & Seligman, M. E. P.(1989). *Abnormal psychology.* New York: W. W. Norton &.

Ross, D. D.(1989). First steps in developing a reflective approach. *Journal of teacher education, 40*(2), 22-30.

Ross, S. W., Romer, N., & Horner, R. H.(2012). Teacher well-being and the implementation of school-wide positive behavior interventions and supports. *Journal of Positive Behavior Interventions, 14*(2), 118-128.

Rubin, K. H., Burgess, K. B., Dwyer, K. M., & Hastings, P. D.(2003). Predicting preschoolers' externalizing behaviors from toddler temperament, conflict, and maternal negativity. *Developmental Psychology, 39*(1), 164-176.

Rubin, K. H., Wojslawowicz, J. C., Rose-Krasnor, L., Booth-LaForce, C., &Burgess, K. B.(2006). The best friendships of shy/withdrawn children: Prevalence, stability, and relationship quality. *Journal of abnormal child psychology, 34*(2), 139-153.

Sagi, A., Koren-Karie, N., Gini, M., Ziv, Y., &Joels, T.(2002). Shedding further light on the effects of various types and quality of early child care on infant–mother attachment relationship: The Haifa study of early child care. *Child development, 73*(4), 1166-1186.

Salmivalli, C.(1999). Participant role approach to school bullying: Implications for interventions. *Journal of adolescence, 22*(4), 453-459.

Salmivalli, C., & Nieminen, E.(2002). Proactive and reactive aggression among school bullies, victims, and bully-victims. *Aggressive behavior, 28*(1), 30-44.

Salmivalli, C., Lagerspetz, K., Björkqvist, K., Österman, K., & Kaukiainen, A.(1996). Bullying as a group process: Participant roles and their relations to social status within the group. *Aggressive behavior, 22*(1), 1-15.

Schneier, F. R.(2003: Setember). Social anxiety disorder: Is common, undiagnosed, impairing, and treatable. *British Medical Journal, 327,* 515-516

Schön, D.(1983). *The reflective practitioner: How practitioners think in action.* London: Temple Smith.

Seligman, M. E., & Csikszentmihalyi, M.(2000). Family relationships and social competence during late adolescence. *Journal of youth and adolescence, 14*(2), 109-119.

Seligman, M. E., & Csikszentmihalyi, M.(2000). *Positive psychology: An introduction*(Vol. 55, No. 1, p. 5). American Psychological Association.

Serbin, L. A., Cooperman, J. M., Peters, P. L., Lehoux, P. M., Stack, D. M., & Schwartzman, A. E.(1998). Intergenerational transfer of psychosocial risk in women with childhood histories of aggression, withdrawal, or aggression and withdrawal. *Developmental psychology, 34*(6), 1246.

Shackman, J. E., Wismer Fries, A. B., & Pollak, S. D.(2008). Environmental influences on brain-behavioral development: Evidence from child abuse and neglect. *Handbook of developmental cognitive neuroscience, 2,* 869-881.

Shields, A., & Cicchetti, D.(2001). Parental maltreatment and emotion dysregulation as risk factors for bullying and victimization in middle childhood. *Journal of clinical child psychology, 30*(3), 349-363.

Shores, R. E., Gunter, P. L., & Jack, S. L.(1993). Classroom management strategies: Are they setting events for coercion?. *Behavioral Disorders, 18*(2), 92-102.

Siegel, D. A.(2009). Social networks and collective action. *American Journal of Political Science, 53*(1), 122-138.

Silver, R. B., Measelle, J. R., Armstrong, J. M., &Essex, M. J.(2005). Trajectories of classroom externalizing behavior: Contributions of child characteristics, family characteristics, and the teacher–child relationship during the school transition. *Journal of School Psychology, 43*(1), 39-60.

Skinner, B. F.(2011). *About behaviorism.* Vintage.

Slee, P. T.(1995). Peer victimization and its relationship to depression among Australian primary school students. *Personality and Individual Differences, 18*(1), 57-62.

Smith, B. J., & Fox, L.(2003). Systems of service delivery: A synthesis of evidence relevant to young children at risk of or who have challenging behavior. *Center for Evidence-based Practice: Young Children with Challenging Behavior. Available: www. challengingbehavior. org.*

Smith, P. K., Connolly, K. J., & Connolly, K. J.(1980). *The ecology of preschool behaviour.* Cambridge University Press.

Smith, S. C.(2004). *The effects of targeted positive behavior support strategies on preschoolers externalizing behavior*(Doctoral dissertation, University of Missouri-Columbia).

Smith, S., & Sharp, T.(1994). Measurement of GABA in rat brain microdialysates using o-phthaldialdehyde—sulphite derivatization and high-performance liquid chromatography with electrochemical detection. *Journal of Chromatography B: Biomedical Sciences and Applications, 652*(2), 228-233.

Snowman, J., & Biehler, R.(2003). *Psychology applied to teaching.* Boston: Houghton Mifflin.

Sousa, D.(2006). *How the brain learns(with learning manual).* Thousand Oaks, CA: Corwin Press Incorporated.

Souse, D. A.(2011). *How the brain influences behavior.* 김유미(역). 서울 : 시그마 프레스(원본 출판일, 2009).

Sroufe, L. A., & Fleeson, J.(1986). Attachment and the construction of relationships. *Relationships and development, 51,* 72.

Steinberg, L.(2005). Cognitive and affective development in adolescence. *Trends in cognitive sciences,*

9(2), 69-74

Stichter, J. P., Lewis, T. J., Johnson, N., & Trussell, R.(2004). Toward a structural assessment: Analyzing the merits of an assessment tool for a student with E/BD. *Assessment for Effective Intervention, 30*(1), 25-40.

Stormont, M., & Lewis, T. J.(Eds.)(2007). *Implementing positive behavior support systems in early childhood and elementary settings.* Corwin Press.

Stormont, M., Lewis, T. J., & Beckner, R.(2005). Positive behavior support systems: Applying kcy features in preschool settings. *Teaching exceptional children, 37*(6), 42-49.

Strain, P. S., & Hemmeter, M. L.(1999). Keys to being successful when confronted with challenging behavior. *Young Exceptional Children Monograph Series, 1,* 17-27.

Sugai, G.(2007). Promoting behavioral success in schools : Commentary on examplenary practice. In McDougal., J., & Miller, D. : promoting behavioral success. *Psychology in the Schools, 44,* 113-118.

Sugai, G., Horner, R. H.(2008). What we know and need to know about preventing problem behaviors in schools, *Exceptionality, 16,* 67-77.

Sugai, G., Horner, R. H., Dunlap, G., Hiene-man, M., Lewis, T. J., Nelson, C. M., Scott, T., Liaupsin, C., Sailor, W., Turnbull, A.P., Turnbull, H. R., Wickham, D., Wilcox, B., & Reuf, M.(2000). Applying positive behavior support and functional assessment in schools. *Journal of positive Behavioral Interventions, 2*(3), 131-143.

Taylor-Green, S. J., & Kartub, D. T.(2000). Durable implementation of school wide behavior support: The high five program. *The Journal of Positive Behavior Interventions, 2*(4), 233–235.

Thompson, S. D., & Rains, K. W.(2009). Learning About Sensory Integration Dysfunction: Strategies to Meet Young Children's Sensory Needs at Home. *Young Exceptional Children, 12*(2), 16-26.

Tobin, J. J., Wu, D. Y., & Davidson, D. H.(1989). *Preschool in three cultures: Japan, China, and the United States.* Yale University Press.

Trofi, M. M., Farrinton, D., & Lsel, F.(2011). Do the victims of school bullies tend to become depressed later in life. *A systematic review and meta analysis of longitudinal studies, 3*(2), 63-73.

Turnbull III, H. R., Wilcox, B. L., Stowe, M., & Turnbull, A. P.(2001). IDEA requirements for use of PBS: Guidelines for responsible agencies. *Journal of Positive Behavior Interventions, 3*(1), 11-18.

Van Eldik, T., Treffers, P. D., Veerman, J. W., & Verhulst, F. C.(2004). Mental health problems of deaf Dutch children as indicated by parents' responses to the child behavior checklist. *American annals of the deaf, 148*(5), 390-395.

Van Ijzendoorn, M. H., Schuengel, C., & BAKERMANS–KRANENBURG, M. J.(1999). Disorganized attachment in early childhood: Meta-analysis of precursors, concomitants, and sequelae. *Development and psychopathology, 11*(2), 225-250.

Vaughn, B. E., Azria, M. R., Krzysik, L., Caya, L. R., Bost, K. K., Newell, W., & Kazura, K. L.(2000). Friendship and social competence in a sample of preschool children attending Head Start. *Developmental Psychology, 36*(3), 326.

Viding, E., Larsson, H., & Jones, A. P.(2008). Quantitative genetic studies of antisocial behaviour. *Philosophical Transactions of the Royal Society B: Biological Sciences, 363*(1503), 2519-2527.

Viding, E., Williamson, D. E., Forbes, E. E., & Hariri, A. R.(2008). *The integration of neuroimaging and molecular genetics in the study of developmental cognitive neuroscience.* MIT Press.

Walker, H. M.(1995). *Antisocial behavior in school: Strategies and best practices.* Brooks/Cole Publishing Co., 511 Forest Lodge Rd., Pacific Grove, CA.

Walker, H. M., Colvin, G., Ramsey, E.(1995). *Antisocial behavior in school: Strategies and best practices. Pacific Grove,* CA: Brookes/Cole.

Walling, L. S.(1977). "Planning an environment: a case study". *In Planning environments for young children: physical space,* 2nd ed, Edited by: Kritchevsky, S. and Prescott, E. Washington, D.C.: National Association for the Education of Young Children

Watson, M., & Battistich, V.(2006). Building and sustaining caring communities. *Handbook of classroom management: Research, practice, and contemporary issues,* 253-279.

Weatherill, R. P.(2007). *Does the Mother-child Relationship Moderate the Effects of Domestic Violence on Preschool Behavior Problems and Social Competence?.* ProQuest.

Webster-Stratton, C.(1999). *How to promote children's social-emotional competence.* London: Paul Chapman.

Webster-Stratton, C., Reid, J., & Hammond, M.(2001). Social skills and problem-solving training for children with early-onset conduct problems: Who benefits?. *The Journal of Child Psychology and Psychiatry and Allied Disciplines, 42*(7), 943-952.

Wong, H. K., & Wong, R. T.(2001). *The effective teacher. Mountain View,* CA: Harry K. Wong Publishing Company.

Zelazo, P. D., Carlson, S. M., & Kesek, A.(2008). The development of executive function in childhood. In C. A. Nelson & M. Luciana(Eds.), Developmental cognitive neuroscience. *Handbook of developmental cognitive neuroscience*(pp. 553-574). Cambridge, MA, US: MIT Press.

저자 소개

유수옥

- 이화여자대학교 학부에서 특수교육을, 동 대학원 석사와 박사과정에서 유아교육을 전공하였고, 현재 우석대학교 유아특수교육과 교수로 재직하고 있다.
- 장애 유아 통합교육 및 유아 문제 행동에 관한 다수의 논문, 번역, 저술이 있다.

이 저서는 2013년 정부(교육부)의 재원으로 한국연구재단의 지원을 받아 수행된 연구임(NRF-2013S1A6A4015133)

유아기 문제 행동 지도를 통한

학교폭력의 예방과 대책

초판 1쇄 인쇄 2018년 4월 24일
초판 1쇄 발행 2018년 4월 30일

지 은 이 | 유수옥
펴 낸 이 | 김기섭
편 집 인 | 이윤희
펴 낸 곳 | 창지사 www.changjisa.com
08589 서울시 금천구 가산디지털 1로 83 파트너스타워 1차 9층
전화 (02)719-2211~3
팩스 (02)701-9386
등 록 | 1977년 4월 28일 · 제1-421호

ISBN 978-89-426-1132-4 (93370)

값 25,000원